기독교, 사회와 소통하기

기독교, 사회와 소통하기

메소디스트는 이렇게 생각합니다!

유경동 지음

kmc

"신실한 감리교인, 희망을 주는 감리교회"

하나님의 창조와 섭리 가운데 존재하는 우리 사회를 돌보고 온전케 하는 것은 교회의 사명이며, 책임입니다. 이 일을 올바로 하기 위해 기독교 사회윤리가 존재하며, 같은 필요에서 교회는 사회선교와 봉사를 실천해 왔습니다.

우리 감리교회는 1930년 제1회 총회에서 〈사회신경〉을 〈교리와 장정〉에 담는 등 한국 기독교에서 매우 선도적인 역할을 하였습니다. 13개 조항으로 이루어진 〈사회신경〉은 당시 사회상에 어울리는 적절하고 포괄적인 지침이 었습니다. 물론 당시 선교사들의 열린 사고와 감리교회 선배들의 선각적 고민의 결과였습니다.

오늘 우리 사회는 엄청난 변화의 속도를 경험하고 있습니다. 통신과 기계의 발전뿐 아니라 이에 따른 문화와 정신세계의 변천은 쉽게 적응하지 못할 정도가 되었습니다. 이것은 세대 간에 차이와 대립을 가져왔고, 정체성의 혼란을 부추기고 있습니다. 전통과 미래가 단절되고, 현실과 사이버의 영역이 혼란스러우며, 영적 아노미 현상을 우려하게 된 것은 결코 과장이 아닐 것입니다.

교회는 변화하는 사회가 던지는 물음들과 이 시대가 요청하는 가치 판단 앞에서 적절하게 응답해야 할 처지에 놓여 있습니다. 최근 생명윤리 문제와 성(性)과 가족에 대한 다양한 가치관 때문에 겪는 갈등은 더 이상 남의 일이 아닙니다. 세상 분위기에 편승하지 않고 하나님의 말씀과 언약에 기초한 복음적 증언을 하는 일은 교회가 취해야 할 마땅한 태도이기 때문입니다.

성경은 우리 그리스도인이 지녀야 할 모든 가치의 기준이요, 가장 강력한 원칙입니다. 시대와 역사를 좇아 시류와 풍속은 변할지 몰라도 우리는 하나님의 말씀에 비추어 참된 윤리와 가치관을 바르게 세워야 합니다. 역사적으로 교회개혁과 부흥운동은 교회만이 아니라 사회를 변화시키고 새롭게 하였기 때문입니다.

우리 감리교회는 존 웨슬리의 영적각성의 전통에 기초하였습니다. 웨슬리의 '믿음과 성화' 신학은 개인적이며 동시에 사회적으로 깊은 영성과 넓은 영역을 통해 큰 영향을 끼쳐왔습니다. 우리는 '하나님 사랑과 이웃사랑' 이라는 계명과 함께 균형 있는 신앙전통을 통해 이 세상과 사회를 하나님의 질서에 맞게 회복시켜야 할 사명에 더욱 충실해야 합니다.

「기독교, 사회와 소통하기」는 이러한 사명에 책임을 다하려고 우리 사회의 관심사와 영역, 물음과 도전들을 하나로 묶은 책입니다. 먼저 하나님의 말씀을 묵상하고, 존 웨슬리의 교훈을 되새겼으며, 주요한 이슈들에 대해 다른 기독교 공동체들의 연구결과와 자료를 참고하였습니다. 물론 이 책은 감리교회가 결론지은 합의가 아니며 앞으로 함께 숙고하고 지혜를 모으며 전개해야 할 문제제기입니다.

여기까지 이르도록 높은 안목으로 제안하신 서울연회와 김기택 감독님 그리고 저자 유경동 교수님의 수고에 깊이 감사드립니다. 하나님께서 우리 감리교회가 올바른 믿음과 신실한 생활을 통해 하나님의 뜻에 순종하며 우리 사회에 봉사하도록 날마다 은혜 베푸시기를 바랍니다.

신경하 감독회장

"세상을 교구 삼아 사회적 성화를 …"

이번 서울연회를 통하여 「기독교, 사회와 소통하기」란 책을 발간하게 되어 감사하게 생각합니다. 기독교가 이 세상에서 해야 할 일이 많음에도 불구하고 때때로 '기독교의 원리'가 무엇인지 궁금한 적이 많이 있었습니다. 물론 우리 는 성서 해석을 통하여 감리교회의 전통과 역사 속에서 나름대로의 진리관을 수용하고 있습니다. 그러나 현대의 다양한 사회 문제에 답변을 하려고 하면 목회 현장에서도 그 어려움이 많은 것을 알 수 있습니다.

저는 감독취임 초기부터 '희망을 실천하는 서울연회'라는 정신으로 교회와 사회가 하나님의 뜻을 실천하는 '희망 공동체'가 되기를 기도하여 왔습니다. 특히 이번 「기독교, 사회와 소통하기」를 통한 '사회규약' 선포의 핵심은 바로 희망을 실천하는 '공동체'의 건설에 있습니다. 교회를 넘어 가정과 사회, 국가 와 세계, 그리고 나아가 자연과 조화를 이루는 '희망 공동체'는 이 시대 하나 님이 원하시는 거룩한 뜻임을 믿습니다.

이 책이 소개하는 기독교 원리를 통하여 우리 교회가 나아가야 할 구체적인 목표가 우리는 무엇인지 알 수 있습니다. 그것은 '세상을 교구' 삼아서 모든 사람에게 복음을 전하고 실천하는 '사회적 성화'일 것입니다. 바라기는 이 책 에서 소개되는 다양한 사회 문제들에 대하여 우리가 한마음으로 하나 되어 하 나님의 거룩한 뜻을 성취하여 드리는 교회가 되기를 간절히 소망합니다.

이 책의 집필을 맡아주신 유경동 교수님과 서울연회 '사회규약제정분과 위원회' 의 박종철 감리사님을 비롯한 여러 목사님의 수고와 기도에 다시 한 번 감사드리며 서울연회를 비롯한 우리 감리교회 전체가 주 안에서 '희망의 실천 공동체' 가 되기를 간절히 바라며 격려사를 대신합니다.

서울연회 김기택 감독

contents · 차례

축사

격려사

머리말

Ⅰ. 존 웨슬리와 감리교 사회원리

1. 웨슬리와 지성인 ································· 21
2. 시대를 변화시키는 지성인이란 누구인가? ········ 22
3. 웨슬리에 대한 비판과 재조명의 필요성 ··········· 24
4. 웨슬리 사회원리의 특징 ····················· 29
5. 웨슬리 윤리와 감리교 사회원리 ················· 43

Ⅱ. 기독교 사회원리

1장. 자연 공동체   49

  1 물, 공기, 흙, 무기물, 식물 ················ 56
  2 에너지자원 사용 ······················· 60
  3 동물 ······························· 63
  4 우주 그리고 과학과 과학기술 ·············· 66
  5 식품안전 ···························· 69

2장. 가정 공동체　　　73

1 가정/다문화 가족 ································· 77
2 다른 기독교 공동체(종파) ················ 85
3 결혼 ··· 87
4 이혼 ··· 90
5 독신자 ··· 94
6 여자와 남자 ·· 96
7 인간의 성 ·· 98
8 가정폭력과 학대 ······························· 101
9 성희롱 ··· 102
10 불임 및 낙태 ······································· 104
11 낙태를 경험한 사람들에 대한 목회 ········· 109
12 입양 ··· 110
13 죽어가는 이들에 대한 신실한 보살핌 ········· 111
14 자살 ··· 114
15 안락사 ··· 116

3장. 사회 공동체　　　121

1 민족주의와 인종차별 ························· 128
2 소수 종교의 권리 ······························· 131
3 교육과 어린이의 권리 ······················· 133
4 청년의 권리 ·· 138
5 노인의 권리 ·· 138
6 여성의 권리 ·· 140
7 장애인의 권리 ···································· 143
8 동성애 ··· 146

9 인구 ···································· 147

10 술, 마약, 의약품 오 · 남용 ············· 148

11 흡연 ···································· 151

12 의학실험 ································ 152

13 생명공학 ································ 153

14 전원생활 ································ 158

15 지속 가능한 농업 ······················ 159

16 도시와 도시 근교의 생활 ··············· 162

17 미디어 폭력과 기독교 가치 ············· 163

18 정보통신기술 ··························· 165

19 HIV와 AIDS 감염자들의 권리 ··········· 169

20 건강을 관리할 권리 ···················· 170

4장. 경제 공동체   175

1 재산 ···································· 181

2 단체 교섭 ······························ 187

3 노동과 여가 ···························· 192

4 소비 ···································· 198

5 빈곤 ···································· 200

6 이주노동자 ···························· 208

7 비정규직 노동자 ······················· 210

8 도박 ···································· 211

9 농업 보호 정책 ························· 213

10 기업의 책임 ···························· 214

11 무역과 투자 ···························· 217

12 세계화 ································· 218

5장. 정치 공동체　　　　　　221

1 평화통일 ·································· 225
2 자유와 인권 ···························· 226
3 정치적 책임 ···························· 233
4 교회와 정부 ···························· 237
5 정보의 자유 ···························· 243
6 교육 ······································· 244
7 시민의 복종과 불복종 ············· 245
8 시민사회 ································· 248
9 사형 제도 ······························ 250
10 범죄자와 회복적 정의 ············· 252
11 전쟁과 군복무 ························ 256
12 양심적 병역 거부자 ················· 257

6장. 세계 공동체　　　　　　261

1 국가와 문화 ···························· 267
2 국력과 책임 ···························· 268
3 전쟁과 평화 ···························· 270
4 테러 ······································· 276
5 국제 공동체의 정의와 법 ········· 277

나가는 말
참고도서
부록
색인

머리말
_____

"감리교회가 지향해야 할 사회원리"

    기독교대한감리회는 "만물을 선하게 창조하시고, 섭리하시는 성부, 성자, 성령, 삼위일체 하나님을 믿으며, 이 땅에 하나님의 뜻을 실현하는 일에 부르심을 받았다."는 고백을 통하여 기독교의 대 사회적 입장과 그에 따른 책임을 선포하는 '사회신경'을 가지고 있다. 현재 우리가 가지고 있는 '사회신경'의 역사는 100여 년 전으로 거슬러 올라간다.[1] 1908년 미감리회 총회는 사회 참여에 대한 문제에 적극적인 관심을 가지고 소위 최초의 사회신경이라 불리는 11개의 사회신경을 채택하였다. 우리나라에서는 남감리교회에 의해 1919년 처음 소개된 뒤 1930년 교단 최초의 사회적 신앙고백으로 자리 잡게 되었으며, 보완과 수정을 통하여 "우리에게 선한 의지를 주시는 하나님의 은혜에 힘입어 우리의 가정, 사회, 국가, 세계 그리고 생태적 환경 속에서 빛과 소금의 역할을 수행하기 위해" 현재의 사회신경을 고백하고 있다.

    이 책은 기독교대한감리회의 '사회신경'에 근거하여 급변하는 세계 속에서 부각되는 다양하고 복잡한 사회문제들에 관한 신앙적 원리들을 좀 더 자세히 설명하는 데 그 목적이 있다. 비록 '사회신경'이 사회문제들에 대한 감리교의 나아갈 방향을 제시하여 주지만 현대 사회에서 부각되는 다양하고 복잡한 주제들에 대한 구체적인 안내서가 부족한 현실이다.

예를 들어 환경문제, 고령화, 동성애, 낙태, 이혼, 자살, 안락사, 이주노동자, 다문화 가정, 생명공학, 양심적 병역 거부 등의 다양한 문제를 접하게 될 때 웨슬리 전통에 서서 한국 사회를 선도할 영적 운동을 위한 지침서가 필요하다. 가톨릭의 경우 수십 세기에 걸친 교황의 칙령을 토대로 최근 583조항에 이르는 '사회교리'를 집대성하였고 한국어로도 번역되었다. 미연합감리교회도 60여 조항에 달하는 '사회원리'를 가지고 있다.

이런 맥락에서 현재 한국의 기독교계에서는 가톨릭의 '사회교리' 외에는 '사회원리'에 대한 설명서가 전무한 상황이기 때문에 이번에 만들어지는 '사회원리'는 우리 감리교회 현장에 있는 목회자들과 평신도 지도자, 차세대 리더인 신학생들에게 좋은 '안내서'가 될 것으로 기대된다.

'사회신경'과 '사회원리'는 그 내용과 형식에 있어서 큰 차이가 있다. 예를 들어 '신경'(creeds)의 형태로 만들어지는 문자의 한 줄 한 줄은 기독교 역사 속에서 모두 수많은 세대에 걸친 격렬한 논쟁의 결과물인데, 이는 때때로 수많은 사람들의 목숨을 앗아가기도 했다. 그리고 수십 세기에 걸쳐 생겨난 각 신경들에 새로운 구절이 삽입될 때마다, 더 많은 논쟁과 타협의 과정이 있었다. 반면 '사회원리'는 교회의 사회문제들에 대한 복음적인 해석을 중심으로 다양한 논쟁을 이해할 수 있는 틀을 제공하며 나아가 세상에 영향력을 끼치는 윤리적인 행동을 할 수 있도록 돕는 것이다.

'신경'(creed) 전문학자 펠리칸(Jaslov Pelican)은 기독교 신경이 필요한 이유는 바로 그 속에 신앙을 계속 지탱하여 주는 힘이 있기 때문이라고 설명한다. 신경(creed)은 무엇이 신앙인지, 믿는 방법은 어떤 것인지, 그리고 신경(creed)이 성서와 어떤 연관이 있는지 우리에게 밝혀주는 중요한 원리들을 제시한다.[2]

이에 반하여 '사회원리'는 기독교의 전통에 따라 역사적으로 증명된 성서적이며 신학적인 기반에 근거하여 현대 세계에 나타나는 인류의 문제들에 응답하기 위하여 만들어진 것이다. 예를 들어 미연합감리교회의 경우 '사회원리' 는 총회가 기도로써, 그리고 심사숙고하여 결정한 노력의 산물이라고 명시하고 있다. 또한 각 원리는 감리교인들의 헌신을 요청하고 예언자 정신을 불러일으키는 가장 교훈적이며 설득력 있는 내용으로 구성되었다고 밝히고 있다.

그러나 한 가지 중요한 사실은 미연합감리교회도 밝히듯이 '사회원리' 가 교회법은 아니라는 것이다. 사회원리는 신앙과 실천에 대하여 기도와 연구로써 이루어지는 일종의 대화(dialogue)기 때문에 교회와 사회 간 또는 교인과 교인 간의 신앙적인 의사소통의 길을 열어 놓는 것이며, 모든 교인들이 지속적으로 열린 마음으로 그 대화에 참여할 수 있다.

이 책에서 사회원리에 대한 설명은 기독교대한감리회 11개 조항의 사회신경 정신을 토대로 각 주제에 관련된 웨슬리의 관계 문헌 소개, 미연합감리교회(UMC) '교리와 장정' 4부 160조부터 166조에 소개된 (세부항목까지 합친) 60여 조항의 사회원리(Social Principles), 그리고 가톨릭 「간추린 사회교리」(*Compendium of the Social Doctrine of the Church*)의 3부 12장 583조항을 소개하는 내용으로 구성되어 있다.[3)]

위의 내용들을 비교하며 연구할 때 시대적으로 특별한 의의를 가진다고 생각한다. 그것은 지난 제19차 세계감리교대회를 통해 우리 감리교회가 앞장서서 루터교와 가톨릭 간의 '칭의교리' 에 합의하는 데 신앙적 결단을 보여 주었기 때문이다. 교단 간의 차이를 넘어 대화를 통해 '화해' 를 실현한 감리교의 용기는 우주적인 선교관을 확립하고, 사회를 이끌어 나가는 보편적인 원리를 이끌어 내었다. 이것은 비록 교단 간의 사회적 원리나 신경의 차이는 있지만 사회를 향한 구령의 열정에 하나 된 '교회 일치' 의 정신을 구현한 것이다. 마찬가지로 이 책에서 나타나는 각 교단의 사회원리의 차이나 혹은 일치가 단지 문자적 의미로 그치는 것이 아니라 서로 대화를 통하여 더 크신 하나님의 뜻을 드러내는 도구로 사용될 수 있을 것이다.

최근 기독교대한감리회는 '사회신경' 의 고백에서 조금 더 구체적인 '기독교대한감리회 사회규약' '기독교대한감리회 목회자 윤리강령', 그리고 '기독교대한감리회 교인 생활수칙'을 제정하였다. '목회자 윤리강령'은 목회자의 윤리관을, '교인 생활수칙'은 감리교회 평신도 교인들이 사회에서 구체적으로 실천할 수 있는 내용으로, 그리고 '사회규약'은 기독교대한감리회의 대한국사회를 향한 '약속과 선언'으로 구성되어 있다. 위의 각 내용들은 한두 페이지에 담겨져 있는 제한된 문구들이긴 하지만 '사회신경'과 더불어 기독교인들의 사회운동을 계속 이끌어 나갈 영적 지표가 될 수 있을 것이다.

이 책의 구성은 70여 조항이 되는 사회원리를 크게 6장으로 나누어 각 장마다 관계된 소제목의 사회적 주제들을 설명하는 형식을 취하였다. '자연', '가정', '사회', '경제', '정치' 그리고 '세계' 공동체의 큰 주제 아래 속한 각 소주제의 내용에 보충 설명을 붙였다. 그것은 각각 (1) 주제 관련 성서 내용 (2) 웨슬리 설교 내용 중 관련 원문 소개 (3) 기독교대한감리회, 미국연합감리교회 그리고 가톨릭의 사회원리를 간단하게 비교하고 그 의의를 소개하였다. 주제에 관련된 성구는 주로 가톨릭의 사회교리에서 설명한 성서 내용을 참고하였다.

이 책에서 소개하는 기독교 사회원리에 대한 큰 틀은 미연합감리교회의 '사회원리' 형식을 참고했으며 한국 상황을 고려하여 몇 가지 시대 상황에 필요한 주제들을 첨가하였다.[4] 각 내용은 논쟁적인 형태를 취하지 않고 복음적이며 성서와 웨슬리의 사회윤리를 통하여 현실의 다양한 문제들을 이해하는 내용에 중점을 두었다.

본 글에서 소개하는 웨슬리에 대한 관계 문헌은 '웨슬리 설교집'의 내용을 참고하였다. 웨슬리 시대와 현대는 정치 문화 경제적 관점에서 많은 차이가 있으나 웨슬리의 하나님 중심적인 우주적 사고와 사회적 성화로 이어지는 보편적 사고는 현대의 다양한 사회문제에 대하여도 기본적인 '원리'를 제시하고 있다고 본다.

가톨릭의 '사회교리' 원문을 소개할 때 지명이나 인명은 개신교의 독자들을 위하여 개신교에서 사용하는 일반적인 표현으로 통일하였다. 아울러 이 책의 각 주제를 풀이할 때 정리한 일련의 번호와 소제목은 웨슬리 설교집 또는 각 교단의 사회원리(신경, 교리) 원문을 독자들이 쉽게 이해할 수 있도록 필자가 임의로 소제목을 붙여 재구성한 것임을 밝혀둔다.

이 책은 현재 기독교대한감리회의 사회원리를 소개하는 것이 아니라 '감리교가 지향하여야 할 사회원리' 를 소개하는 데 그 의의가 있다. 즉 웨슬리, 미연합감리교회 그리고 가톨릭의 사회원리나 교리를 연구하여 복음을 전하는 데 있어서 바람직한 감리교 사회원리가 무엇인지를 비교 검토하고 우리의 입장을 세우는 데 그 목적이 있다.

각 소제목의 내용 중에는 사회적 사안에 따라서 내용이 서로 중복되는 부분이 있으며, 또 현대의 다양한 사회문제에 대하여 교단 간의 관심이 다소 다른 경우에는 설명의 내용과 양에 차이가 있고 각 입장을 충분히 비교하는 데 한계가 있었다.

이 책이 나오기까지 기도하여주시고 후원하여 주신 신경하 감독회장님과, 서울연회 김기택 감독님, 이용원 총무 목사님께 깊은 감사를 드리며 서울연회 '사회규약제정분과 위원회' 의 박종철 감리사님, 권종호 목사님, 안희찬 목사님, 김광년 목사님, 그리고 신현주 목사님께 감사를 드린다.

특히 서울연회 김기택 감독님은 '기독교 사회원리와 목회자의 윤리' 에 깊은 관심을 가지시고 이 책을 만들 수 있도록 큰 격려와 용기를 주셨는데 지면을 빌어 깊은 감사의 마음을 담는다. 그리고 조경렬 목사님, 신복현 목사님은 깊은 애정과 통찰력을 가지고 이 책을 관심 있게 살펴주셨는데 감사드린다.

또한 이 책의 출판을 선뜻 맡아주신 홍보출판국 총무 김광덕 목사님께 감사드린다.

아울러 감리교신학대학교의 김외식 총장님과 이 책의 내용에 조언을 주신 여러 교수님들께 감사드리며 자료와 내용을 꼼꼼하게 정리하여 준 김준일 전도사님께 고마운 마음을 전한다.

바라기는 이 책에서 소개하는 기독교 사회원리의 내용이 교회의 사회적 책임을 이해하고 행동하는 데 도움이 되며 나아가 감리교회가 세상에서 빛과 소금의 역할을 다하여 평화와 선을 도모하는 데 앞장서기를 기대한다.

2007년 4월
저자 유경동

존 웨슬리와 감리교 사회원리

I

1. 웨슬리와 지성인

　필자는 감리교 사회원리의 차원에서 존 웨슬리(John Wesley)를 자유와 신앙 그리고 행동의 지성인이라는 말로 평가하고자 한다.[1] 필자가 이 글에서 주목하고자 하는 것은 공인으로서 웨슬리의 지성과 그 지성에 따라 산 그의 기독교 사회윤리적 행동에 관한 것이다. 굳이 웨슬리의 지성이라고 명명한 이유는 웨슬리가 그 자신의 신앙을 결코 개인의 차원에서만 해석하지 않고, 그가 속해 있는 공동체의 시대적 정신(지성)에 대하여 깊게 해석하였기 때문이다. 신앙은 하나님과 개인 그리고 개인과 또 다른 타자들을 포함하는 공적 영역(합리성)에서 이해되어야 하며, 웨슬리는 신앙에 따른 개인의 행동이 그 시대의 다른 사람들에게 어떤 영향(변화)을 주었는지를 깊게 살펴 본 '신앙의 지성인'이었다.

　그러나 필자는 웨슬리의 신학을 사회원리라는 관점으로 재구성하는 것에 다소 한계가 있음을 지적하고 싶다. 그 이유는 사회원리는 시대를 조망하는 정치적 특성과 무관하지 않은데 웨슬리의 정치적 보수성 때문에 사회원리 또한 그 영역이 제한될 수 있을 것이라는 우려 때문이다. 그럼에도 불구하고 그의 이론을 기독교 사회원리로 부각시키는 이유는 그가 기독교의 전통에서 반추한 신학의 내용들은 인간의 경험과 이성, 성서와 교회 그리고 역사라는 정황에서 결코 분리된 적이 없으며, 사회정치적 현황에 대하여 신학 중심에 있는 예수 그리스도라는 신학적 렌즈를 통하여 개인과 교회가 무엇을 해야 할지를 분명히 제시하고 있다고 확신하기 때문이다.

　필자는 이 글을 세 가지 각도에서 발전시키고자 한다. 첫째, 에드워드 사이드(Edward Seid)의 "권력과 지성인"이라는 글을 통하여 우리 시대에 필요한 지성인의 역할에 대하여 비판적으로 고찰하고 기독교 사회 · 정치윤리적 맥락에서 웨슬리를 이해하는 데 사이드의 이론을 적용하고자 한다. 살펴보겠지만 왜곡된 지성을 비판하고 집단의 이기주의와 편협주의를 극복하려 한 사이드의 새로운 지성인의 상은 웨슬리의 그것과 결코 다르지 않음이 드러나게 될 것이다. 둘째, 웨슬리의 삶을 통하여 그의 신앙과 행위를 이 글의 목적에 맞게 재구성하되 특별히 웨슬리가 관심을 가진 사회원리에 대한 특징으로서 '보편주의'와 '아래로의 운동' 그리고 '지성인'이라는 맥락에서 그의 사회윤리적 행동 방향성과 실천에 대하여 살펴보겠다.[2] 셋째, 웨슬리의 신학을 통한 공적 영역에서 기독교 사회 및 사회원리의 필요성에 대하여 제안하고자 한다.

2. 시대를 변화시키는 지성인이란 누구인가?

사이드(Edward Seid)는 모든 사람이 지성인이 될 수 있으며 그렇기 때문에 누구든지 지성인이라고 말할 수 있지만 모든 사람이 사회에서 지성인의 기능을 소유하는 것이 아니라고 전제하면서, 이전에 신성한 것으로 여겨졌던 전통과 가치들이 이제는 가식적이고 인종적인 것으로 나타나고 있는 현 시점에서 전통과 가치들에 대한 분별력을 가진 지성인이 더욱 더 필요한 시대에 살고 있다고 보고 있다.[3] 예를 들어서 전통적으로 유럽과 서방은 더 이상 세계 다른 지역들의 도전이 허용되지 않는 표준체가 아니며, 지구화를 가속하는 교통과 통신의 급속한 발달은 이전의 타 민족이나 문명 또는 문화를 이해하는 차이나 상이함과 같은 방식으로는 더 이상 바로 이해할 수 없기 때문에 한 지성인에 대하여 이야기할 때마다 그가 속하여 있는 국가나 종교 또는 대륙 간의 변이성을 구체적으로 말해야 할 과제가 주어진다고 사이드는 주장한다.[4] 아울러 지성인은 국가성(nationality)과 국가성으로부터 온실주의를 주도하는 국가주의(nationalism)를 경계하여야 하며 전통이라는 족쇄로 얽어매는 안정된 사회를 선포하고 희구하는 현상 유지의 관습을 버려야 한다고 강조한다.[5] 따라서 사이드는 위에서 제기한 폐쇄적 지식의 울타리를 넘어 보편성을 띠는 지성인이야말로 올바른 지성인이라고 보고 있다.

둘째, 사이드가 강조하는 지성인은 기본적인 질서에 별 저항 없이 순응하기보다는 전통적인 규범의 문제가 무엇인지를 지적하고 격리된 존재로서 권력에 대하여 진실을 말하고 어떤 세속적인 권력 앞에서도 용기와 분노를 지닌 자이면서도 자신이 속해 있는 국민들의 집단적 고통을 재현하고 그 고통의 극심함을 입증하며 나아가 고통의 존재를 확인하고 그 기억을 되살려 현재 속에 그 고통을 극복할 수 있는 실천방안을 모색하는 자라고 강조한다.[6] 즉 지성인이 초세(超世)적인 상아탑의 사색가로 전락하지 않고 정의와 진리에 대한 형이상학적인 열정과 이해관계를 초월한 원칙들에 의하여 움직이면서도 부패를 비난하고 약자를 옹호하며 불완전하고 억압적인 권위에 도전할 때 바로 지성인의 진정한 모습을 가지게 된다는 것이다.

셋째, 위와 같은 일을 수행할 때 지성인들이 겪어야 할 실제적인 고충은 당연하다고 여기는 기존의 세계적 방식에 대한 저항으로 말미암은 기층 세계로부터의 추방(exile)이며, 가족과 낯익은 곳으로부터 멀리 떨어져 아무 목적 없이 수년간을 방황하는 것을 감내하여야 한다. 추방이란 주위 환경에 편안함을 느끼지 못하고 언제나 낯설고 과거에 대해 위로할 길이 없으며 현재와 미래에 대해서는 일종의 영원한 부랑자가 되는 것을 의미하기 때문이다.[7] 그러나 추방이 주는 강렬한 의미는 지성인의 의식은 그 어떤 곳에서도 편하게 쉴 수 없고 성공에 대한 유혹으로부터 자신을 지켜야 한다는 끊임없는 노력이 따르지만, 한편 과거와 현재를 모두 똑같이 능숙하게 피해 나가면서 일반사람들이 혼돈과 공포로 절망하는 그때 추방자는 오히려 자유하다는 것이다.[8]

아울러 지성인은 사물의 이면에 숨겨진 것과 현 시점에서 실질적인 것의 양 관점에서 보기 때문에 모든 상황을 불가피한 것이 아니라 조건적인 것으로 이해하며 인간에 의하여 만들어진 일련의 역사적 선택의 결과를 깊게 인식하고 그에 대한 책임감을 가지게 된다.[9] 지성인에게 있어서 궁극적인 목표는 모든 사람에게 지성인이 얼마나 옳은가를 보여주는 데에 있는 것이 아니라 도덕적 토양의 변화를 유인하는 시도에 있기 때문에 행동하기를 꺼려하는 회피의 습성을 중단하는 것이 중요하다. 따라서 어떤 것이 변질되고 중립화되고 마침내 정렬적인 지적 삶을 살 수 없다면 결국 그 지성은 바르다고 할 수 없다.[10]

필자는 사이드가 지적한 지성의 특징에 대하여 주목하면서 웨슬리의 모습을 생각해 보았다. 왜냐하면 웨슬리는 진정으로 '자유하는 지성인'이었기 때문이다. 사이드는 지성인을 도덕적인 존재로 보았는데 그것은 지성인이 구체적으로 타자의 이익과 연결되어 있으며 또 행동 속에서 늘 보편적인 윤리를 추구하였기 때문이다. 아울러 그 도덕성은 궁극적으로 권력과 정의를 구별하는 잣대가 되는 것이다. 사이드는 그러한 도덕성을 가진 지성인은 자신이 최선의 능력을 다하여 진실을 말할 때 성공할 수 있다고 보았다. 사이드와 웨슬리의 차이점은 전자가 인간의 능력에 미래 사회의 운명을 걸고 있는 반면 후자는 인간 능력에 나타나는 하나님의 은총에 응답함으로써 자신과 미래를 맡기고 있다. 전자가 끊임없는 지성의 배반에 이어지는 자유를 갈구하는 유배자라면 후자는 그 추방의 끝에 있을 영원한 안식을 염원하고 있는 순례자인 것이다.

웨슬리야말로 사이드가 강조한 전형적인 지성인의 삶을 살았던 인물이라고 강조하고 싶다. 전 세계를 그의 교구로 삼았던 웨슬리의 보편주의와 당시 영국의 소외 계층 속에 희망을 심어 주었던 그의 행동 그리고 수많은 논쟁을 통하여 교조주의나 주관주의에 빠지지 아니하고 진리 안에 자유하기를 원하였던 그의 지적 여정은 오늘날 진정한 감리교인이 된다는 것이 무엇인지 분명히 보여 준다.

3. 웨슬리에 대한 비판과 재조명의 필요성

웨슬리의 신앙과 신학적 특징을 보면 정치적 성향이 보수적인 것은 사실이지만 기층 사회나 국가의 이데올로기에 편승하지 않았고 자신의 신앙을 결코 절대화하지 않았으며, 현대적인 의미로는 오히려 기층 사회와 국가가 반성적이 될 수 있는 가능성을 가지고 자립적인 공론의 영역을 형성하였으며 의사소통적 권력이 근거하고 있는 공론 영역을 최대한 이용하여 그 영역에서 실천을 통한 사회와의 관계를 형성하는 데 최선을 다하였다.

웨슬리를 성서에 절대적인 권위를 두는 칼뱅주의자로 해석하는 니버(H. Richard Niebuhr)는 감리교 운동이 실제로 영국 사회에 큰 영향을 주지 못하였다고 지적하고 있다.[11] 그는 감리교 운동이 대부분 사회 소외 계층의 사람들에게만 주목을 끌었지 사회의 지배 계층에게는 그다지 큰 영향을 주지 못하였고, 감리교인들의 신앙도 개인의 차원에 머무는 신앙에 치우쳐 실제 19세기 말엽에 영국을 바꿀 혁명의 시대에 감리교회는 성격상 이미 세속화되어 버렸다고 비판하고 있다.[12]

이와 같은 관점은 막스 베버(Max Weber)에게도 나타나는데 그는 감리교회가 개인의 영혼 구원 차원에만 머물러서 감리교회의 윤리는 사회 개혁에 적대적이었다고 주장한다.[13] 웨슬리의 인간론이 극히 개인주의적이었다는 비판의 내용을 보면 웨슬리는 사회적 성결을 주장하지만 그것은 주로 혼자만의 종교에 대한 비판에 근거하고, 사회 안에서 믿음과 거룩함에 근거한 공동의 성장을 이룩하려고 실제적인 계획을 세우고 수행하여 나가지만 그가 보는 사회는 인간학적 개념이 아니라 단순히 개인의 성장을 위한 편의상의 장치라는 것이다.[14]

웨슬리의 기독론에 대하여 존 데쉬너(John Deschner)는 두 가지 한계를 지적하는데 하나는 웨슬리가 그리스도의 예언자적 직능에 관하여 구체적인 역사적 실재로서 그리스도의 인간성에 대한 관심을 결여하는 대신 율법을 추상적으로 강조한 점과 다른 하나는 그리스도의 역할을 예언자 직분과 왕으로서의 직분보다는 제사장 직분으로 이해하여 예수를 수동적인 각도에서 보았다는 점이다.[15] 또한 사랑의 개념에 있어서도 사랑을 거룩함의 근본적이며 유일한 정의로 내세우고 있지만 그는 사랑의 실천적인 외부 작용을 추구함에 있어서 사랑을 동기 유발로 생각하였으므로 실제적인 역사적 상황들과 씨름하기보다는 율법의 중재를 요청하고 있다는 것이다. 이것은 당시 영국에서 출현하기 시작한 자본주의적인 부르주아 질서 내의 사회적인 관계들을 정당화하고 신성시하는 관념론을 표방하며 정치적 주체로서 개인이 사회적인 정치 경제적 관계에는 개입됨 없이 개인의 내적인 삶 안에서만 작용하는 종교라는 비판을 피할 길이 없다.[16]

사회윤리적 관점에서 보면 웨슬리는 경제 정의 구현과 노예 제도 반대, 여성의 사회적 지위에 대한 회복에 힘썼다고 평가받고 있다. 그러나 웨슬리가 개혁자였지 혁명가는 아니었다는 점에서 웨슬리의 사상이 정치 경제적 제도 내에서 어느 정도 역할은 하였지만 그 정도의 영향으로 과연 근본적인 변화에 이르렀다고 할 수 있었는지에 대한 의구심이 분분하다.[17] 프랑스 역사가였던 알레비(Halevy)는 그 유명한 알레비 논쟁(Halevy thesis)을 통하여 19세기 빈곤과 불안정이라는 비슷한 상황에서 영국은 격렬한 대변동 없이 현대로 옮겨간 반면 프랑스는 왜 피의 혁명을 경험하게 되었는가에 대한 이유로 영국은 복음주의적 종교, 특히 감리교의 안정적 영향으로 당시의 정치 형태와 경제의 모순이 야기할 수도 있었을 혁명을 겪지 않게 되었다고 주장하였다.[18]

정치문제에 있어서 웨슬리가 보수주의적 경향을 띠었다는 흔적은 여러 곳에 있다. 예를 들어서 군주정치를 옹호하고 미국 식민지 개척자들의 독립운동을 반대하였으며 어떤 형태의 무정부도 반대한 점들에서 그렇다. 그러나 웨슬리는 군주정치 하의 부패에도 불구하고 영국인들은 상대적으로 어디에도 비견할 수 없는 자유를 누렸다고 생각하였으므로 오히려 정부로 하여금 분배를 보장하여 주는 중상주의로 돌아갈 것을 강조하였다.[19] 그는 정부 자체가 아니라 정치적 부패가 존재하는 곳에 억압이 있다고 보았으므로 제도의 개혁을 통하여 사회의 변화를 모색하였다. 따라서 신학적으로 제도는 정당화될 수 있으며 그 기본적 틀에 있어서 하나님의 뜻에 부합하지만 해결하여야 할 과제는 하나님의 뜻에 순응할 실천력, 즉 성화를 통하여 점진적이고 개량주의적인 해

결 방법을 모색하였다.[20]

웨슬리의 사회 개량론적인 입장이 진정한 변화를 바라는 대중의 마음을 끌지 못할 때 점진주의적 개혁이란 결국 항상 현 체재의 동맹자로 이해될 수 있다는 비판도 무시할 수 없다.[21] 이와 같은 맥락에서 세군도(Juan Luis Segundo)의 비판은 더욱 더 그 도를 더해 가는데, 즉 웨슬리의 의인(義認)사상에 공적(功績)의 개념이 사라짐으로써 역사신학의 가능성이 무너졌다고 비판하고 믿음으로 의롭게 된다는 강조는 인간 존재를 수동적인 위치에 빠지게 하여서 역사의 결정권을 세속 권력에 넘겨주게 될 수밖에 없었다는 것이다.[22] 즉 하나님 나라를 근본적으로 이 세상과 다르게 보아서 이 땅에서 인간의 노력을 부정적으로 여기게 한다는 것이다.[23]

위와 같은 웨슬리에 대한 다양한 비판들이 그 나름대로 이해는 되지만 내용을 살펴보면 사실 여러 가지 관점들이 기준 없이 이론적으로 충돌하고 있는 것을 본다. 첫째, 웨슬리의 개인적인 신앙과 그의 신학 그리고 그의 실천에 대한 연구와 웨슬리 이후의 감리교주의와 사회적인 영향력을 큰 구분 없이 사용하고 있는 것을 발견하게 된다. 둘째, 웨슬리의 감리교주의에서 사회윤리와 정치윤리를 나누어 후자에 더 큰 의미를 부여함으로써 웨슬리의 윤리 전체를 종합적으로 보지 못하고 혁명이라는 단일 렌즈로만 보려는 이론적 편견이 숨어 있음을 보게 된다. 셋째, 웨슬리의 윤리를 당시 역사적 상황 속에서 보지 않고 현대적 기준으로 해석하여 웨슬리의 해석이 문자주의로 빠지거나 아니면 웨슬리의 윤리가 무용론으로 전락하는 경우가 생긴다.

그러나 웨슬리의 윤리는 개인을 변화시켜주는 과정뿐만 아니라 신의 목표, 즉 성서의 하나님이 관심을 가지고 참여하시는 목표를 향하여 전진하는 역사적인 과정으로 이해하여야 할 것이다.[24] 웨슬리 윤리를 바로 이해하기 위해서는 그가 중시한 성서와 전통, 이성과 경험이라는 요소들을 종합적으로 연결시킬 때 가능하다. 웨슬리는 성서 전체가 하나님의 영감으로 됨을 믿었으며 하나님의 기록된 말씀이 그리스도인의 신앙과 실천에 유일하고 충분한 법칙이 됨을 믿었다.[25) 그는 성서에 주어진 구원의 길을 통하여 종교의 제반 문제에 있어서 최고의 권위는 성서라는 것에 초점을 맞추어 그가 중요시하는 전통과 경험의 가치를 통찰력의 자료로 사용하였으며, 정태적이고 기계적인 문자주의의 위험에서 벗어나 평민을 위한 평범한 진리로 말씀을 선포하는 데 최선을 다하였다. 아울러 웨슬리의 성서 해석의 핵심적인 내용은 성서 해석 방법보다는 철학적 사변과 불가해한 추리를 넘어서 누구든지 이해할 수 있는 메시지가 되도록 최선을 다하였다는 것과 또한 말씀을 통하여 주어지는 빛을 최선을 다하여 즉시로 활용하는 실천적 계기로 삼고 그것이 현세적 및 영원한 구원을 위한 하나님의 능력임을 알게 하는 일을 중요하게 생각하였다.[26) 웨슬리는 최고의 권위인 성서의 바른 해석을 발견하는 데 전통의 중요성을 강조하면서도 성서에서 직접적으로 승인되지 못한 목회의 직제와 교회의 예전과 같은 중요한 전통적 형식들이 매우 큰 권위를 지니고 있기 때문에 경솔하게 변경되어서는 안 된다고 보았다.[27)

웨슬리는 "이성이 고려되는 경우"(The Case of Reason Impartially Considered)라는 설교에서 우리가 인지해야 할 사실은 이성이 신앙이나 희망이나 사랑을 만들어내고 결과적으로 진정한 덕목과 바람직한 행복을 준다는 것이 전적으로 불가능하지만 이성은 하나님의 성령의 지도 아래 참 종교의 기초를 닦는 일과 보다 한 차원 높은 수준에서도 일을 수립하는 한에서 도움이 된다고 간주하고 있다.[28) 그러나 웨슬리는 토마스 아퀴나스(Thomas Aquinas)적인 자연신학적 이성의 지식으로는 하나님을 알 수 없고 아들 외에는 아버지를 알 수 없다는 말씀을 인용하면서 자연적 지식의 부적합성에 대하여 강조한다. 따라서 이성의 중요성은 그것이 계시의 다른 자료를 마련하는 데 있지 않고 논리적 능력으로써 우리로 하여금 계시의 증거를 정리할 수 있게 하는 데 있으며, 또한 그것은 전통과 마찬가지로 성서에 대한 방종한 해석의 위험성을 방어하는 데 필요한 무기들을 우리에게 제공하여 준다고 보았다.[29)

웨슬리는 또한 경험을 강조하여 성서와 전통의 권위를 받아들이는 것이 하나님과의 산 관계를 말살하는 형식 종교로 전락하는 것을 막으려고 노력한다. 물론 성경은 가장 결정적인 진리의 증거지만 경험은 가장 강력한 논증이 되기 때문에 이 둘은 따로 떨어져 있는 것이 아니며 서로 연관이 되고 상호 보완하는 표준이 되는 공동의 협력체가 될 수 있다고 보았다. 웨슬리에게 종교의 생명력은 성서와 전통이 산 경험으로 자신과 연관이 될 때 나타나는 것으로 보았으며 성령의 내적 증거로서만 그리스도에 대한 참 신앙의 의미를 이해하는 것이 사실이지만 동시에 성령은 그리스도에 대한 교회의 증언을 통하여 우리에게 산 경험을 가지고 온다고 믿었다.[30] 웨슬리는 개인적 경험을 무시하고 교리와 예배에 접근하는 것을 염려하였을 뿐만 아니라 진리의 문제를 개인적 또는 집단적인 기괴한 감정에 맡겨버리는 경험에 의존하는 것도 우려하였는데, 이는 기독교 신앙이 인간적 경험의 변덕스러움과 제한성에 예속됨으로써 그 역사적 바탕에서 분리될 위험성을 알고 있었기 때문이다.[31] 따라서 경험은 규범적일 수 없고 모든 경험은 성서의 시금석에 종속되어야 하며 개인의 경험의 근거가 되는 인간의 감정과 마음도 중요하지만 그러한 감정에 의존하는 것보다 오히려 복음의 약속으로 계속 지향하는 것이 더 중요하다고 보았다.[32] 개인의 경험을 통한 주관적 하나님 이해가 성서가 제시하는 복음의 약속들에게로 관심을 돌릴 때 하나님과의 살아있는 관계가 그리스도의 계시에 대한 증거를 통하여 실천으로 나아갈 수 있다고 확신한 것이다.

이제 사회원리의 영역에서 위와 같은 웨슬리의 사회윤리적 요소들이 어떻게 드러나는지 살펴보자.

4. 웨슬리 사회원리의 특징

1) 보편주의

필자는 웨슬리의 사회원리 특징에서 첫 번째 중요한 요소를 그의 '보편주

의' 로 보고 있다. 여기에서 보편주의란 관념에 제한되는 것이 아니라 행동을
유발하는 정신적 기제로서 개인에게 나타나는 신을 통한 은혜의 구속성이 어
떻게 윤리적인 근거를 가지고 사회의 공적 영역에서 규범적으로 나타나는가
를 묻는 것이다. 이 보편주의는 웨슬리의 구체적인 사회원리 요소인 아래로의
실천적 행동과 연관이 되기 때문에 더욱 더 중요하게 평가되어야 한다. 제임
스 파울러(James Fowler)는 진정한 기독교인이란 보편적 신앙(universalizing
faith)을 가진 사람이라고 주장하면서 웨슬리야말로 은총과 변혁이라는 기독교
의 전통적 개념에 풍부한 인간론을 겸비한 대표적인 인물이라고 추앙하고 있
다.[33] 웨슬리 아리아라자(Wesley Ariarahjah) 또한 웨슬리가 은총의 보편성을 통
하여 모든 공동체의 모든 사람을 위한 완전한 복음을 증거하는 데 앞장섰던
사람임을 강조하고 있다.[34]

　　웨슬리는 일치가 부각되고 상이성이 해소되는 공동정신을 나타내려고 애
썼는데 그는 이러한 일치를 위한 열심 때문에 신학적 상이성의 깊이와 중요성
에 대해서는 고의적으로 무관심하려는 듯한 인상을 주려고 노력하였다.[35] 그
러나 웨슬리가 상이점들을 그냥 간과한 것은 아니다. 예를 들어서 퀘이커교인
들이 성례전을 배격함으로써 심각한 과오를 저질렀고, 침례교인들은 세례관
에 잘못이 있으며, 독립교인들은 교회 직제에서 오류를 범하였다고 확신하였
고, 칼뱅주의적 이중 예정설이 신자 양성에 심각한 장애물이 된다고 보았
다.[36] 그럼에도 불구하고 그리스도가 증거되기 위해서는 일치를 모색하여야
한다고 보았기 때문에 웨슬리를 사변적이거나 관념론적이라는 단어들로 매도
할 수 없다. 웨슬리의 본심은 일치의 실제를 위하여 진리 가운데 어떤 것이라
도 포기할 용의를 가지고 있었다기보다는 상이성들을 초월하여 복음의 핵심
적 요소를 세계에 선포하는 것이었다.[37]

　　웨슬리의 사상에 보편주의와 사해주의 특성이 나타나는 이면을 살펴보면
웨슬리의 선행 은총론이 핵심이 됨을 알 수 있다. 그가 말하는 선행적 은총은
인간이 스스로 하나님에게로 지향할 수 없고 하나님의 능력 있는 은총에 전적

으로 의존되어 있으며 인간이 자신의 구원을 위하여 하나님 앞에서 책임적이며 하나님을 용납 또는 배격할 수 있다는 사상이다.[38) 인간이 신에게로 지향할 수 없는 불가능성과 하나님께 응답하는 자유를 어떤 형태의 펠라기안주의에 치우치지 아니하고 원죄로 인하여 자연적 인간은 하나님께 죽었지만 선행적 은총을 통하여 응답 또는 반항할 능력을 가지게 된다고 보았다.[39) 특히 선행적 은총론에서 웨슬리가 이해한 인간의 양심은 인간의 책임이라는 면에서 대단히 중요한 관점을 우리에게 제공한다. 그는 양심을 자연적 양심이라는 뜻으로 이해하면서 하나님이 모든 자연적 인간 위에 초자연적으로 부여하신 은총으로 보고 인간이 순간적으로나마 하나님의 뜻에 역행할 때 하나님의 영이 인간을 내적으로 통제하고 불안을 느끼게 하는 그 영역이 바로 양심이라고 해석하였다.[40)

따라서 하나님은 자연적 인간 안에서도 직접적으로 역사하시기 때문에 인간은 책임적이라고 할 수 있으며 하나님의 사업에 응답하는 예비적 방법이 되며 이것은 궁극적으로 복음을 통하여 나타나는 확신적 은총에 의한 직접적인 방법을 통하여 분명해진다.[41) 따라서 선행적 은총은 하나님의 구속사업의 출발점이고 이 은총은 모든 인간에게 현존하지만 그렇다고 양심 속에 주어진 은총이 인간을 하나님의 뜻에 일치시키거나 원죄의 영향을 극복하는 데 충분하다고는 믿지 않았다. 즉 인간은 절대적인 표준에 의하여 측정될 때 전적인 죄인이지만 만일 하나님께서 주시는 은총을 양심적으로 사용할 수 있다면 무죄다. 따라서 웨슬리 신앙의 독특성은 이 선행적 은총 개념을 개혁자들의 중심사상인 의인 이전, 곧 선행적 은총 아래 있는 인간뿐만이 아니라 의인 이후 곧 완전의 교리에까지 신장하는 것이라고 할 수 있다.[42)

그러나 이 선행적 은총의 사용이 인간의 공적이라고 믿어서는 안 되며 하나님의 은총으로 보급된 능력에 의하여 가능하며 또한 구원의 길은 하나님이 그의 은총으로 인간을 계속적으로 북돋우어 줄 때에만 열려지는 것이다. 이와 같은 입장에서 원죄론에 대한 웨슬리의 입장은 칼뱅과 같은 입장에서 출발하지만 보편적 은총론을 통하여 칼뱅주의적 예정론과 그 뜻을 달리한다.[43] 즉 하나님의 선행적 은총은 모든 사람을 위하여 자유로우며 복음을 들어보지 못한 사람도 종말에 나타날 그리스도를 대망하는 신앙으로 의로워져서 구원의 자연스러운 기회가 있다고 강조함으로써 신앙만에 의한 의인론과 그 관점을 달리하는 것이다.[44]

위의 신앙관계의 형식은 선행적 은총에서 출발하여 전통적 예정론에 개제된 논리적 필연성의 유형을 분쇄하고 은총에 대한 복종과 반항의 공식으로 하나님과 인간의 지속적 관계를 강조하여 자칫 개신교의 신앙이 의인의 강조로 공적의 중요성이 격하되어 윤리가 약화될 수 있는 가능성에 대하여 웨슬리가 주목하였다고 할 수 있다.[45] 웨슬리는 특히 참회 또는 죄사함의 확신은 하나님의 개입하시는 은총의 역사임과 아울러 인간은 행위의 도덕적 근거에 의해서가 아니라 하나님에 대한 내적 응답의 종교적 근거에 의하여 판단된다고 강조하였다. 구원에 이르는 길에서 참회는 종교의 현관으로서 종교의 집(성화)으로 들어가는 문(의인)으로 인도하는 것이다.[46] 신앙에만 의지하는 의인(義認)은 사람들로 하여금 죄에 대한 진지한 비통과 교정하려는 욕구를 통하여 하나님의 은총에 응답하는 귀중한 의미를 과소평가할 수 있기 때문에 자칫 반율법주의로 흐를 수 있다고 보았으므로 참회와 그 열매는 하나님의 개입하시는 은총의 역사임과 아울러 인간은 행위의 도덕적 근거에 의해서가 아니라 하나님에 대한 내적 응답의 종교적 근거에 의하여 판단된다고 보았다.[47]

루터와 칼뱅은 의인(義認)의 경우 참회와 그리스도를 믿는 믿음이라는 두 단계를 포함시키지만 웨슬리는 그리스도를 의식적으로 용납하는 두 번째에 의인의 의미를 제한한다.[48] 개혁신앙의 경우 참회하는 일은 신앙 이전에 이루어지는 업적이 아니라 신앙의 업적인 반면에 웨슬리는 의인을 두 단계로 나누어 보는데 첫째는, 예비적 신앙(preliminary faith)으로서 하나님의 선행적 은총에 대한 자유로운 응답을 내포하지만 여전히 종의 신앙(faith of servant)인 반면에, 둘째는, 의인하는 신앙(justifying faith)으로서 이것은 속죄의 확신을 동반하

는 그리스도에 대한 확실한 신뢰며 아들의 신앙이다.[49]

믿는 자에게는 필연적으로 변화가 뒤따라야 된다는 웨슬리의 입장은 업적이 살아있는 신앙의 열매지만 도덕적 변화의 완전한 수준에 도달하기를 원하는 율법적인 관계로서의 업적이 아닌 그리스도와의 인격적인 관계로서 경건을 통하여 나타나는 선물이기 때문에 일견 신앙만에 의한 의인론은 계속 유지된다고 할 수 있지만 다만 은총을 통하여 구원된다는 개신교적 도식에 숨어 있는 값싼 은총에 대하여는 경계하고 있다.[50] 따라서 참회의 신앙을 의인의 신앙과 구별함으로써 믿는 자의 삶은 계속 더 큰 은총에 개방되어 어떤 정적(stillness)의 상태로서가 아닌 순간순간 성화의 과정으로서 은총에 의하여 늘 새롭게 되는 신앙과 실천이 항상 수반되어야 하는 것을 역설하였다.[51]

웨슬리 사회원리의 특징은 단일회적 은총론보다는 십자가의 은총과 성령의 능력이 선행적으로 인간 양심을 보편적으로 그리고 지속적으로 회복할 가능성을 강조한 점에 있다. 하나님의 선행하는 은총의 보편성에로 인간 의지가 동참할 수 있는 가능성을 부각시킴으로써 하나님의 나라에 대한 율법 폐기론적 요소나 수동적인 요소를 극복할 수 있는 점이 웨슬리 윤리에서 중요하게 부각되어야 한다. 구원은 전적으로 하나님에 의한 것이지만 인간의 의지를 무시되어서는 안 될 조건으로 보았으며 이 은총의 보편성은 웨슬리의 회심 전의 시기에서부터 최후까지 불가결의 요소로 자리 잡고 있다. 그는 조지아(Georgia) 주에서 인디언 추장에게 만일 인디언이 성서를 배운다면 그들도 백인들과 똑같이 성서에 대하여 알게 될 것이지만 배우지 않는다면 그 누구도 성서를 이해하지 못할 것이라고 말함으로써 인간의 전 존재는 하나님의 자비로운 역사 속에 이미 포함되어 있다고 강조하였다.[52] 물론 인간이 구원 받는 것은 하나님의 은총으로만 이루어지는 것이며 하나님의 은총에 대한 인간의 협력적 조력보다는 인간이 선행적 은총에 반항하지 않는다는 사실에 의존하고 있다고 할 수 있다.[53] 웨슬리의 이러한 보편주의는 그의 두 번째 사회원리적 요소로서 아래로의 실천행동과 직접적으로 연관된다. 인간이 겪는 고통에 더욱 더 큰 인류적 시각을 부여하고 그 고통에 참여하기를 주저하지 않은 웨슬리의 행동은 개인 성화만이 아니라 사회적 성화를 이루어 나가는 것이다.

2) 아래로 향하는 실천 행동

웨슬리는 종교개혁 정신을 따라서 구원을 공적의 율법적 질서 안에서 보존하여 인간의 업적을 신앙에 부가하는 것에 반대하였을 뿐 아니라 논리적 예정론의 결정론적 체계를 절단하고 인간은 하나님의 은총과 부름에 자유롭게 응답하는 존재가 될 수 있음을 강조함으로써 하나님과 인간 사이의 역학관계를 보여주려고 하였다.[54] 즉 하나님의 하향식 운동이 인간의 자연적 의지를 통한 상향식 운동과 마주쳐서 인간은 구원을 이루기 위한 역사의 협력자가 되고 아울러 구원에 필요한 도덕적 수준에 도달할 수 있는 가능성을 웨슬리는 제시하고 있다.[55] 여기서 웨슬리가 사회원리의 두 번째 요소로서 강조하는 것은 그가 구원에 필요한 도덕적 수준을 믿음을 통하여 끊임없이 아래로 향하는 실천운동과 연관시켰다는 점이다. 하나님은 그의 은총에 반응할 자유를 인간에게 주신다는 희망을 줌으로써 인간적 성취를 위한 도덕주의적 관심을 예수 그리스도 안에서, 현재적 성화의 약속 안에서 재확인하게 함으로써 인간은 창조적이고 윤리적인 삶을 살 수 있다.

결국 우리의 희망은 세계나 우리 자신의 변화에 있기보다는 예수 그리스도 안에 있는 것이며 가시적인 하나님 나라의 실패로 희망을 포기하거나 그리스도와 같은 완전에 이르지 못하기 때문에 절망하는 것이 아니라 현존을 계속 부여하시는 하나님을 신앙 안에서 발견하며 응답하고 실천하여 가는 것이라고 할 수 있다. 여기서 웨슬리적인 신인 협력설(synergism)은 구원의 과정에서 어떤 일들은 인간의 주도와 자유의지에 의하여 가능하고 어떤 일들은 신의 은총을 요구하는 것이 아니라 그와 반대로 인간이 말하고 행동하는 모든 것은 성령에 의하여 영감을 받는 것이며 성령의 본성과 모순되지 않는 가운데 개인의 완전화와 인류의 회복이라는 실천운동의 결과를 낳게 되는 것이다.[56]

특히 올더스게이트에서의 신생 체험은 웨슬리가 이 사건 이전에 가졌던 신앙에 일대 전환의 계기가 되었다고 할 수 있다. 자신의 영혼 구원을 위하여 열심히 노력하였던, 그래서 친구도, 명성도, 안일도, 조국과 자신의 육신조차도 버리고 헌신하였던 그 과정에서 웨슬리는 스스로에게 부과시킨 율법의 짐에서 자유로워질 수 없었다. 이와 같은 자신에게서의 소외문제를 웨슬리는 의인(義認)이라는 복음을 통하여 인간을 노예상태에서 해방시키려는 하나님 아버지의 구속적 개입을 완성시키신 예수 그리스도 안에서 하나님의 뜻을 발견하게 된다.57) 아들 예수는 이 세상에서 하나님 아버지의 일을 하시는 것이며 그가 하시는 일만이 화해의 기초를 마련하여 주며 자기−의인(self-justification)을 위한 인간의 모든 노력은 불필요하게 되는 것이다. 이전과 다를 바 없는 선행을 한다는 점에서 아무것도 변하지 않았다고 볼 수 있지만 올더스게이트의 사건은 신생(new birth)을 통하여 종의 믿음에서 아들의 믿음으로, 공포에 얽매인 노예의 정신에서 어린아이와 같은 사랑의 정신으로 전환되어 새로운 존재 양식으로 자리 잡게 된 것이다.58)

웨슬리가 이해한 새로운 존재 양식의 특징은 성화를 단순히 개인의 종교적 목표나 완전으로 여기지 아니하고 성화 또는 기독교인의 완전을 소극적으로 죄가 없는 상태로 정의하지 않고 말로만이 아닌 행위로도 표현되는 능동적인 사랑의 현존이라는 적극적인 측면에서 정의하였다는 점이다. 특히 그 사랑은 하나님으로부터 인간에게로, 인간으로부터 하나님에게로 그리고 인간 존재를 통하여 하나님으로부터 인간 동료에게로 향하여야 한다고 강조하였다.59) 웨슬리는 죄인들로부터 자신을 분리시키고자 하는 것에 대하여 반대하고 만약에 세상과 멀어진다면 세상의 소금이 되라는 소명을 어떻게 성취할 수 있겠는가 물으면서 하나님의 섭리는 신앙인들을 그렇지 못한 사람들과 섞어 놓음으로써 하나님이 신앙인에게 주신 모든 은총이 다른 사람들에게 전달될 수 있도록 하신 분명한 이유가 있다고 주장하고 있다.60)

우리는 웨슬리가 행위 없이 믿음에 의한 의인을 주장하면서 동시에 행위를 최종적 의인의 조건으로 주장하고 있는 점에 주목하여야 한다. 언뜻 보면 칼뱅의 신적 선택이나 루터의 죄인의 의인됨에서 나타나는 믿음에 의한 의인의 본질적인 점을 웨슬리가 포기하는 것처럼 보인다. 물론 웨슬리는 그리스도의 사랑 안에 나타난 신적인 자비만으로도 충분하며 인간의 행위가 시초나 최종적으로 구원의 확실성이나 보증의 원천이 되지 못한다고 보고 있으며 믿음을 통한 은총에 의한 칭의는 성화의 전 과정을 통해서 하나님과 인간의 관계를 위한 유일한 근거로 남는 것이다.[61] 그러나 웨슬리 윤리의 특징은 의인의 본래적인 목적이 일차적으로 천국을 지향하지 않고 오히려 그 방향이 역전되는데 이 뜻은 웨슬리가 천국에 대한 관심을 가지지 않았다는 것이 아니라 의인이 성화를 통한 이 세상 삶의 재형성을 위하여 살아가게 된다는 것이다.[62]

웨슬리의 성화론의 내용을 파악할 때 중요한 점은 성화를 혁명적 실천(revolutionizing practice)으로 이해하는 것으로서 이는 모든 감각적 사물로부터의 추상화나 분리를 거부하고 하나님의 구원을 이 세상에 대한 관계 속에서 실현하여 나가고 있는 것으로 이해하는 것이다.[63] 본질은 실천 속에서 실현되어야 하며 신앙의 타당성의 지표는 실천을 통하여 드러나게 되는 것이다. 웨슬리에 의하여 강조된 오직 믿음으로 말미암은 의인(義認)은 그의 성화 개념에 있어서 실천된 사랑과 연관이 된다. 웨슬리의 성화 사상은 칼뱅적인 수동적 은총론에 기초하고 있지만 의인화(義認化)를 의인화(義人化)로 발전시키듯이(imputation to impartation) 성화(聖化)도 성인화(聖人化)로 발전시켜 나가는 것이다(imputed to imparted sanctification). 따라서 선행적 은총으로 회복된 자유의지에 의하여 의로운 행동과 거룩한 행동을 실천함으로써 잃어버린 하나님의 형상, 즉 의로움과 거룩함을 회복할 수 있다고 웨슬리는 믿었으며 따라서 웨슬리의 사회적 성화는 성육신적 요소로서 세속성으로부터 분리된 성별의 힘을 갖고 세속을 찾아가는 참여를 통하여 사랑의 적극적 행위를 실천에 옮겼다.[64]

웨슬리는 유럽 역사의 혁명 이전 시대에 속하여 18세기 이전의 대중경제적인 분석이나 사회학적인 논점을 결여하고 있으며 왕정에 충실한 영국 국교도라는 한계를 가지고 있었던 인물이기 때문에 현대의 시각으로 보면 역사적 한계성을 느끼게 된다. 그럼에도 불구하고 18세기 초 영국 사회 속에서 감리교 운동은 기존 교회와 사회에서 소외된 사람들을 향한 복음 선포를 사명으로 알았으며 웨슬리는 가난한 사람들을 단지 자선의 대상이나 극빈자 구호의 수혜자들로 보지 않고 이들의 비참한 상황을 제거하는 것을 참된 기독교적인 사명으로 강조하였다.[65] 웨슬리가 가난한 자들을 돕기 위하여 실천에 옮긴 내용들을 보면 모금을 통하여 가난한 자들에게 현금이나 의복, 생필품, 연탄, 의약품 등을 나누어 주었고 의약품을 가지고 본인이 치료에 나서기도 하였다. 또한 웨슬리는 영국에서 최초의 자유 약국 개척자로 통하기도 하며 가난한 이들로 하여금 경제적인 어려움을 극복할 수 있도록 대여금고와 직업 알선, 그리고 면직작업과 같은 프로젝트를 직접 운영하여 만연된 빈곤문제를 해결하려고 노력하였다.[66]

웨슬리는 당시 영국에서 출현하기 시작한 자본주의적 부르주아 질서 내의 사회적인 관계를 정당화하고 신성시하고 아울러 기층 정치 경제적 이해가 기득권자들의 입장에서 이루어졌다는 비판을 받을 수 있지만 윤리적인 각도에서 중요한 것은 정치 경제적 분석보다는 웨슬리가 자신의 대중 경제적 지식과 스스로 체험한 목격에 근거하여 경험적으로 빈곤의 문제를 해결하기 위하여 실천에 옮겼다는 것이다.[67] 자세히 살펴보면 웨슬리는 영국 사회 내 불의의 문제를 근본에서부터 해결하기 위하여 일반 대중의 의식 변화를 위하여 노력하였는데 이러한 그의 행동은 철저히 기독교 정신에서 나온 것으로서 하나님과 모든 인간을 향한 사랑에 근거하고 있다. "진정한 호소"(Earnest Appeal)에서 보여 주듯이 웨슬리는 마음과 영혼과 힘을 다하여 하나님을 사랑하는 것과 하나님이 창조하신 모든 영혼을 사랑하는 것보다 더 좋은 종교의 내용은 없으며 이것이 혼란한 세상의 모든 악을 위한 확실한 구원의 수단으로 보았다.[68] 아울러 이웃 사랑은 하나님에 의하여 명령된 것이기 때문에 단지 선을 행하고 자선을 하는 것이 아니라 사랑에 근거하여 인간의 존엄과 가치를 소중하게 여기며 모든 사람에게 동일하게 적용하려고 노력하였다. 특히 개인의 경제적 책임을 강조하여 재화에 대한 기독교인들의 입장을 분명히 하였고 사유재산이란 하나님께서 우리에게 관리하도록 주신 재화라는 각도에서 자신과 가족에게 필요한 것 이외에는 궁핍한 이들을 위하여 사용하도록 강조하였다.[69]

특히 경제적인 불의에 대하여 웨슬리는 참혹한 현실에 대한 실례를 들어가면서 항거와 동시에 다양한 조처들을 모색하는데 이러한 웨슬리의 연구와 그 개선책은 비전문가의 의견으로서 비현실적인 부분이 없지 않지만 중요한 점은 사회적 불의에 대한 기독교적인 숙명론이 전혀 없다고 하는 것과 개인의 사회적 책임의 한계와 정부나 국회 및 경제적으로 영향이 큰 그룹들에 대하여 변화를 계속 요청하고 있다는 것이다. 따라서 사회의 공적인 의식 형성에 큰 영향을 미쳤다고 할 수 있다.[70] 또한 당시 영국 토리당의 정치적 입장을 지지하였던 웨슬리는 국가적 권력기구를 대표하는 이들로서 왕과 각료 그리고 의회의 중요성에 대하여 강조하였으며 이들은 국민의 행복에 이바지할 수 있는 모든 것을 수행할 권한과 책임을 주셨다고 믿었으며 특히 왕의 권리 중 경찰권과 조세권의 올바른 사용에 대하여 주장하였다.[71]

웨슬리의 노예 제도 반대 운동은 당시 영국 국교회와 대다수 회원들이 노예 제도를 문제 삼지 않고 기층 사회의 질서를 그대로 받아들이는 분위기가 팽배하였음에도 불구하고 북미 조지아 선교사 시절로 거슬러 올라간다.[72] 비록 웨슬리는 그의 사역 초기에 노예 제도 전반에 대한 원칙적인 공격이나 도덕적인 비난을 조직적으로 전개하지는 않았지만 흑인노예들의 상황을 개선하며 흑인학교를 세우고 교육 활동을 활발하게 전개하였으며 영국으로 돌아온 후에는 백인과 흑인, 자유자와 노예의 사회적 제한을 성서의 사랑에 근거한 복음주의적이고 목회적인 실천운동으로 극복하려고 하였다.[73] 웨슬리는 1774년 저술한 「노예 제도에 관한 생각」이라는 소책자에서 한 인간의 가치는 일반적으로 평가된 질에 따라서 축적되는 것이 아닌 하나님께서 영원한 생명으로 창조하신 영혼 속에 있다고 확신하였으며 따라서 하나님의 고상한 피조물들이 짐승과 같은 삶을 살도록 방치하며 조장하는 노예 소유와 그것을 정당화하는 불의한 행위를 하나님은 징벌로 다스릴 것이라고 주장하였다.[74]

웨슬리는 18세기 영국의 열악한 법률 체계로 말미암아 야기되는 가난한 자들에 대한 부당한 법적 대우에 대하여 경악하고 재소자들을 위한 구호 활동을 펴게 된다. 사형선고를 받은 사람들과 대화를 나눔으로써 그들로 하여금 어려운 운명을 견디어 내도록 도왔으며, 가난한 사람들을 위하여 보냄을 받았다는 자기의 사명을 이러한 재소자 구호 활동을 통하여 더욱 더 확신하게 된다. 그러한 웨슬리의 노력은 단순한 재소자 방문에 그치지 않고 억울하게 갇힌 여러 수인들의 사면을 위하여 노력하였으므로 국가 관리들과 교회 교직자들은 합세하여 웨슬리가 감옥에서 활동하는 것을 차단하려고 하였다.[75] 웨슬리의 재소자에 대한 구호 활동은 외국인들에게까지 이어졌으며 군인으로서 영국의 포로가 된 프랑스인들, 네덜란드인들, 미국인들에게 관심을 가지고 인도주의적인 차원에서 그들을 돌보아 주었다. 웨슬리는 교도소가 오히려 형벌을 개선하는 것이 아니라 또 다른 범법 행위로 이끄는 온상이 될 수 있기 때문에 교도소의 도덕적 효력에 대하여 의문을 품었으며 시민 재판과정에서 나타나는 법률의 불확실성 문제들, 특히 가난한 사람들과 부자들에 대한 불공평한 처리에 대하여 항의하였고 전쟁 포로에 대한 비인간적인 대우에 항의하였다.[76]

지금까지 살펴보았듯이 웨슬리를 통하여 기독교 윤리의 특징으로서 행위는 기독교적인 존재의 필연성으로 지위를 얻게 된다. 즉 믿음이 선한 행위를 산출하지 못하고 그리스도인의 삶과 행동 전체를 지속적인 성화로 이끌지 못한다면 이 믿음은 더 이상 존속되지 못할 뿐만 아니라 생명력을 잃게 될 것이다.[77] 물론 의인과 성화에 대한 관심에서 웨슬리에게 일차적인 목표는 개인의 갱신이었음이 분명하다. 그러나 그 개인의 변화는 지속적인 사회적 성화를 전제로 한 성화며 개인의 새로운 신앙적 각성을 통하여 정치·사회윤리를 실천적으로 행동하는 데 주저하지 않은 사회 개혁가라고 할 수 있다.[78]

3) 자유를 추구한 지성인

웨슬리 사회원리의 세 번째 특징으로서 그의 '자유를 추구한 지성'을 들 수 있다. 사실 사이드(Edward Seid)는 지성인의 특징을 추방(exile)으로 보았는데 그것은 기층 사회로부터의 유배(流配)를 말하는 것이다. 즉 지성인은 기층 사회에서 당연시하였던 모든 통념과 가치 체계에 대하여 의문시하며 과감하게 발을 돌린다는 것이다. 이러한 지성인의 특징은 겉으로는 어디에도 정착하지 못하고 방황하는 것 같지만 실제로는 어디에도 속하지 않는 자유함을 누리는 것이라고 사이드는 강조하였다.

지성적 신앙인으로서 웨슬리의 삶은 "이 사람들은 모두 믿음을 따라 살다가 죽었습니다. 그들은 약속하신 것을 받지는 못했지만, 그것을 멀리서 바라보고 반겼으며, 땅에서는 길손과 나그네 신세임을 고백하였습니다. 이런 말을 하는 사람들은 자기네가 고향을 찾고 있다는 것을 나타내는 것입니다."[79]라는 히브리서의 말씀을 떠올리게 한다.

웨슬리는 그의 목회생활을 통하여 자신의 입장만 고수하여 무엇에든지 동의하지 못하고 결과적으로 타인과 또는 다른 공동체와 불화를 조장하는 그러한 원칙적 분리주의자는 아니었다. 예를 들어 영국 교회와의 관계에서 보여준 것처럼 분리가 죄라고 믿었기 때문에 영국 교회와 결별하지 않으려고 하면서도 필요한 경우에는 영국 교회와 다른 입장을 취한다는 단호한 자세를 견지하였다. 분열과 불일치는 기독교인들이 올바르지 못한 행동으로 사회 전체에 미치는 악영향이라고 보았기 때문에 감리교를 영국 교회와 그리스도의 몸으로서 재결합하려고 노력하였다. 그러나 감리교는 안수문제를 지배적 위치에 놓고 신앙인의 삶보다 제도를 강조하였던 영국 교회에서 인정받지 못하고 추방당하였다. 영국 교회는 웨슬리를 개신교 신앙에서 벗어난 사람으로 보았지만 오히려 웨슬리는 영국 교회의 목사들이 개혁 교회의 정신을 저버렸다고 반박하였다. 1741년 옥스퍼드의 이단이란 설교를 필두로 당시 영국 교회의 일반적 경향인 인본주의적 아르미니우스주의와 주지주의, 도덕주의, 신비주의에 반

대적 태도를 취하였으며 후에는 칼뱅주의와 루터주의의 문제점에 대하여도 공격적인 자세를 취하였다.[80]

웨슬리는 부흥운동을 통하여 그가 전개하는 세 가지 큰 도리, 즉 원죄, 믿음에 의한 칭의, 마음과 생활의 성화에 관하여 입장이 일치한다면 칼뱅주의든 누구든 서로 힘을 합하여 복음주의자연맹이라는 조직체를 만들자고 주장하기도 하였다. 그러나 이 운동도 영국 교회 내 소수의 복음주의자들의 고자세와 극단적 칼뱅주의자들의 편협성, 완고한 제도주의자들 그리고 독단적 교조주의자들의 반대에 부딪혀 실패하였다.[81]

특히 웨슬리는 광신주의자라는 오명도 뒤집어썼는데 그 이유는 성령의 증거에 대한 것이었다. 웨슬리는 기독교 복음의 모든 진리는 우리의 경험과 생활에 의하여 계속적으로 실증되어야 할 것으로 보았으며 이것은 내재적인 성령의 역사에 의하여 가능하다고 보았다. 그럼에도 불구하고 영국의 리치필드 감독(The Bishop of Richfield)은 성령의 증거와 활동은 기독교 경험과 생활에서 복음의 진리를 계속적으로 실증할 수 있다는 웨슬리의 주장을 비난하고 성령의 증거는 사도 시대에만 국한되는 것이라고 주장하면서 웨슬리의 감리교인들을 광신자 및 유혹자의 집단이라고 혹평하였다.[82]

웨슬리는 성화와 관계된 신앙의 문제가 의인으로 끝나서는 안 된다고 보았는데 만일 그렇게 되다면 의인을 종말(eschaton)과 동등시하게 되는 것이며 역사를 전락시켜 무의미하게 만든다고 보았다. 오히려 성화의 과정은 역사를 정화하는 것으로서 마지막 날에 설 수 없는 사회나 개인적 삶의 요소들을 극복해 나가는 것이며 의인의 현세에 대한 책임의 문제는 계속되는 것이다.[83] 따라서 성화와 관계된 웨슬리의 행위에 대한 강조는 객관적인 은총만을 강조하는 모라비안적 정적주의자들의 루터교적 신비주의와, 공동체와 은총의 수단을 등한시하는 윌리엄 로(William Law)의 합리주의적 신비주의와의 논쟁을 통하여 분명히 나타나게 된다.[84] 전자가 주장하는 의인과 성화의 전적인 전가사상은 이 세상에서 의의 실현과 구원의 완성에 대한 문제가 거론될 여지가 없다는 문제가 생기며 후자 또한 내적인 빛에 몰두한 나머지 실존의 사회적인 것이 행동으로 나타나야 될 것에 무관심하게 된다.[85]

웨슬리의 신비주의자들에 대한 일반적인 비판은 교회관의 차이에서 나오는데 신비주의자들은 교회라는 신앙 공동체를 매개로 나타나는 기독교적 신앙 경험을 부인하거나 결과적으로 가장 큰 진리인 예수 그리스도를 통한 중재마저 부인한다는 점에 있었다. 나아가 기독교의 역사성과 사회성마저 무시하는 결과를 초래할 수 있다는 점에서 더욱 더 반박하였던 것이다.[86]

신비주의에 대한 웨슬리의 비판은 철저하고 지속적이었는데 그가 많은 영향을 받았던 모라비안 신비주의자들에 대하여 반대하였을 뿐만이 아니라 루터에게서 도덕무용론적인 요소가 발견되었을 때는 그에 대하여 무비판적인 신뢰를 주었던 자신을 부끄럽게 여기기까지 하였고 모라비안 신비주의와 완전히 관계를 단절하게 된다.[87] 신비주의에 대한 웨슬리의 비판은 이것이 반교회적이며 반사회적이고 반윤리적인 요소에 근거하고 있다. 그는 신비주의자들의 신앙을 영혼의 어둠에 비유하였으며 환상주의자들이라고 비판하였고 세상의 책임에 대하여 회피하는 자들로 몰아세웠다.[88]

웨슬리는 루터와 칼뱅 등의 개혁 사상을 통하여 많은 영향과 감화를 받았으나 구원의 믿음과 성화 간의 긴밀한 관계에 대한 해석에 있어서는 그들과 생각을 달리하여 칭의론과 성화론을 결합하여 전자를 통하여는 기독교 신앙의 중심으로 그리고 후자를 통하여서는 기독교 윤리생활의 중심으로 파악하였다. 웨슬리는 인간에게 절대 의를 주시는 하나님을 강조하는 루터의 믿음과 인간에게 절대적 복종을 요구하는 하나님을 강조하는 칼뱅을 통하여 하나님의 타자성이 타락한 인간의 무능성을 회복할 가능성을 보았지만 여기에 멈추지 않고 하나님의 선행적 은총을 통한 보편적 구원을 복음의 핵심으로 삼았으며 인간의 책임을 강조함으로써 루터적 정적주의를 극복하고 칼뱅의 신정론을 인간의 영역 안으로 전환하였다. 이러한 웨슬리의 신앙적 지성의 행보는 양측으로부터 다 비판을 받는 요인을 제공하기도 하였다.

웨슬리는 안수와 관계된 교회 제도에 대하여 신약성서에서는 제시된 제도가 없지만 개혁 교회는 일개의 합법적 교회이기 때문에 연속성과 일치를 위하여 항상 영국 교회 전체의 틀 속에서 감리교회를 보아야 할 것을 강조하였다.[89] 당시 영국 교회의 교리는 본질적으로 옳으며 감리교인들은 일반적으로 성만찬에서 거절당하지 않았기 때문에 수평적 연속성의 상징이 보존되어야 한다고 웨슬리는 보았지만 감독 제도의 단절 없는 계승을 통한 필요성도 인정치 않았고 감독제를 통한 권위와 은총의 중단 없는 승계도 가능한 것이 아니라고 주장하였다.[90] 웨슬리는 영국 교회와 자신의 감리교의 분열을 방지하려고 제도의 연속성을 계속 강조하였지만 결국은 말씀이 우위를 가져야 한다는 그의 신앙의 양심에 따라 안수문제를 지배적 위치에 놓고 선교에 있어서 보편적 은총과 신생 그리고 확신과 성결을 막는 영국 교회와 분리할 수밖에 없었다. 웨슬리는 지성인이 보여 주어야 할 지성의 배반에 대하여 충실하였을 뿐만 아니라 자신의 입장을 늘 반성함으로써 진리의 완성을 위하여 끊임없이 노력한 사람이었다.

이제 지금까지 살펴보았던 웨슬리의 정치윤리적 요소들이 어떻게 공적 영역에서 영향을 끼칠 수 있는지 살펴보자.

5. 웨슬리 윤리와 감리교 사회원리

현대 기독교 윤리의 책임적 과제는 정치적인 상황을 고려하여 타인에 대한 관심이 신학의 출발점이 되어야 하며 이를 위하여는 전통에 대한 비판적 인식과 더불어 억압과 핍박에 대한 저항이 그 주요 목적임을 강조하고 싶다. 아울러 한국의 감리교가 미래 지향적이며 현대 사회의 다양한 다원적 가치를 통전적으로 수용하면서 한국 사회에서 무능력한 모습을 보이지 않으려면 사회에 대한 책임적 윤리가 실천의 장으로 연결되어야 할 것이다.

한국 사회는 비록 근래 민주화에 의하여 발전의 모습을 보이고 있지만 한국 근대화의 과정에서 파생된 경제와 관료행정의 비대화는 여전히 자본과 권력을 무기로 삼고 국가와 국민들과의 의사소통 행위를 무력화하고 있다고 하여도 과언이 아니다. 또한 근대화 과정에서 목적으로 삼았던 국가권력 중심의 개발과 발전 전략에서 분배 정의의 문제가 한국 사회 내 주요 담론으로 부각되었음에도 자신들의 욕구를 관철하려는 각 이익집단의 힘겨루기와 충돌은 끊이지 않고 있으며 기독교 또한 공적 영역에서의 사회 변화를 선도하기는커녕 연일 교회 세습과 성직 매매, 교권과 교회 권력의 남용 등의 문제로 소란스럽다. 따라서 한국 사회의 주요 과제는 교회를 포함한 각 집단과 성원의 의사소통의 활성화를 위한 공적 영역의 구축이며 특히 교회는 공적 영역 내에서 한국 사회의 규범에 대한 비판적 능력을 회복하여 실천력을 확보하여야 할 것이다.

스택하우스(Max Stackhouse)는 공적 영역에서의 신학은 개인 신앙의 합리화를 말하는 것이 아니라 비판적으로 자신과 타인의 신앙 고백을 시험하여야 한다고 강조한다. 이 말의 뜻은 개인의 신앙이 신의 실재에 대하여 타인이 알아들을 수 있도록 표현하는 능력에 의하여 신앙고백을 평가할 수 있어야 한다는 것이며 이렇게 할 때 다른 학문들과 상호 영향을 미칠 수 있으며 의미가 서로 통한다고 보았다. 또 그렇게 할 때 신학이 기독교인으로서의 특권인 구원의 문제가 세상 사람들에게 분명한 목소리로 전하여질 뿐만 아니라 신학은 반드시 사회 속에서 인간생활의 구조와 정책에 영향을 주어야 한다고 보았다.[91] 문화나 경제 그리고 정치는 불가피하게 영역적이지만 심오한 종교는 이 모든 것을 초월하는 힘을 가지고 있다. 일부 종교가 어떤 특정한 국가 영역에 초점을 맞추는 것처럼 보이지만 심오한 종교적 충동 안에는 참으로 신성하며 특정한 지리적 경계 내에서나 또는 강압의 방법에 의하여 규제 당하거나 소진되지 아니하는 그 무엇인가가 있다.[92]

위에서 살펴보았지만 웨슬리는 자신의 신앙운동을 통하여 영국 사회와 문화를 새롭게 구축하려는 목적을 가진 사람으로 충분히 재인식될 수 있을 것이다. 그는 자연적 은총으로서 인간 책임의 영역을 강조하였으며 그 책임은 단순히 개인의 구원에 머무르지 않고 보편적으로 모두에 적용된다고 확신하였다. 웨슬리의 기독교 정치윤리는 바로 이러한 점에서 신성의 힘을 간직하고 있다고 할 수 있다. 그 신성은 인간에 대한 과도한 신뢰를 추방하면서도 인간의 영혼과 영혼 그리고 영혼과 신앙 공동체에 기초한 감리교 공동체를 형성하는 에너지가 되었다.

웨슬리의 선행 은총론과 성화사상은 하나님과 인간의 관계를 보편적으로 해석함으로써 올바른 인간 존재의 연대성을 가능하게 해준다고 할 수 있다. 모든 인간 존재가 하나님의 피조물이라는 믿음은 차별적인 인간 이해에서 파생되는 억압적인 사회 구조를 제거할 수 있는 바른 정치를 지향하는 정신적 원동력이 될 수 있다. 피조물 됨(creature-hood)은 자기 자신에 대한 관심과 타인에 대한 관심을 동시에 수용함으로써 세상 속에서 인간 존재의 평등성을 인정하는 것이다. 아울러 웨슬리는 부단히 지성과 지성 사이를 자유로이 교류하며 자신을 어떤 단일적이고 획일적인 사고로부터 끊임없이 스스로를 추방한 신앙이었음이 분명하다. 현대적 의미로 인간의 지적 교만은 무지의 무지(ignorance of ignorance)로 전락될 수밖에 없다고 강조한 라인홀드 니버(Reinhold Niebuhr)처럼 웨슬리는 인간이 추구하는 최종의 지식이나 어떠한 이념도 인간의 무지에서 자유로울 수 없으며 따라서 그 이념을 절대화하는 시도는 단지 무지의 교만에서 파생한 무지로서 일종의 자기기만이 되는 것을 알았던 사람이라고 할 수 있다.[93]

우리는 무엇보다도 자신의 갱신과 사회를 올바르게 개혁하는 위로부터의 영적 에너지가 필요하다. 종파와 인종과 계층과 성을 초월한 보편주의와 사회와 민족 그리고 국가와 세계를 위한 아래로의 봉사 그리고 바른 신앙 공동체를 형성하기 위하여 자유하게 하는 진리를 수호하는 신앙인의 정체성 확립이 더욱 더 절실한 이때에 우리는 살고 있다. 웨슬리의 탄생은 그의 생명의 시작을 기점으로 하는 새로운 자유의 시작이었으며 그 자유를 향한 열정은 여전히 우리들에게 요구되는 심오하고 신성한 에너지다. 심오한 신앙은 웨슬리처럼 우리가 알지 못하는 이웃을 향하고 우리가 이해하지 못하는 문화를 포용하며 우리가 인정하지 않는 사회와 우리가 반대하는 정치 체제에까지 도달하는 공적 영역으로서의 실천과 연결이 되어야 한다.[94] 그러한 신앙의 진수를 우리는 웨슬리를 통하여 다시 한 번 살펴보았다. 이제 우리에게 남겨진 것은 자신의 생명을 통한 자유의 재발견과 하나님의 은총 안에 밝히 드러나는 이웃을 향한 책임에 대한 우리의 응답과 행동만이 남았을 뿐이다.

기독교 사회원리 II

1장 자연 공동체

2장 가정 공동체

3장 사회 공동체

4장 경제 공동체

5장 정치 공동체

6장 세계 공동체

1장. 자연 공동체

'자연 공동체'는 하나님이 지으신 천지 만물이 각자 개별적인 것이 아니라 유기적으로 연결되어 있다는 '공동체' 정신에 대한 사회원리다. 웨슬리는 자연세계에 하나님의 전권을 강조하며 신앙을 통하여 신앙인의 청지기적 소명을 회복할 것을 강조하고 있다. 기독교대한감리회 사회신경은 '생태계의 위기에 대한 경고'를, 미국연합감리교회 사회원리는 '자연의 남용'에 대한 경고를 그리고 가톨릭 사회교리는 '환경문제에 대한 경제문제와의 연관성'에 대하여 인간의 책임을 묻고 있다.

관련성구

(1) **창조의 목적** : 창조된 모든 것은 가치가 있고 하나님 보시기에 '좋은 것'이다. (창 1:4, 10, 12, 18, 21, 25)

(2) **창조주 하나님** : 하나님의 창조 활동으로 나온 작품인 자연은 위험한 적(敵)이 아니다. 만물을 만드신 분은 하나님이시고, 만드신 모든 피조물은 하나님 보시기에 좋았다. (창 1:4, 10, 12, 18, 21, 25, 31)

(3) **인간의 책임** : 주님께서는 인간에게 모든 피조물을 지키고 보호할 '책임'을 맡기시고, 그것들을 조화롭게 발전시키며 돌볼 임무를 맡기셨다. (창 1:26~30)

(4) **피조물의 아름다움** : 이스라엘 사람들에게 하나님의 피조물인 이 자연은 항상 찬미의 대상이었다. (시 104:24)

(5) **피조물의 구속** : 피조물 전체는 지금도 타락에서 완전히 해방되기를 기다리며 진통으로 신음한다. (롬 8:19~23)

(6) **피조물의 가치** : 성경에서 정화와 생명의 상징인 물은 함부로 사용될 수 없다. (시 51:4; 요 13:8; 요 3:5; 갈 3:27)

(웨슬리 사회원리)

웨슬리는 자연세계와 생명의 오묘한 조화가 하나님의 섭리에 의하여 된 것임을 거듭 강조하고 있다. 웨슬리에게서 나타나는 창조세계에 대한 인간의 이해는 (1) 하나님이 창조자시며 (2) 인간도 창조세계의 일원으로서 (3) 창조세계에 대하여 청지기의 사명이 있으나 (4) 그럼에도 불구하고 인간이 창조세계의 가장 무서운 적이 될 수 있으며 (5) 따라서 신앙을 통하여 피조물의 본성을 회복할 것을 강조하고 있다.

웨슬리는 하나님만이 하늘과 땅의 소유자시며 모든 피조물의 주인이 되심을 고백한다. 하나님의 피조물인 인간은 따라서 창조세계를 지배하는 것이 아닌 창조세계의 일부분으로서 자연이라는 대가족의 일원이다.

(1) **청지기의 사명** : 천지의 소유자가 되신 하나님께서 여러분을 인간이 되게 하시고 세상에 두셨을 때, 여러분을 소유자가 아니라 청지기로 삼으셨다는 것을 생각하십시오.[1]

(2) **창조주의 전권** : 우리는 하나님께서 우리의 수중에 맡기신 것을 마음대로 쓸 권리를 가지고 있지 않습니다. 다만 홀로 하늘과 땅의 소유자시요, 모든 피조물의 주가 되신 하나님께서 기뻐하시는 대로 사용해야 합니다. 우리는 이 모든 것 중 어느 것에 대해서도 소유자가 아니기 때문에 하나님의 뜻에 따르는 일 외에는 우리가 가진 것을 처분할 권리를 전혀 가지고 있지 않습니다.[2]

(3) **피조물의 사랑** : 만일 누구든지 하나님을 진실로 사랑한다면 그는 그의 형제를 또한 사랑할 수밖에 없습니다. 우리의 창조주에 대한 감사는 우리의 동료 피조물들에 대한 자비심을 반드시 불러일으킬 것입니다. 우리가 그분을 사랑한다면, 예수께서 우리를 사랑한 것처럼 우리도 서로 사랑하지 않을 수 없습니다.[3]

(4) **피조물의 목적** : 지으심을 받는 모든 것은 본질적으로 선한 것이었으며, 창조의 목적에 부합되었고, 위대한 창조자의 영광과 선하심을 드높이기에 합당한 것이었습니다. …… 창조물 전체에 대해서는 "하나님이 그 지으신 모든 것을 보시니 보시기에 심히 좋았더라!"로 말씀하고 계십니다.[4]

(5) **보존자 하나님** : 그분은 존재하는 모든 것의 창조자일 뿐만 아니라 보존자이기도 하십니다. …… 그렇지 않으면 그분은 그것을 보존할 수 없고, 그분이 주었던 그 존재를 유지시킬 수도 없는 것입니다.[5]

(6) **피조물에 대한 관심의 하나님** : 하나님은 '그의 눈이 온 땅을 향하여 있다.'고 분명하게 선포하십니다. 이처럼 그분은 '만유를 선대하시고 그 지으신 모든 것에 긍휼을 베푸시는' 분입니다. 결론적으로 하나님은 지구상의 모든 생물에게 일어나는 것에 대해 매 순간 관심이 있으십니다.[6]

(7) **정의의 대상 환경** : 모든 환경 가운데서 정의롭게 그리고 순리에 맞게 해야 합니다.[7]

(8) **재화에 대한 청지기 사명** : 하나님께서 우리를 청지기로 삼아 이러한 재화들을 단지 위탁해 주신 것이기 때문에 우리는 그것들을 하나님을 위하여 예비해 두어야 합니다. 그러기에 우리는 이러한 재화들을 하나님의 손으로 하신 일로 보아 그것들을 다르게 사용해서는 안 되는 것입니다. 하나님은 하늘과 땅의 소유주시며 또 마땅히 그렇게 되셔야 합니다. 이것은 하나님의 양도할 수 없는 권리며, 하나님께서는 이 권리를 스스로 벗어버릴 수 없습니다.[8]

(9) **피조물에 대한 인간의 심미적 영성** : 그(아담)는 형언할 수 없는 기쁨으로 모든 피조세계, 즉 생명이 있는 자연이나 생명이 없는 자연 등 모든 자연 만물의 질서와 미의 조화를 보았습니다.[9]

(10) **피조물의 개체성과 주체성** : "천지와 만물이 다 이루니라." 그리고 하나님은 그 밖의 모든 것들을 종류에 따라, 즉 식물, 물고기와 새, 짐승과 파충류를 종류대로 만드신 후에, 인간을 하나님의 형상을 좇아 만드셨습니다. 그리고 전 창조물을 보시기에 좋다고 하셨습니다. 그리고 하나님 보시기에 우주의

특징적 부분이 좋았습니다.10)

(11) **피조물에 대한 하나님의 자비** : 하나님은 모든 사람을 사랑하고 하나님의 자비는 모든 피조물에 미칩니다.11)

기독교대한감리회 사회신경

기독교대한감리회의 '사회신경'은 자연세계와 생명에 대한 하나님의 창조와 생태계의 보존을 제1조로 시작하며 그 목적을 크게 세 가지로 보고 있다.

(1) 창조세계의 보존은 하나님의 명령이다.

(2) 인간은 우주 만물을 책임 있게 보존하여야 한다.

(3) 인간은 아울러 생태계의 위기를 극복해야 하는 사명이 있다.12)

미연합감리교회 사회원리

미연합감리교회도 교리와 장정 160조에서 창조세계에 대한 하나님의 주권을 인정하며 신앙인들의 청지기직 사명에 대하여 강조하고 있다. 미연합감리교회의 창조세계에 대한 사회원리를 분석하면 크게 6가지 내용으로 구성되어 있는데 그것은 다음과 같다.13)

(1) **피조물의 주권자 하나님** : 모든 피조물은 주님의 것이다.

(2) **피조물에 대한 인간의 책임** : 피조물에 대하여 인간은 그 모든 피조물을 선용하든 악용하든지, 그 방식에 대하여 책임을 져야 한다.

(3) **자연세계에 대한 인간의 존중** : 피조물인 물, 공기, 흙, 무기물(minerals), 에너지자원, 식물, 동물 그리고 우주는 단순히 그것들이 인류에게 유익하기 때문이 아니라, 하나님의 피조물이기 때문에 존중되고 보존되어야 한다.

(4) **청지기직의 사명** : 하나님께서는 우리에게 하나님의 피조물을 지킬 청지기직을 허락하셨기 때문에 우리는 애정 어린 보살핌과 존중의 행위로써 이러한 청지기직 사명을 감당해야 한다.

(5) **자연의 남용에 대한 경고** : 경제 정치 사회 기술적 발전은 우리 인류의

숫자를 증가시켜 왔고, 우리 인간의 수명을 연장시켰을 뿐만 아니라, 인간의 삶을 더욱 풍성하게 만들었다. 그러나 이러한 발전은 특별히 산업화 사회로 인해, 지역적 고엽화(枯葉化), 갑작스러운 종의 멸종, 수많은 사람들에게 미치는 고통, 인구 과밀화 그리고 천연의, 재생 불가능한 자원의 오용과 과다소비를 증가시켜 왔다. 따라서 이렇게 자연을 남용하는 행동 방식이 계속된다면 하나님께서 모든 세대에 맡기신 자연 유산은 위험에 빠지게 될 것이다

(6) **자연세계에 대한 책임** : 그러므로 우리는 하나님의 모든 피조물들을 위하여 더 높은 삶의 질(質)을 불러 올 수 있는, 더욱 환경적으로 합당하고 지속 가능한 세계를 지탱하도록 경제 정치 사회 기술적인 생활 방식을 변화시키는 것이 교회와 교회의 성도들의 책임이라는 사실을 인정해야 한다.14)

가톨릭 사회교리

가톨릭 사회교리는 대지의 사용 그리고 과학과 기술의 발전과 관련한 그리스도인의 태도는 성경의 영향을 받고 있다고 전제하고 제2차 바티칸 공의회를 통하여 결정된 입장을 견지하고 있다. 그것은 "하나님의 지성의 빛을 나누어 받은 인간이 자기 지성으로 만물을 초월한다고 하는 것은 옳은 판단이다."라고 믿으며 인간이 수 세기에 걸쳐 경험 과학, 기술 관련 학문 또는 인문학에 끊임없이 자신의 재능을 쏟아 부은 덕분에 진보를 이루었다는 것을 인정하는 것이다. 또한 과학기술의 도움으로 그 지배권을 거의 모든 자연계로 확장하였고 또 끊임없이 확장하고 있다고 보고 있다.

가톨릭 사회교리는 또한 인간과 환경의 위기관계에 대하여 경고하며 그 원인을 인간의 무분별한 자연에 대한 착취로 보고 있으며 인간의 책임을 강조하고 있다.

(1) **환경 파괴의 원인** : 성경 메시지는 인간과 환경의 관계에서 발견되는 문제점들을 평가하는 데에 본질적인 준거가 된다. 이러한 문제점들의 근본 원인은, 인간의 모든 활동의 두드러진 특징이 되어야 하는 도덕적 고찰을 무시하

고 사물에 대한 무조건적인 지배를 주장하는 인간의 오만함에서 찾아볼 수 있다.15)

(2) **환경 회복의 가능성** : 인간과 사물을 초월적인 것과 관련짓지 않는 시각은 창조의 개념을 거부하고 인간과 자연을 완전히 독립적인 존재로 여기게 하였다. 그리하여 세상과 하나님을 일치시키는 유대가 끊어졌고, 그 결과 인간은 세상과 분리되었으며, 더 근본적으로는 인간의 정체성 자체가 약화되었다.16) 그러나 자연과 같은 환경은 세상을 창조하시고 유지하시는 하나님의 신비를 드러낸다. 하나님과 이루는 관계가 고려되지 않을 때 자연은 그 깊은 의미를 잃어버리고 황폐해진다. 반면에 자연을 피조물의 차원에서 재발견한다면 자연과 소통할 수 있는 통로를 만들 수 있으며, 자연의 풍요롭고 상징적인 의미를 이해할 수 있게 되어 자연의 신비 영역으로 들어갈 수 있다. 그 영역은 인간이 하늘과 땅의 창조주이신 하나님께 이르는 길을 열어 준다. 하나님의 창조적 섭리적 구속적 권능이 펼쳐지는 곳, 곧 인간의 눈앞에 있는 세상은 그 자체로 하나님에 대한 증거다.17)

(3) **환경 보호는 하나님의 뜻** : 개인적 집단적 인간 활동, 곧 인간이 여러 세기를 거쳐 자신의 생활 조건을 개선하려는 저 거대한 노력 그 자체가 하나님의 계획에 부합하는 것으로 여겨진다는 것은 믿는 이들에게는 분명한 일이다. 하나님의 모습대로 창조된 인간은 땅과 그 안에 담긴 모든 것을 지배하고 세상을 정의와 성덕으로 다스리며, 하나님을 만물의 창조주로 알고 자기 자신과 모든 사물을 하나님께 다시 바치라는 명령을 받았기 때문이다. 그렇게 인간은 만물을 다스려 하나님의 이름이 온 땅에 빛나게 하여야 한다.18)

(4) **환경 보호는 인류의 과제** : 환경 보호는 온 인류의 과제다. 그것은 공동의 보편적인 의무, 곧 공동선을 존중할 의무의 문제다. 모든 존재는 창조주께서 세우신 우주의 질서 안에서 서로 의존하여 살아가므로, 세계적인 현재의 생태 위기의 근본 원인과 범세계적인 차원에서 그 위기에 대처할 당위성에 대하여 숙고하여야 할 책임이 있다.19)

(5) **환경은 인류의 공동 유산** : 인류의 공동 유산인 환경에 대한 책임은 현재의 요구만이 아니라 미래의 요구로까지 확대된다. "우리는 전(前) 세대의 계승자로서 동 세대 동료들의 협력으로 성과를 거두었으므로 모든 사람에게 갚아야 할 의무가 있다. 그러므로 우리가 죽은 뒤에 인류 가족을 계속 융성케 할 후대 사람들에게 무관심할 수는 없다." 이것은 미래 세대에 대한 현 세대의 책임이며, 개별 국가만이 아니라 국제 공동체와도 관계되는 책임이다.[20]

(6) **환경에 대한 법률적 책임** : 환경에 대한 책임은 법률적 차원에서도 적절히 표현되어야 한다. 국제 공동체가, 국가들이 환경에 부정적인 영향을 미치는 여러 가지 활동에 더욱 효과적인 제재를 가하고 재해 방지를 통하여 생태계를 보호할 수 있도록 해 줄 표준 규정을 만드는 것이 중요하다.[21]

(7) **환경과 경제 발전** : 경제 발전 계획은 "자연의 주기와 통일성을 존중하여야 할 필요성"을 주의 깊게 고려하여야 한다. 자연 자원은 한정되어 있고, 일부는 재생될 수 없기 때문이다. 현재의 발전 속도는 현재와 미래에 일부 자연 자원의 이용 가능성을 심각하게 위협하고 있다. 따라서 생태문제에 대한 해결책은 경제 발전에 대한 요구와 환경 보호에 대한 요구를 조화시키면서 환경을 더욱 존중하는 경제 활동을 요구한다.[22]

(8) **환경과 토착민 보호** : 토착민들이 그들의 땅이나 자원과 맺고 있는 관계에 특별한 관심을 쏟을 필요가 있다. 그러한 관계는 그들의 정체성을 근본적으로 드러내 주기 때문이다. 땅은 그들 존재의 의미 자체와 결부되어 있다. 토착민들의 권리는 적절히 보호받아야 한다.[23]

(9) **환경과 재화의 분배** : 환경문제와 관련하여 교회의 사회교리는, 지상의 재화는 하나님께서 모든 이가 현명하게 사용하도록 창조하신 것이라는 사실을 우리에게 일깨워 준다. 지상의 재화는 정의와 사랑에 입각하여 공평하게 분배되어야 한다. 이는 본질적으로 자원의 부당한 축적을 예방하는 것과 관련된 문제다. 개인적이든 집단적이든 탐욕은 창조 질서에 위배된다. 현대의 환경문제는 전 지구적 차원이며, 지상 자원의 사용에서 더욱 대등한 관계를 보

장할 수 있는 국제 협력을 통해서만 효과적으로 해결될 수 있다.[24]

1 물, 공기, 흙, 무기물, 식물

물, 공기, 흙, 무기물, 식물과 같은 자연세계에 대하여 웨슬리는 피조물들이 서로 연결되어 하나님의 창조원리를 드러낸다고 보았다. 기독교대한감리회는 이와 같은 창조세계에 대한 구체적인 언급은 없지만 자연세계에 대한 인간의 청지기적 사명을 강조하고 있으며, 미연합감리교회는 자연세계 보존을 위한 기본 정책과 수칙 그리고 국제연대의 필요성에 대하여 강조하고 있다. 한편 가톨릭 사회교리는 공공의 선을 위한 연대와 효율적인 개발에 대하여 강조하고 있다. 위와 같은 주제에 대한 웨슬리와 기독교대한감리회, 미연합감리교회 그리고 가톨릭의 입장을 간단히 정리하면 아래와 같다.

웨슬리 사회원리

웨슬리는 창조세계에 대한 섬세한 신앙의 눈을 가졌다. 예를 들어 웨슬리는 산이 있는 이유를 '물'을 저장하기 위하여 고안된 것으로 보았다. 즉 자연세계는 인간의 눈으로 볼 때 아무리 무익해 보인다고 할지라도 하나님은 인간이 모르는 창조의 원리를 가지고 만물을 다스리신다는 것이다. 모든 피조물들이 서로 연결되어 하나님의 창조원리를 드러낼 뿐만이 아니라 하나님은 지으신 모든 것을 아끼시고 보살피시는 자비로우신 분이시다.

(1) **모든 생명의 근원 하나님** : 그리스도께서는 지금 어떤 종류나 혹은 어떤 정도에서 살든지 간에 그 모든 것의 생명이 되십니다. 그리스도는 채소와 같은 가장 낮은 종류의 생명에게도 그 근거가 되십니다. 그리고 식물이 의존하는 모든 종류의 활동의 근거가 되십니다. 그리스도는 동물 생명의 원천이기도 합니다. 심장을 뛰게 하는 힘과 그 활기를 돌게 하는 원천입니다. 그리스도는

인간이 다른 동물들과 공유하는 모든 생명의 원천이십니다. 그리고 만약 우리가 우리의 이성을 동물적 생명과 구별한다면, 그리스도는 역시 이것의 근원이기도 합니다.[25]

(2) **우주의 운행자 하나님** : 하나님이 너와 나 지구와 태양 그리고 달과 모든 것을 창조하셨습니다. 모든 것이 주의 것이요, 천지와 그에 거하는 모든 것을 창조하셨습니다. …… 태양을 빛나게 하고, 바람이 불고 나무가 열매 맺게 하십니다.[26]

(3) **창조세계에 대한 자비의 하나님** : '주께서 만인을 사랑하시기에 그의 자비가 당신이 창조하신 모든 것, 즉 감각을 가진 것, 쾌락과 고통, 행복과 불행을 느낄 수 있는 모든 것 위에 두루 넘친다' 는 사실보다 더 명확한 것은 없습니다. 그 결과 하나님은 '손을 펴시어 모든 생물의 소원을 만족케' 하시고 당신의 손을 펴시어 만유의 생물을 충만케 하시며 '인간의 자녀를 위한 식물뿐만 아니라 저가 가축을 위한 풀과 사람의 소용을 위한 채소를 자라게 하시며 땅에서 식물이 나게 하십니다.' …… 주님의 은혜가 이러하기에 그분은 우리가 더욱 연약한 피조물까지도 아끼고 자비를 보이도록 이끄십니다.[27]

(4) **피조물의 목적과 주체성** : 산은 어떤 사람들이 생각하듯이 발달이 덜 된 지구의 무용지물과 같은 창조의 단순한 두통거리가 아니다. 그것은 여러 가지 뛰어난 목적에 대답하고 있는 것이다. 그것은 지구상의 모든 부분에 가장 필요한 물을 저장하여 분배하는, 특별히 주요하게 사용하기 위하여 지혜로우신 창조주로 말미암아 고안되고 명령된 것이다. …… 만약 지구의 표면이 똑같이 평평하다면, 물을 흘려보내는 경사가 없을 것이다. …… 산은 토지의 큰 면적을 적시고, 기름지게 하고 썩게 한다.[28]

기독교대한감리회 사회신경

(1조) **하나님의 창조와 생태계의 보존** : 우리는 하나님의 명하심을 따라 우주 만물을 책임 있게 보존하고 생태계의 위기를 극복해야 하는 사명이 있

다.29)

미연합감리교회 사회원리

미연합감리교회는 물, 공기, 흙, 무기물, 식물과 같은 피조물을 보존하기 위하여 그 원인과 대안에 대하여 네 가지 사회원리를 제시하고 있다.30)

(1) **산업 폐기물 금지** : 산업 부산물(byproduct)과 폐기물이 생겨나는 것을 줄이고 통제하며, 유독물질과 핵폐기물을 안전하게 처리하고(processing) 처분(disposal)하도록 촉진한다.

(2) **사회 정책의 수립** : 이러한 산업 부산물들이 완전히 제거되도록 하는 사회 정책을 장려하고 도시 폐기물을 줄이도록 격려하고, 도시 폐기물을 적절하게 재활용하고 처분하도록 하는 사회 정책 그리고 오염된 공기와 물과 토양을 정화시키도록 돕는 사회 정책을 지지하고 장려한다. 이러한 일들을 위하여 자연 환경 체계를 유지하고 회복시킬 수 있도록 고안된 모든 정책을 지지한다.

(3) **화학물질의 사용에 대한 경고** : 식품을 배양하고, 가공하며, 저장하기 위해 사용되는 화학물질에 대한 대체물질을 개발하는 정책을 지지하고, 그 대체물질을 상용화하기 이전에 반드시 그것들이 하나님의 피조물에 어떠한 영향을 주는지에 대하여 적절한 연구가 있어야 함을 강하게 촉구한다.

(4) **국제적 연대 촉구** : 우리는 이 지구가 온전히 보존되는 한, 인류의 이익을 위하여 전 세계의 자원을 공정하게 사용하는 것과 관련하여 국제 조약을 체결할 것을 강하게 촉구합니다.

가톨릭 사회교리

가톨릭은 460조에서 인간의 노동으로 자연과 세상을 변화시킬 수 있다는 것을 전제하지만 그 원칙에 대하여 다음과 같이 정리하고 있다.

(1) **자연에 대한 인간의 개발 한계** : 어떤 의미에서 세상을 창조할 수 있다고 생각하는 인간은, 자신의 노동이 언제나 하나님께서 베풀어 주신 사물들의 본

래의 선물에 기초하고 있다는 것을 망각해서는 안 된다.

(2) **하나님 협조자로서의 인간** : 인간은 땅을 무제한 임의로 사용하고, 자신의 의지에 종속시켜서는 안 된다. 이 원칙이 무너지면 인간은 세계에서 하나님의 협조자로서 그 역할을 수행하는 대신, 부당하게 하나님의 자리에 자신을 올려놓음으로써 자연의 반항을 자극하고, 자연을 다스리기보다는 자연의 억압을 받는다.[31]

(3) **자연에 대한 인간의 태도** : 인간이 자연을 남용하거나 손상하지 않고 자연에 개입한다면, 인간은 자연을 변화시키려는 것이 아니라 그 자체의 고유한 생명을 지닌 자연의 발전, 곧 하나님께서 의도하신 창조물의 발전을 촉진하고자 개입하는 것이다.

(4) **자연과학자의 사명** : 명백히 신중할 필요가 있는 이러한 분야에서 일하는 연구가는 하나님의 계획을 고수하여야 한다. 하나님께서는 인간이 창조물의 왕이 되기를 바라셨다. 결국 인간에게 충만한 지력으로 창조 활동에 협력할 영예를 주시는 분은 하나님이시다.

가톨릭의 사회교리에서는 특히 현대인들이 '물'에 대하여 지나친 경제주의에 치우치는 것을 경고하면서 484조와 485조를 통하여 물의 사회원리를 제시하고 있다.[32] 그 핵심 내용은 물은 생존에 필요한 하나님의 선물로서 공공의선으로 여겨져야 하기 때문에 인간이 존엄한 것처럼 물도 존엄한 것이며 따라서 식수의 권리는 양도할 수 없다.

(1) **물에 대한 인간의 권리** : 하나님께서 주신 선물인 물은 생존에 필수적인활력소다. 그러므로 모든 사람은 물에 대한 권리가 있다. 물이 없으면 생명은위협을 받는다. 그러므로 안전한 식수에 대한 권리는 보편적이고 양도할 수없는 권리다.

(2) **물에 대한 약자의 권리** : 모든 사람, 특히 가난한 사람들의 요구를 만족시키는 것이 물 사용과 물 관련 시설 이용의 지침이 되어야 한다. 왜냐하면 안

전한 식수를 충분히 마실 수 없다는 것은 무수한 사람들의 복지에 영향을 미치며, 흔히 질병과 고통, 분쟁, 빈곤, 심지어는 죽음의 원인이 되기 때문이다.

(3) **도덕적 기준이 필요한 물의 권리** : 이 문제의 적절한 해결책을 위해서는 이 문제를 생명의 가치와 모든 인간의 권리와 존엄에 대한 존중에 토대를 둔 도덕적 기준을 마련하려는 맥락 안에 두어야 한다.

(4) **공공선을 위한 물** : 도덕적 기준의 본성상 물은 다른 많은 필수품 가운데 하나로 취급되어서는 안 되며, 합리적으로 또 다른 사람들과 공동으로 사용하여야 한다. 즉 물은 공공의 선으로 여겨지므로 물 분배는 전통적으로 공공기관의 책임에 속한다.

(5) **공정한 물의 분배** : 물 분배를 민간 영역에 맡기더라도 물은 계속해서 공공의 선으로 간주되어야 한다. 물에 대한 권리는 모든 인간 권리와 마찬가지로 인간 존엄에 그 토대를 두고 있는 것이지, 물을 경제적 효용 가치로만 여기는 단순한 양적 평가에 토대를 두고 있는 것은 아니다.

2 에너지자원 사용

웨슬리 시대에는 현대와 같은 에너지의 무절제한 낭비와 자연의 훼손에 대한 우려는 없었지만 웨슬리의 설교에는 자연에 대한 하나님의 은총과 섭리 그리고 인간의 책임을 강조하고 있다. 따라서 자연의 질서에 순응하고 따르는 원칙 아래 에너지의 사용 또한 창조 질서 아래 인류의 책임이 있음을 미루어 알 수 있다. 미연합감리교회 사회원리는 미래 인류를 위한 에너지 보전의 중요성과 재생 가능한 에너지 사용에 대하여 강조하고 있다. 가톨릭은 자연개발에 대한 기술 중심주의를 배격하지만 생태 중심주의와 생물 중심주의의 한계를 지적하고 생태환경에 대한 인간의 상위책임을 강조하고 있다. 한편 기독교대한감리회의 사회신경에는 에너지 위기에 대한 언급은 없지만 7조에서 지나

친 과학기술주의와 비인간화의 문제를 언급하고 있다.[33]

웨슬리 사회원리

(1) **우주의 질서와 조화** : (세계)의 한가운데는 무한하면서 다양한 운동들이 있으며 완벽한 규칙을 보이고 있습니다. 혼돈도 없고, 서로의 영역을 침해하지도 않으며, 모두 질서와 조화와 평화 가운데 있습니다.[34]

(2) **자연의 법칙을 준수** : 모든 사람이 그 분량에 맞게 서로 인력이 작용한다는 사실에 감사합니다. 이것이 우리가 아는 바이나 어떻게 되는지 묻습니다. 우리는 이 인력이 무엇인지 묻습니다. 우주의 모든 부분들이 그렇게도 강하고 견고하게 연결되어 있는 비결은 무엇일까요? 우리는 그것이 자연의 법칙이라는 것을 압니다. 그것이 곧 하나님의 손가락입니다.[35]

기독교대한감리회 사회신경

(1조) **하나님의 창조와 생태계의 보존** : 우리는 하나님의 명하심을 따라 우주 만물을 책임 있게 보존하고 생태계의 위기를 극복해야 하는 사명이 있다.[36]

미연합감리교회 사회원리

에너지문제는 20세기 이후에 크게 대두된 생태계문제로서 미연합감리교회는 에너지 보존과 그 책임에 대하여 강조하고 있다.[37]

(1) **합리적인 에너지 사용** : 우리는 인간 이외의 피조물에도 그 고유의 가치가 있음을 확증하며, 인간 이외의 세계 일부를 인간이 사용하기 위한 에너지로 변환할 때에는 더욱 합리적으로, 자제력을 가져야 한다.

(2) **미래 인류를 위한 에너지 보전** : 에너지가 중요하지만 인간의 건강과 안전 그리고 현 인류뿐만 아니라, 미래의 인류의 실존과 인간 이외의 피조물까지도 위협하는 에너지 창출(energy-producing) 기술을 강조하는 것을 거부(de-emphasize)하거나 없애는 사회 정책을 지지하고 장려한다.

(3) **재생 가능한 에너지 사용 권장** : 에너지의 보존과 모든 에너지 자원에 대한 책임 있는 개발을 진심으로 지지할 것을 촉구하며, 특별히 재생 가능한 에너지 자원의 개발에 대한 관심을 통해 이 지구의 선함이 확증될 것이다.

가톨릭 사회교리

가톨릭도 사회교리 462, 463항을 통하여 에너지 사용에 대한 환원주의적 관점, 즉 에너지 사용에 문제가 생기면 언제든지 수정할 수 있다는 잘못된 입장을 버리고 과학만능주의와 기술 중심주의에 대하여 경고하고 있다. 아울러 생태 중심적인 사상과 이에 따른 정책은 인정하나 모든 생명체들 사이의 가치론적인 차이를 없애려는 '자연절대주의'에 대하여는 경계하고 인간 상위 책임에 대하여 강조하고 있다.

(1) **자연은 착취의 대상이 아니다** : 자연은 인간의 손 안에 있는 도구며, 인간이 특히 기술을 이용하여 끊임없이 조종하여야 하는 실재인 것처럼 보이기 때문에 무한한 양의 에너지와 자원을 이용할 수 있고, 그것들을 신속히 재생할 수 있으며, 자연 질서의 착취에서 오는 부정적인 결과는 쉽게 완화될 수 있다는 잘못된 전제에서 출발한 환원주의적 개념을 경고한다.

(2) **기술 중심주의 사고 배격** : 이러한 환원주의적 개념은 자연계를 기계론적 관점에서 보고, 개발을 소비주의적인 면에서 보며, 존재보다는 행위와 소유에 우위를 둠으로써 심각한 인간 소외 양상을 빚고 있다. 그러한 태도는 과학기술 연구에서 생겨나는 것이 아니라 그러한 연구의 필요조건이 되기 쉬운 과학만능주의와 기술 중심주의 사상에서 생겨난다.

(3) **의미 물음이 필요한 과학** : 문제는 과학과 기술의 진보가 결코 초월성에 대한 요구를 없애지는 못한다고 하는 사실이며 그렇다고 그 자체가 허무주의에 이르게 하는 지나친 세속화의 원인은 아니다. 중요한 것은 과학과 기술의 발전과 더불어, 그들의 의미에 대한 물음이 중요하며 인간과 피조물 자체의 초월적 차원에 대한 존중의 필요성이 요구되는 것이다.

(4) **신앙과 이성의 조화** : 환경에 대한 올바른 이해는 자연을 단지 조종하고 착취할 대상으로 격하시키는 공리주의적 시각을 막아 준다. 그러나 한편 자연을 절대화하고 인간 자신의 존엄 위에 두는 태도는 삼가야 한다. 후자의 경우, 지나치면 자연이나 대지를 신격화하는 지경에 이를 수 있다. 그러한 태도는 일부 환경운동 단체들에서 쉽게 볼 수 있는데, 그들은 자신들의 신념을 위하여 국제적으로 보장된 제도적 지위를 얻고자 애쓴다.

(5) **생태환경에 대한 인간의 상위 책임** : 생태 중심주의와 생물 중심주의에 입각한 환경 개념에 반대하는 이유는 생물권을 차별 없는 가치를 지닌 생물들의 통합체로 간주하여, 인간과 가른 생명체들 사이의 존재론적이고 가치론적인 차이를 없애자는 제안이 이루어지고 있다는 사실 때문이다. 따라서 모든 생명체의 동등한 존엄을 위하여 인간의 상위 책임이 배제될 수 있다.[38]

3 동물

웨슬리는 동물(Animal life)에 대한 자비심과 사랑을 강조하고 있으며 동물의 권리에 대한 중요한 질문을 통하여 인간의 책임에 대하여 묻고 있다. 미연합감리교회는 무분별한 도살에 대하여 반대하고 멸종 위기에 있는 종의 보호에 힘쓸 것을 촉구하고 있다. 가톨릭 사회교리는 동물의 권리에 대하여 구체적으로 언급하고 있지 않고 생명체의 동등한 존엄성보다는 인간의 상위책임에 대하여 강조하고 있다. 한편 기독교대한감리회 사회신경에도 동물에 대한 언급은 없지만 생태계의 위기에 대한 인간의 책임을 묻고 있다.

(**웨슬리 사회원리**)

(1) **동물에 대한 자비심** : 만약 동물들에 대한 온유, 자비 그리고 애정들을 갓난아기의 가슴에 잘 인상 지워 놓으면 …… 그것을 후에 인간의 마음에서

확인할 수 없을까요? 그리고 이런 초기의 선입관적인 호감은 얼마쯤은 영구히 거기 새겨져서, 행복한 편견을 통하여, 모든 창조물에게로 그 덕행이 연장되지는 않을까요? 그와 반대되는 교육의 슬픈 현상이 나타나는 경험을 하지는 않는지요? 어린아이들에게 덕행보다는 비합리적인 것을 가르친 결과로 그들이 먼저 가난한 사람, 작은 벌레들 그리고 그들 앞에 있는 아주 약한 피조물들을 괴롭히는 고통을 그 아이들이 겪고 있습니다. 어린 시절에 학대와 억압에 익숙해진 어린이들이 성장했을 때에 동정하는 마음을 가진 사람이 되리라고 기대할 수 있을까요? …… 그러나 반대로 만약 고통을 당하고 있는 모든 것에 동정을 보여 주는 사람이라면, 생명을 가진 모든 것을 동정하게 되리라는 것을 기대하는 것은 당연합니다.[39]

(2) **동물 사랑을 통하여 그리스도의 뜻을 알아감** : 참으로 다정한 부모들은 자녀들에게 어떤 종류의 무자비함에라도 버릇이 잘못 들게 하지 않을 것입니다. 그런 부모들은 자녀들이 말 또는 행동으로 형제자매들을 성가시게 하는 일로 고통을 당하지는 않을 것입니다. 그들은 살아 있는 어떤 것이라도 고통을 주거나 해치는 것을 허용하지 않을 것입니다. 그들은 자녀들이 새의 둥지를 털거나, 지렁이 같은 벌레나 징그러운 두꺼비 같은 것들이라도 그 추한 모습과, 그들의 호감 가지 않는 이름에도 불구하고, 그것들도 나비처럼 해롭지 않다는 것을 계속해서 알게 할 것입니다. 그들로 하여금 그들의 행동의 규칙에 대한 척도를 온갖 종류의 동물들에게까지 적용하도록 합시다. …… 여러분의 아이들이 "그리스도께서 우리를 사랑하시고, 우리를 위하여 자신을 주시는 것과 같이 사랑 안에서 걷도록" 강조합시다.[40]

(3) **동물의 권리** : 웨슬리는 아울러 동물의 권리에 대하여 다음과 같은 의미 있는 질문을 던지고 있다.

· 사람에게 필요한 것보다 더 많은 고통을 [동물들에게] 안겨주는 것이 자연적인 것에서 어긋나고(unnatural) 비인간적인 것이 아닌가요?

· 이성(理性)이 어떤 피조물의 불행이나 혹은 생명을 농락하는 것에 동의할

수 있을까요?

· 우리가 가지고 있는 평등에 관한 위대한 법을 그들에게까지 확대할 수는 없을까요?

· 우리 자신을 그들의 처지와 입장에 두고, 그들이 우리에게 공평하다고 기대하는 것을 결정할 수는 없을까요?

· 지고하신 창조주께서 그들에 대한 학대를 금하라고 명령하지는 않으셨는지요?

· 이유 없이 가축을 때리는 것은 오히려 예언자를 꾸짖는 꼴이 되는 것은 아닐까요?

· 그리고 '많은 가축'을 가지는 것은 '위대한 성(城)'을 위하여 예비해 두신 하나님의 사랑에 그 동기를 두고 있다고 말할 수 있을까요?[41)]

기독교대한감리회 사회신경

(1조) **하나님의 창조와 생태계의 보존** : 우리는 하나님의 명하심을 따라 우주 만물을 책임 있게 보존하고 생태계의 위기를 극복해야 하는 사명이 있다.[42)]

미연합감리교회 사회원리

미연합감리교회는 동물의 생명과 건강을 보호하는 규제를 지지하며 다음과 같은 입장을 보이고 있다.[43)]

(1) **동물의 권리** : 애완동물과 다른 가축류뿐만 아니라 실험용으로 사용되는 동물들에 대한 인도적인 대우를 보장하는 것.

(2) **고통 없는 도살** : 육류와 어류 그리고 가금류를 고통 없이 도살하는 것이 포함됨을 명시하고 있다.

(3) **멸종 위기 종 보호** : 이 일을 위하여 감리교회는 멸종 위기에 있는 것들을 포함하여 모든 종(種)의 동물을 보호할 것을 촉구한다.

4 우주 그리고 과학과 과학기술

우주와 과학기술에 대한 사회원리는 장차 인류 공동체의 미래 사회와 연관되어 있는 중요한 주제다. 웨슬리는 우주의 창조주이신 하나님에 대하여 언급하고 있지만 현대와 시대적인 차이가 있기 때문에 우주에 대한 과학기술의 연관성에 대하여서는 그 입장을 알 수 없다. 기독교대한감리회의 사회신경에서는 과학의 기술 발전에 대하여 아직 그 입장을 밝히고 있지는 않지만 과학과 연관된 생명공학의 문제점과 의료윤리의 필요성에 대하여 강조하고 있다.

미연합감리교회는 과학의 발전을 견제할 수 있는 신 중심적 신학의 이해를 요청하며, 과학 공동체와 신학 공동체 공히 인류의 미래를 위하여 상호 협조가 필요함을 주장하고 있다. 한편 가톨릭 사회교리는 인간과 생명에 대한 존중을 전제로 한 '과학을 통한 진보와 발전'에 낙관적인 입장을 취하고 있다.

기독교대한감리회 사회신경

(7조) **인간화와 도덕성 회복** : 오늘의 지나친 과학기술주의가 비인간화를 가져오고 물질만능주의가 도덕적 타락(성도덕, 퇴폐문화, 마약 등)을 초래한다. 따라서 우리는 올바른 인간 교육, 건전한 생활, 절제운동(금주, 금연 등)을 통하여 새로운 가치관의 형성과 도덕성 회복을 위해 앞장선다.[44]

미연합감리교회 사회원리

미연합감리교회는 우주(Space)가 우리에게 알려져 있는 우주뿐만 아니라 아직 알려지지 않은 우주까지 하나님의 피조물이며, 따라서 우리는 이 점에 있어서 이 지구를 존중하도록 부름 받았음을 강조하고 있다. 과학과 과학기술에 대한 사회원리를 정리하면 다음과 같다.[45]

(1) **자연세계에 대한 해석** : 우리는 과학이 하나님의 자연세계를 합리적으로 해석하는 방식임을 인정한다.

(2) **과학적 주장의 타당성** : 우리는 과학이 신학적 쟁점에 대하여 강압적인 주장을 펼치는 것은 반대하지만, 자연세계를 설명하는 데 있어서 과학의 주장이 타당하다는 것을 확증한다.

(3) **과학기술의 인정** : 우리는 하나님께서 창조하신 자연세계에 대한 합리적인 사용으로서의 과학기술을 인정하는데, 이는 그러한 사용이 인간의 삶의 질을 높이고, 인류(humanity)와 자연세계의 관계에 대한 우리의 윤리적 확신(convictions)을 위반하지 않으면서 모든 하나님의 자녀들이 하나님께서 주신 창조적 잠재력을 개발할 수 있도록 할 때에만 해당된다.

(4) **신학적 이해의 필요성** : 그러나 과학과 과학기술의 중요한 역할에 대하여 인정하면서, 우리는 또한 인간 경험에 대한 신학적 이해가 온 우주 안에서 인류의 자리를 충만하게 이해하는 데에 있어서 매우 중요하다는 것을 믿는다.

(5) **과학과 신학의 상호 보완성** : 과학과 신학은 서로 양립할 수 없는 (incompatible) 것이 아니라 상호 보완적(complementary)이다. 그러므로 우리는 과학 공동체와 신학 공동체 간의 대화를 장려하며, 과학과 신학 공동체가 인류가 이 땅에서의 삶을 지속할 수 있도록 하며, 하나님의 은혜로 우리 공동생활의 질을 모두 향상시킬 수 있는 그러한 공동의 참여를 추구한다.

가톨릭 사회교리

가톨릭은 457, 459항을 통하여 과학기술에 대한 사회원리에 대하여 말하고 있다. 특히 가톨릭은 자연법에 근거한 인간 이성의 우위에 대한 사상이 강하기 때문에 과학을 통한 진보와 발전을 추구하며, 이러한 과학기술의 준거점은 반드시 '인간과 생명에 대한 존중' 으로 보고 있다.

(1) **과학과 기술의 타당성** : 과학과 기술의 결과는 그 자체로 긍정적이다. 가톨릭의 사회교리는 인간이 자기 재능과 힘으로 만들어 낸 작품들을 하나님의 권능에 배치된다거나 이성적 피조물을 창조주의 경쟁자로 여기지 않을 뿐만 아니라, 오히려 인류의 승리는 하나님의 위대하심을 드러내는 징표이며 하나

님의 헤아릴 수 없는 계획의 결실이라고 확신함을 전제로 하고 있다.

(2) **과학기술과 인간의 참된 선** : 과학기술을 발전시키는 인간의 능력이 커질수록 개인이든 공동체든 인간의 책임도 더욱 확대되는 것이며 이때 인간의 모든 활동은 하나님의 계획과 뜻에 따라 인간의 참된 선에 부합하여야 한다는 사실을 강조한다.

(3) **과학의 진보와 인간의 능력** : 따라서 가톨릭은 과학의 진보를 결코 반대하지 않으며 오히려 과학과 기술은 우리에게 놀라운 가능성을 제공해 주었고 우리 모두 감사히 그 혜택을 입고 있으므로 그것들을 하나님께서 주신 인간의 놀라운 창조적 능력의 산물로 여기고 있다는 것을 거듭 강조한다.[46)]

한편 과학기술의 적용에 있어 그 핵심은 인간과 생물에 대한 존중인데 유전자 조작이 야기하는 생물학적 혼란에 대하여 도덕적 판단을 유보하는 입장을 취하면서도 생태계의 폐해가 자명하여지고 있음에 대하여 우려하고 있다.

(1) **생물학적 연구에 대한 우려** : 생물체들에게 어떤 변화를 일으키려는 생각을 할 때에도 각 사물의 본성과 질서 있는 체제 안에서 그것이 지니는 상호 연관을 고려하지 않으면 안 된다. 이러한 의미에서 생물학 연구의 엄청난 가능성들은 심각한 우려를 자아낸다.

(2) **유전공학에 대한 평가 유보** : 우리는 아직 무분별한 유전자 조작이나 비도덕적인 새로운 형태의 동식물 생명의 개발로 야기될 수도 있는 생물학적 혼란을 평가할 만한 처지에 있지 않으며, 인간 생명 그 자체의 기원에 관한 용납될 수 없는 실험에 대해서도 아직 무엇을 얘기할 만한 처지에 와 있는 것은 아니다.

(3) **자명한 생태계의 폐해** : 그러나 산업과 농업 분야에서 이러한 발견들의 적용이 오랜 기간 폐해를 미치는 결과를 불러일으켜 왔다는 사실은 이제 분명해지고 있다. 이로써 우리는 생태계의 한 영역에 개입할 때에 그러한 개입이 다른 영역에 미치는 결과와 미래 세대의 행복에 대하여 모두 마땅한 관심을

기울여야 하는 고통스러운 현실에 이르게 되었다.[47]

5 식품안전

인간이 섭취하는 '식품'에 대한 문제는 최근 현대인에게 깊은 우려와 관심을 자아내고 있다. 현 감리교 사회신경에서는 '식품안전'에 대한 문구는 없지만 인간의 새로운 가치관의 형성과 도덕성 회복을 통한 사회의 변화를 암시하고 있다. 미연합감리교회는 식품안전에 대한 법적 체계를 세울 것을 촉구하고 있으며 특히 유기농업의 장려가 눈에 띈다. 한편 가톨릭 사회교리에서는 '식품'에 대한 구체적인 언급은 없지만 과학기술을 통한 농업 생산물에 대한 품종 개량을 장려하고 있다.

기독교대한감리회 사회신경

(7조) **인간화와 도덕성 회복** : 오늘의 지나친 과학기술주의가 비인간화를 가져오고 물질만능주의가 도덕적 타락(성도덕, 퇴폐문화, 마약 등)을 초래한다. 따라서 우리는 올바른 인간 교육, 건전한 생활, 절제운동(금주, 금연 등)을 통하여 새로운 가치관의 형성과 도덕성 회복을 위해 앞장선다.[48]

미연합감리교회 사회원리

미연합감리교회는 식품안전법에 대한 정책과 식품의 안전 및 가공에 대하여 그 입장을 명시하고 있다.[49]

(1) **식품 내용의 알 권리** : 우리는 식품 공급을 보호하고, 대중이 먹는 식품의 내용물을 대중이 알 권리를 보호하는 정책을 지지한다.

(2) **식품안전검열** : 우리는 모든 인간이 소비하도록 계획된 모든 영양소의 생물학적 안전에 대하여 엄정하게 검열(inspections)하고 통제할 것을 요청한

다.

(3) **오염된 식품 제거** : 우리는 식품에 있는 화학적 잔류물에 대하여 독자적으로 실험할 것을 촉구하며, 살충제, 제초제 또는 살균제에 의해 잠재적으로 위험한 수준으로 오염된 식품과 항생제, 스테로이드제 또는 호르몬제와 같은 약제 잔여물 그리고 소각 공장이나 다른 산업공정으로부터 공기, 토양, 물에 의해 운반된 오염물질로 인한 오염균 등이 포함된 식품들을 식품시장에서 제거할 것을 촉구한다.

(4) **안전검사 확인증 의무화** : 우리는 모든 가공식품 또는 모든 변형식품에 대하여 시판 전 '안전검사 확인증'을 분명히 붙일 것을 요구한다.

(5) **엄정한 유기식품 관리법** : 우리는 유기식품에 대한 기준을 완화하는 것에 반대한다.

(6) **유기농업의 장려** : 우리는 점차적으로 지속 가능하며 유기적인 농업으로 이행(transition)하는 것을 장려하고 지지하는 정책을 요청한다.

가톨릭 사회교리

가톨릭은 과학과 기술의 사용이 환경과 농업에 미치는 영향에 대하여 긍정적인 평가를 내리지만 동시에 '올바른 적용'에 대한 책임이 있음을 강하게 강조하고 있다.

(1) **유전공학의 유용성** : 교회는 유전학과 같은 다른 학문들의 도움을 받아 분자 생물학을 연구하고 적용하며 그 기술을 농업과 산업에 적용하여 얻거나 또 얻을 수 있는 이익을 높이 평가한다. 왜냐하면 이와 같은 과학기술은 여러 가지 심각한 문제들, 특히 기아나 질병과 같은 문제들을 더욱 향상되고 성장력 높은 품종의 식물들이나 유익한 약품의 생산을 통하여 해결하는 데에 대단히 귀중한 도구가 될 수 있기 때문이다.

(2) **유전공학의 올바른 적용** : 그러나 '올바른 적용'의 개념을 되풀이하여 강조하는 것이 중요하다. 그러한 잠재력은 중립적이기 때문이다. 다시 말해

그것은 인간의 발전에 이용될 수도 있고 인간의 타락에 이용될 수도 있다.

(3) **과학자들의 도덕성 요구** : 신중한 태도를 견지하고, 여러 형태로 적용된 기술의 성격과 목적, 수단을 면밀히 조사하여야 한다. 그러므로 과학자들은 자신들의 연구기술을 진정으로 인류를 위하여 사용하여야 하며 인간의 존엄을 존중하고 충만히 실현하는 도덕 원칙과 가치들에 그 기술을 종속시킬 수 있어야 한다.[50]

2장. 가정 공동체

'가정 공동체'는 기독교의 사회원리에 있어서 가장 중요한 위치를 차지하고 있다. 웨슬리에게 있어서도 가정은 하나님의 사랑을 드러내는 원형으로 소개되고 있으며, 기독교대한감리회에서도 사회신경 2조를 통하여 가정의 중요성과 아울러 책임 있는 인구 정책의 문제까지 언급하고 있다. 한편 미연합감리교회는 가정의 주체성과 사회성 그리고 나아가 우주적 의미까지 확장하고 있다. 가톨릭 또한 가정의 사회 경제 정치적 책임과 역할을 강조하고 있다.

관련성구

(1) **가정의 사회성** : 가정은 개인과 사회에 중요성을 지닌다. '사람이 혼자 있는 것이 좋지 않다.' (창 2:18)

(2) **여성의 평등성** : 하와는 아담과 '한 몸'을 이루고자, 자신의 다름(他性)으로 아담을 완성하는 사람으로서 아담처럼 창조되었다. (창 2:24; 마 19:5~6; 창 2:18)

(3) **자녀 출산** : 인간은 자녀를 출산함으로써 창조주이신 하나님의 협력자가 된다. (창 1:28)

(4) **사랑이 현존하는 가정** : 주님의 사랑과 충실성 그리고 거기에 응답할 필요성을 배우는 곳은 가정이다. (출 12:25~27; 13:8, 14~15; 신 6:20~25; 13:7~11; 삼상 3:13)

(5) **교육의 장소** : 자녀들이 덕과 관련된 삶의 지혜와 중요한 교훈을 처음 배우는 곳도 가정이다. (잠 1:8~9; 4:1~4; 6:20~21)

(6) **혼인의 언약** : 하나님께서 몸소 혼인생활의 사랑과 정절의 보증인이 되

신다. (말 2:14~15)

(7) **예수님의 모범** : 예수님께서도 실제로 한 가정에서 태어나 자라시면서 가정의 모든 특성을 받아들이셨고 혼인 제도에 최상의 품위를 부여하셨다. (마 19:3~9)

(8) **결혼의 필요성** : 사람이 혼자 있는 것이 좋지 않다. (창 2:18)

(9) **부부의 불가해소성** : 혼인을 통해, 부부는 상호 간의 일치, 확고한 자기 증여에 필요한 불가해소성과 충실성, 그리고 자녀 출산을 위해 '한 몸'이 된다. (창 2:24)

(10) **혼인의 보증** : 하나님께서 몸소 혼인생활의 사랑과 정절의 보증인이 되신다. (말 2:14~15)

(11) **연대와 계약** : 부부 간의 사랑의 유대는 하나님과 사람들을 일치시키는 계약의 모상이고 상징이다. (호 2:21; 렘 3:6~13; 사 54장)

(12) **하나님의 사랑** : 하나님의 한결같이 성실한 사랑은 부부 사이에 있어야 할 성실한 사랑관계의 본보기가 되신다. (호 3장)

웨슬리 사회원리

(1) **자비로운 가정** : 이 자비라는 독특한 덕은 형제애의 다른 말로서 이것은 다른 모든 덕의 대표라 할 수 있습니다. 그리하여 자비의 말뜻은 이웃을 자기 몸같이 사랑하는 것이라는 말에서 충분히 표현됩니다.[1]

(2) **사랑의 공동체** : 만약 우리가 우리를 사랑해 주신 하나님의 그 사랑을 믿는다면 우리가 이웃을 사랑하지 않을 수 없는 것입니다. 하나님을 믿고 사랑하는 데 근거한 이웃 사랑은 '이웃에게 악을 행하지 않습니다.' …… 사랑은 시간과 기회가 있는 대로 선을 행하도록 우리를 격려합니다. 가능한 한 모든 종류와 정도로 모든 사람들에게 선행을 하라고 재촉합니다. 그리고 사랑은 하나님의 율법을 이와 같이 소극적으로 완성시킬 뿐만 아니라 적극적으로 완성시키는 것입니다.[2]

(3) **사랑의 영원성** : 사랑은 하나님 안에, 즉 위대한 사랑의 태양 안에 영원 전부터 존재하고 있었습니다. 사랑은 창조의 순간부터 하나님의 모든 자녀들에게 필요하였습니다. 하나님의 자녀들은 은혜로운 창조주로부터 즉시 이를 받아들여 존재하고 사랑하게 되었습니다.3)

(4) **하나님의 의** : '의' 는 다름 아닌 하나님의 형상이며 그리스도 예수 안에 있는 마음입니다. 이것은 모든 성스럽고 숭고한 덕의 총화로서 우리의 아버지 시며 구주이신 하나님을 사랑함과 이웃을 사랑함으로 시종하는 것입니다.4)

(5) **물질의 필요성** : 인류의 현재 상태에서 가장 고귀한 목적을 충족시키는 돈은 하나님의 훌륭한 선물입니다. 하나님의 자녀의 수중에 있는 돈은 배고픈 자들에게 먹을 것을, 목마른 자들에게 마실 것을, 헐벗은 자들에게 입을 것을 제공해 줍니다. 그리고 돈은 여행자들이나 타향인이 거처할 곳을 마련해 줍니다. 그것은 과부들에게는 남편과 같은 자리를, 고아들에게는 아버지와 같은 자리를 차지합니다. 우리는 억눌린 자를 보호할 수 있으며, 병든 자에게 건강을, 고통 받는 자에게는 안위를 줄 수 있습니다. 눈 먼 자에게는 눈과 같이 되고, 절름발이에게는 발이 될 수도 있습니다. 뿐만 아니라 죽음의 문에서 끌어올릴 수도 있습니다.5)

(6) **선을 이루는 공동체** : "그러므로 기회가 있는 동안에 모든 사람에게 선한 일을 합시다." 가능한 한 선한 일을 하여야 합니다.6)

(7) **교육의 필요성** : 의사의 유일한 목적이 본성을 그 자신의 원래 상태로 회복시키는 것과 마찬가지로 교육의 유일한 목적은 우리의 이성적 본성을 적절한 상태로 회복시키는 것입니다.7)

(8) **자애로운 교육** : 여러분의 자녀들이 어린 동안에는 충고나 설득이나 꾸지람으로 죄를 짓지 않게 할 수 있을 것입니다. ······ 여러분은 화난 모습을 피하도록 최상의 돌봄을 취하여야 합니다. 온유함으로 이 모든 일은 이루어져야 합니다. 또한 부드러움을 가지고 해야 합니다. 그렇지 않으면 여러분의 영혼은 상실을 경험할 것이고, 아이들에게도 유익이 되지 않을 것입니다.8)

(9) **사랑의 교육** : 그(존 플레처)는 무리의 양떼들, 즉 아이들을 향한 대단한 사랑을 갖고 있었으며, 그들을 가르치기 위해 놀라운 근면함으로 자신의 정열을 쏟았습니다.[9]

(10) **평화의 공동체** : 모든 사람이 기쁘게 해야 할 대상은 각자의 이웃, 즉 모든 사람입니다. 여기에서 우리는 사도 바울이 이와 비슷한 경우에 대해 말하고 있는 바를 기억해야 할 필요가 있습니다. "여러분 쪽에서 할 수 있는 대로 모든 사람과 더불어 화평하게 지내십시오."(롬 12:18)[10]

기독교대한감리회 사회신경

기독교대한감리회는 감리교 사회신경 2조에서 가정과 성, 인구 정책에 대한 기본적인 입장을 밝히고 있는데 그 내용을 정리하면 다음과 같다.

(1) **하나님이 정하신 제도** : 우리는 가정과 성이 하나님께서 정하신 귀한 제도임을 믿는다.

(2) **가정의 보존과 성결** : 가정을 올바로 보존하며 성의 순결성을 지키는 것은 우리의 사명이다.

(3) **인구 정책 지지** : 그리고 우리는 인구문제로 인한 세계적 위기를 극복하기 위해 책임 있는 인구 정책이 수립되도록 노력한다.[11]

미연합감리교회 사회원리

미연합감리교회는 가정 공동체야말로 모든 인류가 자신의 인간성(humanity)을 충만히 가꾸도록 양육하기 위한 잠재력을 제공하는 원천으로 보며 다음과 같이 그 내용을 밝히고 있다.[12]

(1) **주체적 개인의 연합** : 우리는 모든 개인들 안에 있는 가장 충만한 잠재력을 개발하도록 격려하는 새로운 형태의 공동체를 혁신하고, 후원하며, 평가할 책임을 가지고 있음을 믿는다.

(2) **하나님의 주권과 사랑** : 우리가 공동체를 양육하는 데 있어서 가장 중요

하게 여기는 것은 인간이 자신의 유용성을 인정받았기 때문이 아니라, 하나님께서 인간을 창조하시고 예수 그리스도를 통해, 그리고 그에 의해 사랑을 받았기 때문에 중요한 존재라고 말하는 복음서의 이해에 근거한다.

(3) **사회 공동체** : 우리는 인간 공동체가 모든 개인을 위해 그리고 그들의 성장을 위해 유지되고 강화되는 사회적 풍토를 지지한다.

(4) **우주적 공동체** : 우리는 모든 사람들에게 말할 때에 적합한 언어를 사용함으로써 자신과 다른 사람들에게 더욱 신경을 쓸 것을 장려한다. 인종, 국적, 친인척 배경, 성별, 성(sexuality) 그리고 신체적 차이에 관련하여 경멸하는 식의 언어는 모두 서로에 대한 가치를 반영하지 못할 뿐만 아니라 예수 그리스도의 복음에 반(反)하는 것이다.

(가톨릭 사회교리)

가톨릭이 취하고 있는 '가정'에 대한 입장은 아래의 '가정/다문화 가족'에서 자세히 소개한다.

1 가정/다문화 가족

웨슬리는 '가정'의 부부 사랑과 부모 공경 그리고 자녀 교육에 대하여 강조하였고, 기독교대한감리회도 가정의 보존과 성의 순결성을 강조하였다. 미연합감리교회는 가정의 기본적 성격에 대하여 그 입장을 밝히면서도 특히 현대 사회에 부각하는 '다문화 가정'에 대한 목회의 필요성과 자녀 돌봄에 대한 부부의 동등성에 대하여 언급하고 있다. 한편 가톨릭 사회교리는 '사회의 기본 세포'를 가정으로 전제하고 혼인, 가정의 사회적 주체성, 사회에 봉사하는 가정 그리고 가정을 보호하여야 할 사회의 역할에 대하여 강조하고 있다.

(1) **부부의 사랑** : 가장 가까운 사람들은 남편과 부인입니다. 남편과 부인은 좋을 때나 나쁠 때나 언제나 서로를 돌보아야 하며, 서로에게 최선을 다하여야 합니다. 하나님이 둘을 맺어 주셨기 때문에 그 누구도 나눌 수 없습니다. – 간음 혹은 둘 가운데 어느 편의 삶이 극도로 위험한 상태가 되어 있지 않다면, 둘 관계가 나누어질 수 없습니다.[13)

(2) **부모와 자녀** : 부모와 자녀는 매우 친밀하게 맺어져 있습니다. 부모는 유년기의 자녀와 떨어져 있어서는 안 됩니다.[14)

(3) **가정의 목적** : "자녀들아 모든 일에 부모에게 순종하라." 바울은 이러한 의무를 세 가지 점에서 격려하고 있습니다. 첫째, 에베소 회중에게 다음과 같은 말을 덧붙입니다. "이는 올바른 일이니라." 여기에는 정의의 차원이 있습니다. 이는 저들이 마땅히 그리고 당연히 해야 할 일입니다. 이는 우리가 저들에게 우리의 존재 자체를 빚지고 있기 때문입니다. 둘째, 이 일은 주님께서 열납하실 만한 일입니다. 우리 몸의 아비를 공경하고 순종하는 일은 모든 인간과 천사들의 거룩한 아버지 되시는 분을 특히 기쁘시게 하는 일입니다. 셋째, 이는 '약속이 주어져 있는 첫 계명'입니다. 부모 공경의 계명에는 다음과 같은 약속이 주어져 있습니다. "그리하면 네 하나님 여호와가 네게 준 땅에서 네 생명이 길리라." 이 약속에는 일반적으로 장수뿐 아니라 건강과 현세의 복도 포함되어 있는 것으로 알려져 있습니다. 이러한 것은 유대법일 뿐 아니라 그리스도인의 법이기도 합니다. 오늘날에 이르기까지 이 법은 이 공동체 안에서 철저히 지켜지고 있습니다.[15)

(1) **하나님이 정하신 제도** : 우리는 가정과 성이 하나님께서 정하신 귀한 제도임을 믿는다.

(2) **가정의 보존과 성결** : 가정을 올바로 보존하며 성의 순결성을 지키는 것은 우리의 사명이다.

(3) **인구 정책 지지** : 그리고 우리는 인구문제로 인한 세계적 위기를 극복하기 위해 책임 있는 인구 정책이 수립되도록 노력한다.16)

미연합감리교회 사회원리

전통적인 가정의 붕괴는 현대 사회에서 심각한 문제로 부상하고 있다. 기독교대한감리회가 가정의 공동체성에 대한 원칙을 밝히고 있다면, 미연합감리교회는 가정의 현대적 형태와 그 특성을 구체적으로 설명하고 있다.17)

(1) **기본적 인간 공동체** : 우리는 가정이 가장 기본적인 인간 공동체임을 믿는다. 가정을 통해 인간이 서로 간의 사랑과 책임, 존중 그리고 서로에 대한 성실함 안에서 양육되고 자라난다.

(2) **가족 개개인의 주체성** : 우리는 모든 어린아이들에게 아버지와 어머니가 모두 동등하게 중요하다는 점을 확증한다.

(3) **다양한 가정의 인정** : 우리는 가족이 부모–자녀의 2세대 조합(핵가족)뿐만 아니라 확대가족, 입양가족, 홀 부모 가족, 재혼가족 그리고 무자녀 부부 등을 포함하는 더욱 광범위한 선택사항이라고 생각한다.

(4) **남녀동등의 책임** : 우리는 남자와 여자 모두가 양육의 책임을 공유한다고 확증하며 가족 내에서의 관계를 유지하고 강화하여, 가족 구성원들 모두가 완전한 인격성을 가질 수 있게 도움을 받으며 사회적 경제적 종교적 노력을 다 하도록 격려한다.

가톨릭 사회교리

가톨릭은 사회교리 제5장에서 사회의 기본 세포를 가정으로 전제하고 '가정의 성서적 근거와 사랑의 중요성', '가정의 사회적 주체성'을 회복하고 '가정 간의 연대성'을 형성할 필요성에 대하여 자세히 기술하고 있다. 내용 중에 우선 '가정의 사회적 주체성과 연대성'에 대하여 핵심적인 원리만 간추리면 다음과 같다.

가톨릭 사회교리는 가정을 이루는 남성이나 여성의 문제에 대하여 보수적인 입장을 취하고 있다. 즉 성의 참된 의미를 전혀 고려하지 않은 채 개인의 성별과는 별도로 성 정체성을 공동체와 개인의 문화적 사회적인 상호 작용의 산물로만 여기는 이론들에 대해서, 교회는 교회의 가르침을 쉼 없이 되풀이하여 강조하여야 한다고 주장하고 있다. 오히려 양성의 평등성 이전에 (1) 남녀 각자가 자신의 성별을 인정하고 받아들이며, (2) 육체적 정신적 영적 차이와 상호 보완성을 인정하고 행복한 혼인생활과 풍요로운 가정생활을 지향하여야 한다는 것이다. 부부의 화합과 사회의 화합은 두 성이 어떻게 서로 보완해 주고 채워 주고 도와주느냐에 어느 정도 달려 있다. 이러한 관점에 따라 실정법은, 성별은 혼인에서 부부를 형성하는 객관적인 조건이기 때문에 필수 불가결하다고 보는 자연법에 일치하여야 한다고 가톨릭은 주장하고 있다.[18]

(1) **최초의 자연적인 사회** : 최초의 자연적인 사회는 가정이다. 가정은 창조주의 계획에 따라 개인과 사회를 위한 '인간화의 첫 자리'며 '생명과 사랑의 요람'이다.[19] 따라서 가정을 종속적이고 부차적인 역할로 격하시키고 또 가정을 사회 안의 올바른 위치에서 배제시키는 것은 사회 전체의 진정한 발전에 막대한 해악을 끼치게 될 것이다.[20]

(2) **주 사랑의 장소인 가정** : 가정에서는 주님의 사랑과 충실성 그리고 거기에 응답할 필요성을 배우는 곳이다. 예수께서는 실제로 한 가정에서 태어나 자라시면서 가정의 모든 특성을 받아들이셨고 혼인 제도에 최상의 품위를 부여하시어 새 계약의 성사로 만드셨다(마 19:3~9 참조). 이러한 새로운 관점 안에서 부부는 혼인의 충만함을, 가정은 그 견고한 토대를 발견한다.[21]

(3) **인간 존엄성의 장소** : 가정은 생명과 사랑의 요람으로서 인간이 태어나고 자라는 곳이다. 아기를 임신하면, 사회는 자신의 심오한 내면에서부터 다

른 사람들과 친교를 이루고 다른 사람들에게 자신을 내어 주도록 부름 받은 새 인간을 선물로 받는다. 그러므로 혼인으로 결합된 남자와 여자가 서로 자신을 내어 줌으로써 생명의 환경을 만들고, 어린이가 자신의 능력을 기를 수 있고, 자신의 존엄성을 의식할 수 있으며, 반복될 수 없는 자신의 유일한 운명에 대비할 수 있는 곳이 바로 가정이다. 또한 인간 생태계를 위한 제일의 기본 구조로서 이 안에서 인간은 진리와 선에 대한 최초의 결정적 개념을 얻으며, 사랑을 주고받는 것의 의미를, 그럼으로써 인간이라는 것의 의미를 배운다.[22]

(4) **가정의 사회적 성격** : 가정은 사회의 선익에 무엇과도 바꿀 수 없는 독특한 기여를 한다. 그것은 인격적인 관계인 '나'와 '너'의 친교관계를 초월하여 사회에 지니는 중요성, 곧 하나의 '우리'를 향하여 나아간다. 즉 인격 공동체인 가정은 따라서 최초의 인간 '사회'로서 역할을 하는 것이다.[23]

(5) **문화와 국가의 핵심 가치로서의 가정** : 가정에서는 아주 어릴 때부터 도덕 가치들을 배우고, 종교 공동체의 영적 유산과 국가의 문화유산을 전달받으며, 사회적 책임과 연대를 익히게 된다. 이때 가정은 사회와 국가에 대한 우위성을 가지게 된다. 따라서 가정은 사회나 국가가 수행해야 할 역할보다 더 중요하고 더 가치 있는 역할을 하고, 불가침의 권리들을 지니고 있으며, 국가의 인정에 의해서가 아니라 인간 본성 안에서 그 합법성을 찾는다. 그러므로 가정이 사회나 국가를 위하여 존재하는 것이 아니라 사회와 국가가 가정을 위해서 존재하는 것이다.[24]

또한 가톨릭 사회교리는 상대주의 경향을 나타내는 현대 사회에서 점점 사랑과 성의 경험 자체를 경시하며 사랑의 찰나적 측면만을 치켜세우고 그 근본적 가치를 흐리는 것에 대하여 경고하고 있다. 그러므로 사랑과 성의 진리는 일치와 충실성을 바탕으로 자신을 온전하고 완전하게 내어 주는 데에 있음을 선포하면서 가장 중요한 요소를 사랑이라고 강조한다. 특히 인간은 사랑 때문에 창조되었으며 사랑 없이는 살 수 없다고 전제하면서 두 사람이 서로를 보완하면서 온전히 자신을 내어줌으로써 드러나는 사랑은 감정이나 느낌, 단순한 성적 표현으로 격하될 수 없다고 강조하고 있다.[25] 가정에서 사랑의 중요성을 정리하면 다음과 같다.

(1) **자기완성으로서의 가정** : 가정은 근본적 차원의 인간 경험이며, 가정 안에서 탁월하게 드러나는 사랑의 무한한 역동성에 힘입어 참된 인간 공동체가 발전하고 성장하는 곳이다. 사랑은 인간이 자기 자신을 아낌없이 내어 줌으로써 자기완성을 발견하게 한다. 사랑한다는 것은 결코 사고팔 수 없고 오로지 서로 거저 줄 수밖에 없는 것을 주고받는다는 뜻이다.

(2) **인간 존엄성의 교환** : 가정에서의 사랑은 부부 사이에 인격적인 관계를 형성하는데 그것은 각자의 인간적 존엄성을 가치의 유일한 기반으로서 존중하고 육성할 뿐 아니라, 진심으로 받아들임, 만남과 대화, 이해를 따지지 않는 협조 자세, 관대한 봉사, 깊은 유대의 형태로 나타난다.

(3) **사회적 규범의 전형** : 따라서 가정은 사회생활의 기본적이며 특수한 교육이고, 정의 존경 대화 사랑으로 특징지어진 더욱 넓은 공동체 관계를 위해서도 본보기와 자극이 된다.[26]

가정에 대한 가톨릭 사회교리의 특징은 가정을 혼인, 성 그리고 사랑을 중심으로 한 '인격 공동체'로 정의할 뿐만 아니라 가정의 '정치 사회적 연대성'과 '경제생활의 주체성' 그리고 '사회에 봉사하는 공동체성'을 강조하는 데 있다. 정치 사회적 특성과 연관된 가정에 관한 교리의 내용을 정리하면 다음과 같다.

(1) **가정의 사회적 특성** : 가정의 사회 정치적 주체성은 가정들 사이의 연대와 나눔을 드러내는 것뿐만 아니라 다양한 형태의 사회 정치생활에 참여하는 것에서도 드러난다.

(2) **이웃을 위한 가정** : 이러한 연대는 가난하고 궁핍한 이들, 고아들, 장애인들, 병자들, 노인들, 슬퍼하는 이들, 확신 없는 이들, 외롭게 살아가는 이들,

버려진 이들에게 봉사하고 관심을 기울이는 것을 특징으로 한다. 그것은 수용과 후견, 입양으로 열려 있는 연대며, 이러한 연대를 통해 각 기관들은 모든 불행한 상황에 관심을 기울이고 각자의 고유한 권한에 따라 개입할 수 있다.[27]

(3) **가정의 사회에 대한 책임** : 가정은 국가의 법률과 제도가 가정의 권리와 의무를 침해하지 않고 나아가 가정의 권리와 의무를 지지하고 적극적으로 옹호하는지 살펴야 한다. 이 방면에서 가정들은 '가정 정치'의 '주인공'이라는 것을 더욱 의식하고, 사회 개혁에서 책임을 져야 한다. 그러기 위하여 가정들의 연합체가 장려되고 강화되어야 한다.

(4) **가정의 연대성** : 따라서 가정은 가정의 역할을 적절하고 효과적으로 완수하기 위하여, 또한 가정의 권리를 보호하고 선익을 촉진시키며 가정의 관심을 표명하기 위하여, 다른 가정 및 기관과 연합체를 형성할 권리를 지닌다. 경제적 사회적 법률적 문화적 영역에서 가정생활에 관련한 계획의 개발 및 수립에 가정과 가정 단체의 당연한 역할이 인정되어야 한다.[28]

경제 공동체로서의 가정의 특성은 '경제생활의 주체성', '노동의 필요성' 그리고 중요한 것은 여성의 '가사 노동'을 인정하는 것이다. 그 내용을 정리하면 다음과 같다.

(1) **가정의 노동 권리** : 경제(oiko-nomia, 곧 기계 운영)는 가사 노동에서 생겨났으며 가정은 생산을 위한 장소, 삶의 중심지가 되어 왔다. 사람들의 주도로 발전되는 경제생활의 역동성은 상품과 용역의 생산과 교환이라는 더욱 폭넓은 조직망 안에서 동심원을 그리듯 점점 더 많은 가정들을 포함하면서 수행되기 때문에 가정은 마땅히 경제생활의 중요한 주역으로 여겨져야 하며, 시장 논리가 아니라 나눔과 연대의 논리를 따라야 한다.[29]

(2) **노동을 통한 개인의 발전** : 가정에서 노동이 중요한 이유는 가정이 노동의 열매를 소유할 개인의 권리를 통하여 존재하기 때문이며 노동은 또한 개인의 발전 과정에 필요하다.

(3) **실업의 위협으로 보호받아야 될 가정** : 그러나 문제는 가정이 실업의 고충을 겪게 될 때 그 뜻하는 바를 온전히 성취하지 못할 위험에 처하게 되는데 이런 맥락에서 일자리가 없거나 일자리를 찾는 가족들에게 중요한 지원이 되는 가정 안의 연대가 필요하며 이때 가정에서는 노동의 의미를 가르치고 직업 선택에 대한 방향을 제시하며 이를 지원하는 사명이 있다.30)

(4) **가족 경제권의 보장** : 위와 같은 가정 내 실업문제를 해소하기 위한 방안은 가정을 유지하고 품위 있는 생활을 영위하기에 충분한 '가족 임금'이 보호되어야 하며, 가정의 생존과 밀접한 '재산권의 보장' 그리고 가족 보조금이나 부양가족을 위한 수당과 부모 가운데 어느 한쪽이 맡는 가사 노동에 대한 보상과 같은 '사회 보장'이 있어야 한다.31)

(5) **여성의 노동에 대한 인정** : 특히 '집안 일'이라고 불리는 여성의 가사 노동은 바로 삶의 질을 높이기 위한 봉사이므로 두드러지게 개인적이고 인격적인 유형의 활동이기 때문에 다른 유형의 노동에 대한 보상과 발맞춘 경제적 보상과 같이 사회적으로 인정받고 평가받아야 하며, 출산의 책임과 관련하여 아내가 어머니의 역할을 온전히 수행하지 못하게 하는 요소들을 제거하여야 한다.32)

'사회에 봉사하는 공동체'로서의 가정의 역할은 가정이 사회를 위하여 무엇을 할 것인가를 묻는 것이 아니라 가정이 본래적인 기능을 할 수 있도록 국가와 사회의 관심이 먼저 선행되어야 함을 말하는 것이다.

(1) **가정에 대한 사회의 책임** : 우선 사회가 가정을 존중하고 육성하는 기본임무를 철저히 수행함으로써 가능하다. 따라서 국가 제도는 가정의 우위와 우선을 존중하면서 가정생활의 참된 정체성을 보장하고 증진하며 가정을 변질시키거나 해치는 모든 것을 막고 퇴치하도록 요청받는다.

(2) **가정에 대한 법적 보호 제도의 필요성** : 이는 가정 안에 친목과 화목을 증진하는 일에서 태아의 생명을 존중하고 자녀 교육에서 실질적인 선택의 자

유를 보장하는 일에 이르기까지, 가정의 가치를 수호하기 위한 정치적 법적 조치를 요구한다. 그러므로 사회나 국가는 가정의 사회적 차원을 흡수, 대체, 축소할 수 없으며, 보조선의 원리에 따라 이를 인정하고 존중하며 증진하여야 한다.33)

(3) **가정에 대한 우선순위의 정책** : 이와 같이 국가와 사회가 가정의 기본적인 권리를 존중하여 주고 가정 우위의 인식을 통하여 효율적인 가정 정책을 세워 주는 것은 필수적이다.34) 그러나 국가보다도 가정이 우위라는 주장은 개인주의적인 개념이 아니라 가정의 차원을 필요불가결한 문화적 정치적 관점으로 받아들인다는 것을 의미한다. 즉 가정의 단위인 개개인의 인간은 개인으로서만 고려될 것이 아니라 그들이 속한 가정과 관련하여 가정의 고유한 가치와 요구를 마땅히35) 염두에 두면서 고려되어야 하기 때문이다.36)

② 다른 기독교 공동체(종파)

다른 기독교 종파와의 연대에 대하여 웨슬리는 그가 전개하는 세 가지 큰 도리, 즉 원죄, 믿음에 의한 칭의, 마음과 생활의 성화에 관하여 입장이 일치한다면 칼뱅주의든 누구든 서로 힘을 합칠 것을 강조하였다. 기독교대한감리회도 사회신경을 통하여 다른 기독교 종파뿐만이 아니라 "정의로운 사회 건설을 위해서는 타 종교와 공동 노력한다."라는 입장을 취하고 있다. 미연합감리교회도 다양한 기독교 공동체와 다른 종교집단과의 연대를 강조하고 있다. 한편 가톨릭도 전 세계 모든 종교인 사회의 대화를 요청하고 평화를 위한 종교의 연대에 대하여 강조하고 있다.

(웨슬리 사회원리)

(1) **사회 공동체로서의 기독교** : 기독교는 본래 사회적 종교이므로 사회를

떠나서는, 즉 다른 사람과 같이 살고 대화함이 없이는 잘 유지되지 못할 뿐 아니라 전혀 존재할 수 없는 것입니다.[37]

기독교대한감리회 사회신경

기독교대한감리회는 사회신경 9조를 통하여 그리스도의 유일성을 전제로 정의 사회 구현을 위한 타 종교와의 연대를 언급하고 있다.[38]

(1) **그리스도의 유일성** : 우리는 예수 그리스도가 우리의 유일한 구주임을 믿는다.

(2) **정의 사회 실현** : 오늘의 현실 속에서 정의로운 사회 건설을 위해서는 타 종교와 공동 노력한다.

미연합감리교회 사회원리

미연합감리교회는 현대인들의 다양한 신앙 공동체의 참여와 활동에 대하여 개방적인 입장을 취하고 있다.[39]

(1) **다양한 기독교 공동체 인정** : 우리는 나아가 코이노니아 농장(Koinonia Farms)이나 특정한 수도원 집단과 다른 종교 집단 그리고 몇 가지 공동 교회생활의 유형들과 같이, 기독교 공동체 양육의 새로운 형태를 찾으려는 움직임을 인정한다.

(2) **기독교 공동체를 위한 목회** : 우리는 교회가 그러한 기독교 공동체의 필요와 관심을 이해할 수 있는 방법을 강구하고, 그들을 섬기고, 그들을 통해 목회할 방법을 찾을 것을 촉구한다.

가톨릭 사회교리

가톨릭은 타 종교와의 관계에 대하여 개방적인 입장을 취하고 있다.

(1) **성경의 전통 안에 있는 종파와의 대화** : 가톨릭교회는 유대교 형제자매들과 대화를 나눌 수 있다. 이는 한 분이신 하나님의 자녀인 모든 사람을 위하

여 정의와 평화의 미래를 함께 건설하기 위한 것이다.[40]

(2) **종교인 사이의 대화 요청** : 가장 적합한 협력 형태를 모색할 수 있도록 전 세계 모든 종교인 사이의 대화를 끊임없이 요청한다. 평화는 인간의 통합적 발전에 대한 공동 노력에 달려 있다.[41]

3 결혼

웨슬리는 결혼의 신성함과 결혼으로 이루어지는 가정의 역할에 깊은 관심을 가지고 있었을 뿐만 아니라 가정에 대한 사회의 돌봄도 강조하였다. 기독교대한감리회와 미연합감리교회는 각각 결혼으로 이루어지는 가정과 성의 제도적 역할과 그 책임에 대하여 언급하고 있다. 가톨릭 사회교리는 혼인 의식의 중요성과 법적 의미 그리고 혼인의 불가해소성과 충실성에 대하여 강조하고 있다.

웨슬리 사회원리

(1) **결혼의 신성성** : 결혼은 신성하고 존중할 만한 사회 제도인 만큼 우리는 이것을 인간 욕정의 방종의 기회를 삼아서는 안 될 것이며, 이런 관점에서 결혼과 이혼을 가볍게 해서도 안 될 것입니다.[42]

(2) **훈육의 장소로서의 가정** : 우리의 집안에 있는 모든 사람이 구원에 필수적인 모든 지식을 갖도록 돌보지 않을 수 있습니까? 우리의 부인, 종 그리고 자녀들이 그들의 영원한 평화에 속한 모든 것을 가르침 받는 것을 보아야 하지 않습니까? …… 그들이 읽고, 명상하고, 기도할 수 있게 매일 일정한 시간을 가질 수 있도록 돌봐 주어야 하며, 그들이 그렇게 허용된 시간을 그 훈련에 쓰고 있는지 또한 알아보아야 합니다.[43]

(3) **이웃을 돌보는 가정** : 당신은 주님의 본을 따라 제사보다도 자비를 먼저

생각합니까? 당신은 부지런히 주린 자에게 먹을 것을 주고, 벗은 자에게 옷을 입히고, 병든 자와 옥에 갇힌 자들을 방문합니까?(마 25:35~36)[44]

기독교대한감리회 사회신경

기독교대한감리회 사회신경 2조의 내용을 정리하면 아래와 같다.

(1) **하나님이 정하신 제도** : 우리는 가정과 성이 하나님께서 정하신 귀한 제도임을 믿는다.

(2) **가정의 보존과 성결** : 가정을 올바로 보존하며 성의 순결성을 지키는 것은 우리의 사명이다.[45]

미연합감리교회 사회원리

미연합감리교회는 결혼의 신성함과 책임에 대하여 강조하고 있다. 특히 남녀의 관계는 동등하며 주체적이고 인격적인 결합임을 강조하고 있다.[46]

(1) **결혼의 신성함** : 우리는 한 남자와 한 여자 사이의 서로에 대한 사랑과 지지, 인격적인 책임 그리고 서로에 대한 신실함이 잘 표현되어 있는 혼인 서약의 존엄성을 인정한다. 그러한 서약으로 맺어진 결혼은 그 부부의 결합을 통하여 자녀가 태어났든지 아니든지 상관없이 하나님의 복이 그 위에 임하게 될 것이라 믿는다.

(2) **결혼의 사회적 독립성** : 우리는 결혼에 있어서 남자에게보다는 여자에게 다른 기준을 적용하려는 사회적 규율을 거부한다. 우리는 결혼이란 한 남자와 한 여자의 결합이라고 정의하는 시민사회의 법을 지지한다.

가톨릭 사회교리

가톨릭 사회교리는 혼인의 '목적'과 '특성'에 대하여 구체적으로 명시하고 있다. 혼인의 목적은 다음과 같다.

(1) **혼인의 제정자이신 하나님** : 하나님께서 바로 여러 가지 선과 목적을 지

닌 혼인의 제정자이시기 때문에 부부와 자녀와 사회의 행복을 지향하는 이 신성한 유대는 인간의 마음에 좌우되지 않는다.

(2) **하나님의 뜻을 이루는 혼인** : 하나님께서 제정하신 생명과 사랑의 내밀한 부부 공동체인 혼인 제도는 인습이나 법 규범의 결과가 아니라 하나님의 뜻에 따라 지속적으로 이어져 온 것이다.

(3) **하나님께 의존하는 혼인** : 인간은 서로 결합될 배우자를 자유롭게 선택하지만 혼인 제도는 인간이 아니라 하나님께 의존함으로써 그 의미와 가치를 존중하게 된다.

(4) **공개적 서약의 특성** : 혼인은 부부가 자기 자신을 서로 주고받는 인간 행위로 태어나는 제도로서, 자신을 다른 한 사람에게만 온전히 내어 주겠다는, 쌍방의 취소할 수 없는 공개적인 동의로 표현되는 결정적인 약속을 내포한 부부 사랑의 본질 위에 세워진다.

(5) **가족 구성원의 연대** : 이렇게 혼인이 이루어질 때 가정의 토대가 세워지며 혼인의 약속을 통하여 가정이 가족 구성원의 상호 권리와 의무에 대한 존중으로 이루어지게 된다.[47]

혼인은 고유하고 본질적이며 '혼인 예식'을 통하여 '한 몸'을 이루고 '자녀 출산'을 하는데 이 과정에서 영구적인 특성이 나타난다.

(1) **혼인 의식의 필요성** : 수 세기에 걸쳐 여러 문화와 다양한 사회 조직, 정신적 태도에 수많은 변화가 있었지만, 모든 문화에서, 비록 모든 곳에서 같은 정도로 분명하게 드러나지는 않더라도, 혼인 결합의 숭고함에 대한 '의식' 같은 것이 존재한다.

(2) **혼인의 법적 성격** : 두 배우자가 서로에게 충실하며 서로 돕고 자녀를 받아들이기로 약속하는 혼인의 유대와 관련하여 사회가 임의로 법을 제정해서는 안 되지만, 혼인의 민법상 효력을 규제하는 것은 허용된다.

(3) **혼인의 특성** : 특히 혼인의 핵심적인 '특성'은 네 가지로 요약할 수 있다.

그것은 부부가 모든 인격적 육체적 정신적 측면에서 상대방에게 자신을 내어주는 '전체성', '한 몸'(창 2:24)이 되게 하는 '일치', 상호 간의 확고한 자기 증여에 필요한 '불가해소성과 충실성' 그리고 혼인으로 자연스럽게 받아들이게 되는 '자녀 출산'이다.[48]

(4) 비성서적 혼인의 금지 : 혼인이 하나님이 제정하신 성스러운 제도임에도 불구하고 그 뜻을 저해하는 요소가 있는데 그것은 '일부다처제'다. 그 이유는 일부다처제는 결혼 안에서 온전하고 특유하며 배타적인 사랑과 함께 자신을 바치는 남자와 여자의 동등한 존엄성에 위배되기 때문이다.[49] 아울러 혼인을 통하여 자녀 출산과 교육이 필요하게 되는데 혼인의 결합은 진실한 자기 증여에 충만한 생명을 부여하며, 그 열매인 자녀는 다시 부모와 온 가족, 사회 전체에 선물이 되기 때문이다. 그러나 혼인을 통하여 자녀 출산이 가능하지 않더라도 혼인의 불가해소성과 친교의 가치는 여전히 유효하다. 이러한 경우 부부는 버려진 아이들을 입양하거나 타인에게 필요한 봉사를 함으로써 그들의 헌신을 드러낼 수 있다.[50]

4 이혼

'이혼' 문제에 대하여 웨슬리는 혼인의 불가해소성에 대하여 강조하고 있으며, 기독교대한감리회도 이혼이란 단어에 대한 언급은 없지만 결혼의 신성성에 대하여 강조하고 있다. 미연합감리교회는 현대 사회에 만연한 이혼을 '최소화'하며 불가피한 이혼의 경우에 발생하는 자녀 양육의 책임과 이혼 가정에 대한 목회적 돌봄에 대하여 강조하고 있다. 한편 가톨릭은 이혼을 원칙적으로 반대하지만 이혼이 발생할 경우 고해성사를 통하여 신앙을 회복할 수 있다고 보았다. 아울러 이혼을 문화적으로 수용하는 현대 문명에 대하여 경고하는 입장을 취하고 있다.

(1) **혼인의 불가해소성** : 가장 가까운 사람들은 남편과 부인입니다. 남편과 부인은 좋을 때나 나쁠 때나 언제나 서로를 돌보아야 하며, 서로에게 최선을 다하여야 합니다. 하나님이 둘을 맺어 주셨기 때문에, 그 누구도 나눌 수 없습니다. – 간음 혹은 둘 가운데 어느 편의 삶이 극도로 위험한 상태가 되어 있지 않다면, 둘 관계가 나누어질 수 없습니다.51)

미연합감리교회 사회원리

미연합감리교회는 하나님께서 일평생 지속되는 신실한 결혼을 계획하신다는 것을 고백하며 아울러 교회도 견고한 결혼생활을 이루고, 보존하기 위하여 결혼 전(premarital) 상담과 결혼 후(postmarital) 상담에 앞장설 것을 권고하고 있다. 그러나 결혼한 부부가 화해를 하지 못할 만큼 사이가 멀어졌을 때, 심지어 심사숙고하여 생각하고 상담을 받은 후에도 그 관계가 회복되지 못한다면, 유감스럽게도 부부 사이의 관계가 깨어져 있을 때에 '이혼'이 한 가지 선택사항(alternative)이 될 수도 있다. 미연합감리교회는 이러한 이혼의 경우 관련된 모든 것들에게 미치는 엄청난 감정적 영적 경제적 결과에 대하여 한탄하며, 높은 이혼율에 대하여 우려하고 있음을 나타낸다. 이혼의 경우 그 문제를 최소화하기 위하여 권하는 내용은 다음과 같다.52)

(1) **이혼의 최소화** : 서로 화해하지 못하여 이혼을 앞두고 있는 두 사람의 적대적 상태와 서로에 대하여 비난하는 것을 최소화하기 위해 현재 사법절차 과정에서 종종 쓰이는 명상의 방법을 사용할 것을 추천한다.

(2) **불가피한 이혼 후의 책임** : 비록 이혼은 공식적으로 더 이상의 결혼생활은 존재하지 않는다고 선언하는 것이라 하더라도, 결혼으로 인한 다른 계약적 관계, 즉 자녀의 양육과 지원, 확대 가족적 관계 같은 것은 여전히 남아 있을 수 있다.

(3) **이혼 후 자녀 양육의 책임** : 우리는 아직 미성년인 자녀의 양육권을 결정하는 데 있어서 서로를 존중할 수 있는 결정을 내리기를 촉구하고, 자녀 양육권이 단지 재정적으로 지원해 주고 통제한다거나, 이혼한 부부 중 한 사람을 속이는 행위 또는 앙갚음이 되지 않도록, 자녀 양육의 책임에 대하여 이혼 부부 중 한 편에서든지, 아니면 양 부모 모두가 심사숙고할 것을 지지한다. 이혼문제에 있어서 모든 자녀의 복지는 가장 중요하게 고려해야 할 사항이다. 이혼이 재혼을 금지하지는 않는다.

(4) **이혼 가정에 대한 돌봄의 목회** : 우리는 하나님의 은혜를 모두가 나눌 수 있는 믿음의 공동체에서, 이미 이혼한 사람들과 재혼한 가정들뿐만 아니라 [지금 이혼 절차를 밟고 있는 사람들을 진심어린 마음으로 교회와 사회가 섬길 것을 지향하는 책임성을 장려한다.

가톨릭 사회교리

가톨릭 사회교리는 혼인관계의 지속성을 유지하여 주는 부부의 사랑이 없다면 혼인의 유대에 고유한 배타적이고 전적인 사랑의 관계가 훼손되며, 이는 자녀들에게 큰 고통을 안겨 주고 사회 구조에도 악영향을 미치게 된다고 전제하고 있다. 따라서 혼인 유대의 지속성과 불가해소성은 당사자 개인의 의지와 노력에만 맡겨서는 안 되며 사회 전체가 가정의 필수적이고 본질적인 측면들을 고려하여 근본적인 자연 제도인 가정을 보호하고 증진할 책임이 있다고 강조하고 있다. 따라서 사회적 법적으로 인정받는 공정 행위에 혼인의 토대를 둠으로써 혼인에 제도적 성격을 부여할 필요성은 사회적 본성의 기본 요구인 것이다.[53]

가톨릭 사회교리는 이혼에 대하여 반대하며 특히 혼인의 '불가해소성'에 대하여 강조하는데 이것은 혼인으로 맺어진 인연이 죽을 때까지 결코 풀리지 않는다는 것을 말한다. 그러나 이혼이 민법에 도입됨으로써 상대주의적인 혼인관을 부추기고 널리 확산시키면서 사회에도 참으로 큰 폐해가 되고 있다고 우려하면서 불가해소성의 가치를 보존하고 발전시키는 부부들은 겸손하고 용감하게 자신들에게 부여된 역할, 하나님과 예수 그리스도가 모든 인간을 사랑하면서 보여 준 틀림없는 충실성의 표징이 – 때때로 유혹을 당하지만 언제나 이겨 내는 작고 소중한 징표가 – 되는 역할을 수행하고 있다고 격려하고 있다.[54]

그럼에도 불구하고 이혼이 발생할 경우, 교회는 이혼한 뒤 재혼한 사람들을 저버리지 않으며 다음과 같이 돌본다.

(1) **이혼 가정에 대한 교회의 돌봄** : 교회는 이들을 위하여 기도하고 그들이 영성생활에서 어려움에 부딪칠 때 격려해 주며 믿음과 희망을 잃지 않도록 도와준다.

(2) **이혼한 이들의 교회 참여 독려** : 이혼한 이들이 세례를 받은 이상 교회생활에 참석할 수 있고 실제로 그래야 한다.

(3) **이혼한 이들의 사회적 활동 독려** : 이혼한 이들은 하나님 말씀을 듣고 미사의 희생 제사에 참석하며 꾸준히 기도하고 자선 활동을 하며 공동체의 정의 평화 활동에 참여하고 자녀들을 신앙 안에서 양육하며 날마다 주님의 은총을 간청할 수 있도록 참회의 정신을 기르고 속죄의 활동을 하도록 권고 받는다.

(4) **고해성사를 통한 새로운 삶 인도** : 성체성사로 길을 열어 주는 고해성사를 통한 화해는 죄를 뉘우친 다음 더 이상 혼인의 불가해소성에 위배되지 않는 새로운 삶을 살 진지한 의향을 지닌 사람들에게만 줄 수 있다.

(5) **이혼 자녀들에 대한 돌봄** : 그렇게 함으로써 교회는 그리스도와 그분의 진리에 대한 충실성을 고백하는 동시에 그 자녀들, 특히 자신들의 잘못 없이 법적 배우자에게 버림을 받은 이들을 어머니의 정신으로 돌본다.

(6) **이혼한 이들의 구원을 위한 협력** : 교회는 주님의 계명을 저버렸으며 여전히 그러한 상태에 살고 있는 사람들이라고 해도 꾸준히 기도하고 참회하며 사랑을 실천함으로써 하나님께 회개와 구원의 은총을 받을 수 있음을 굳게 확신한다.[55]

가톨릭 사회교리는 아울러 점점 늘어나고 있는 '사실혼'이, 개인 선택의 자유라는 잘못된 개념과 혼인과 가정에 대한 순전히 개인주의적인 관점에 근거하고 있다고 비판하고 있다. 혼인은 함께 살자는 단순한 약속이 아니라 다른 모든 관계와 관련하여 유일무이한 사회적 차원을 지니는 관계기 때문이다. 따라서 '사실혼'과 가정을 법적으로 동등시하는 것은 가정의 모형을 손상시키는 것이다. 결론적으로 가정은 개인들 간의 불확실한 관계 안에서 생겨나서는 안 되며 혼인을 통한 영구적 결합, 곧 쌍방의 자유로운 선택 위에 세워져서 출산을 지향하는 부부의 충만한 친교가 요구되는 한 남자와 한 여자의 계약 안에서만 탄생한다.56) 가정은 단순한 법률적 사회적 경제적 단위를 넘어서 사랑과 연대의 공동체를 이루며, 그 가족과 사회의 안녕과 발전에 근본이 되는 문화적 도덕적 사회적 정신적 종교적 가치들을 가르치고 전수하기에 가장 적합한 곳임을 재천명할 임무가 있다는 것이다.57)

가정이 사회의 핵이며 가정의 지속성은 사회 전체의 삶의 질을 드높이는 결정적인 원천이므로, 시민 공동체는 가정의 토대를 뿌리에서부터 위협하며 불안하게 만드는 경향들에 무관심할 수가 없다. 법규범은 때때로 도덕적으로 용납할 수 없는 행위를 용인하기도 하지만, 해소할 수 없는 '일부일처제'만을 유일하고 참된 가정의 형태로 인정하는 것을 결코 약화시켜서는 안 된다. 그러므로 공공 권위는 사회 분열을 가져오고 시민의 존엄성, 안전, 복지에도 해로운 이 경향들을 제지하며, 여론이 혼인과 가정의 제도적 중요성을 평가 절하하는 쪽으로 이끌려가지 않도록 힘써야 한다고 가톨릭 사회교리는 강조하고 있다.58)

5 독신자

결혼 적령기가 되었지만 여러 가지 이유로 혼인이 늦추어진 상태에 있는 사람들이 현대 사회에 많이 있다. 자의 또는 타의로 남녀가 결합하여 가정을 이루지 못한 경우라 할지라도 목회적인 차원에서 돌봄과 배려가 필요하다. 미연합감리교회는 독신자(Single Persons)에 대한 사회적 편견을 금한다는 원칙을 명시하고 있다. 웨슬리도 결혼을 중시하였지만 "믿음이 없는 사람들과 멍에를 같이 메서는 안 된다."는 입장을 취하고 있다. 기독교대한감리회는 독신에 대한 언급은 없지만 개인의 인권과 자유와 평등을 강조하고 있다. 가톨릭 사회교리 또한 가정이 하나님의 창조사업에 특별하게 동참하는 생명의 지성소임을 강조하여 그 사회적 책임에 대하여 강조하고 있다.59)

웨슬리 사회원리

(1) **믿음이 없는 자와 멍에를 같이 메지 말 것** : 믿음이 없는 사람이나 마음에 하나님을 사랑하지 않거나 그 눈에 하나님을 두려워하지 않는 사람과 결혼을 통하여 "멍에를 같이 하지 말라"는 것입니다. 나는 이런 결혼을 정당화하는 어떤 이유도 찾을 수 없습니다.

기독교대한감리회 사회신경

기독교대한감리회는 독신자에 대하여 명시하고 있지는 않지만 사회신경 2조를 통하여 가정이 하나님이 정하신 제도임을 천명하고 혼인을 통한 가정의 보존을 강조하고 있다.

미연합감리교회 사회원리

(1) **독신자에 대한 편견 금지** : 우리는 독신자들도 고결한 존재임을 확증하며, 이들을 차별하는 사회적 풍습이나 이들이 독신이라고 해서 그들을 편견의 눈으로 바라보는 사회적 태도를 거부한다.60)

6 여자와 남자

기독교대한감리회는 남녀의 평등에 관하여 성별의 차이가 없음을 강조하고 있으며 웨슬리도 당시 남성 중심주의 사역에 여성의 참여를 인정하였다. 미연합감리교회 또한 남녀 성의 동등한 가치와 주체성 그리고 양성 평등에 대한 책임을 강조하고 있다. 가톨릭 사회교리는 남녀의 동등한 존엄성을 강조하며 동시에 상호 보완성과 연대성에 대하여 설명하고 있다.

웨슬리 사회원리

(1) **하나님 안에서의 평등** : 남자뿐 아니라 여자들도 이 영예로운 사역에 한 몫을 담당할 수 있을까요? 의심할 여지없이 여자들도 이에 참여할 수 있습니다. …… 우리는 "그리스도 예수 안에서는 남자나 여자나 차별이 없다."는 것을 알고 있습니다.[61]

기독교대한감리회 사회신경

(4조) **자유와 평등** : 우리는 모든 사람들이 하나님 앞에서 자유롭고 평등하기 때문에 성별, 계급, 지역, 인종 등의 이유로 차별하는 것을 배격하며 모든 사람들이 더불어 사는 사회 건설에 헌신한다.[62]

미연합감리교회 사회원리

미연합감리교회는 여자와 남자의 양성 평등을 강조하고 있다.[63]

(1) **동등한 가치** : 우리는 성경에서 남성과 여성이 모두 동등한 인류(common humanity)라는 것, 즉 하나님의 눈에는 남성과 여성이 동등한 가치를 지닌다는 것을 확증한다.

(2) **평등한 성** : 우리는 한 성(性)이 다른 성에 비하여 우월하다거나, 한 성(性)은 반드시 다른 성과 싸워야 하며, 오직 다른 성을 희생함으로써 한 성(性)

이 사랑과 권력, 존경을 받게 된다는 잘못된 생각을 거부한다.

(3) **각 개체의 주체성** : 우리는 특별히 하나님이 모든 개인을 불완전한 조각으로 만드셨고, 오직 또 다른 사람과의 결합을 통해서만 전체가 되도록 만드셨다는 생각을 거부한다.

(4) **성의 보편성** : 우리는 여자와 남자가 차별 없이 동등하게 권력과 통제력을 공유하고, 자유롭게 주고 자유롭게 받을 수 있음을 알게 되기를 촉구하며, 여자와 남자가 동등하게 완전 존재가 되며, 다른 성(性)의 존재들의 보편성을 존중할 수 있기를 촉구한다.

(5) **남녀의 사회적 특성** : 우리는 사랑하고 사랑을 받으며, 정의를 추구하고 정의를 얻으며, 윤리적인 자기 결단을 행할 수 있는 모든 개인적인 기회와 자유를 추구한다.

(6) **양성 평등에 대한 책임** : 우리는 우리의 성(性) 다양성이 하나님께서 우리의 다양한 경험과 관점을 더욱 풍부하게 하시기 위하여 내려주신 선물임을 안다. 그리고 양성(兩性) 간의 관계에 있어서 한쪽 성(性)이 다른 쪽보다 더욱 약한 채로 방치되어 선한 하나님의 선물을 이용하려는 잘못된 태도와 전통을 경계한다.

가톨릭 사회교리

가톨릭 사회교리는 남성과 여성의 존엄성과 특수성에 대하여 그 입장을 밝히고 있다.

(1) **동등한 존엄성** : '남자' 와 '여자' 는 동등한 존엄성을 지닌 서로 다른 두 개별 인간이다. 그러나 남녀의 평등한 존엄성이 단지 동등성을 나타내는 것만은 아니다. 여성의 특수성은 남성의 특수성과 다르고, 남녀의 평등 안에 자리한 이러한 차이점은 조화로운 사회생활을 영위하는 데 반드시 필요하고 이를 더욱 풍요롭게 하기 때문이다.

(2) **남녀 상호 보완성** : 교회와 사회 안에서 여성의 올바른 지위를 보장하기

위한 조건 중 하나는 남성과 여성의 인간학적 토대를 더욱 깊고 정확하게 통찰하는 것이다. 그것은 남성과의 관계, 곧 차이성과 상호 보완성 안에서 여성의 인격적 정체성을 명확히 밝히자는 것인데, 그 정체성은 여성의 역할 유지와 임무 수행에 관계될 뿐만 아니라 더욱 근본적으로는 인간으로서 여성의 인격 구조의 의미에 관련되기 때문이다.[64]

(3) **사랑과 연대의 필요성** : 남자가 여자의 완성인 것처럼 여자는 남자의 완성이다. 곧 남자와 여자는 육체적 정신적 측면뿐만 아니라 존재론적으로도 서로가 서로를 완전하게 해준다. '인간' 존재는 오로지 '남자'와 '여자'의 이원성 때문에 하나의 완전한 실재가 된다. 남자와 여자의 만남에서, 자기 본위나 독단의 논리가 아니라 사랑과 연대의 논리를 바탕으로 한, 인간에 대한 단일한 개념이 생겨난다.[65]

7 인간의 성

위의 '남자와 여자'에 대한 사회원리와는 별도로 인간의 성(性)문제는 보다 근본적인 사회원리에 대한 것이다. 웨슬리는 성의 순결과 정결한 믿음이 중요하다고 보았다. 미연합감리교회는 사회원리를 통하여 성에 대한 인간의 책임과 권리에 매우 신중한 태도를 보이고 있다. 한편 기독교대한감리회는 별도로 인간의 성에 대하여 명시하고 있지는 않지만 성의 평등에 대하여 사회신경 1조에 강조하고 있다.

(웨슬리 사회원리)

(1) **남녀 성의 평등** : 우리는 "그리스도 예수 안에서는 남자나 여자나 차별이 없다."는 것을 알고 있습니다. 여성을 차별하는 것은 아주 부덕한 일이며 아주 진부한 일입니다.[66]

(4조) **자유와 평등** : 우리는 모든 사람들이 하나님 앞에서 자유롭고 평등하기 때문에 성별, 계급, 지역, 인종 등의 이유로 차별하는 것을 배격하며 모든 사람들이 더불어 사는 사회 건설에 헌신한다.[67]

미연합감리교회 사회원리

미연합감리교회는 인간의 성(性)문제에 대하여 기본적인 입장을 비교적 자세히 기독교사회원리에서 밝히고 있다.[68]

(1) **성은 하나님의 선물** : 우리는 성(性)이 하나님께서 모든 인간에게 내려주신 유익한 선물임을 인정한다.

(2) **성은 인간다움의 조건** : 우리는 모든 인간이 그들 스스로 그리고 교회와 사회가 성(性)이라는 하나님께서 주신 그 선물을 인정하고 확증할 때에 비로소 온전히 인간다워짐을 믿는다.

(3) **성의 제자직** : 우리는 모든 사람들이 이 선물을 맡은 청지기로서의 사명에 있어서, 그들 자신과 타인 그리고 사회가 책임을 다해 이를 실현할 수 있는 잘 훈련된 제자가 되기를 요청한다.

(4) **성의 이해를 돕는 과학 인정** : 우리는 또한 이러한 복잡한 선물에 대하여 우리가 제한적으로만 이해하고 있음을 인정하고 인간의 성(性)을 더욱 완전하게 이해할 수 있는 결정적인 노력에 있어 의학과학과 신학과학 그리고 사회과학 분야에서의 결합이 이루어지기를 장려한다.

(5) **교회의 역할 기대** : 우리는 교회가 이렇게 가장 복잡한 문제를 다루기 위해 이러한 분야들을 불러 모으는 데 있어서 주도적인 역할을 감당할 것을 요청한다.

(6) **성에 대한 인간의 책임** : 하나님께서 주신 이 성(性)이라는 선물에 대하여 우리가 이해하는 맥락 안에서, 우리는 하나님께서 책임을 다하며, 헌신적이고,

사랑하는 모습의 표현을 우리가 찾을 수 있도록 도전을 주심을 인정한다.

남녀간의 성적 관계에 대하여서도 기독교의 전통에 따라 윤리적이고 도덕적인 입장을 밝히고 있다. 특히 혼외정사나 성의 상품화, 아동 성 학대 그리고 동성애와 같은 문제에서도 단호한 입장을 취하고 있음을 알 수 있다.

(1) **결혼을 위한 성교** : 비록 모든 인간은 그들이 결혼을 했든지 안 했든지 상관없이 성적 존재라 하더라도, 성교는 단지 결혼이라는 결합에 의해서만 분명히 확증된다.

(2) **하나님의 창조 질서로서의 성교** : 성교는 혼외(婚外)성교에서뿐만 아니라 결혼관계에서도 착취적(exploitative)일 수 있다. 우리는 하나님께서 우리가 태어날 때부터 생득적 권리로서 우리에게 주신 인간성을 해치거나 파괴하는 모든 성적 표현을 거부하며, 하나님께서 주신 인간성을 더욱 풍부하게 하는 성적 표현만을 분명히 인정한다.

(3) **성 학대 금지** : 우리는 성적 상대자 중 한 사람 또는 그 둘 모두가 착취적이거나 학대적이거나 심지어 난교(亂交)적인 성교인 경우, 그러한 것은 기독교인이 할 수 있는 행위의 한계 너머에 있는 것이며, 궁극적으로 개인과 가정 그리고 사회 질서를 파괴하는 것임을 믿는다.

(4) **성 상품화 금지** : 우리는 모든 형태의 성 상품화와 성 착취를 강하게 비난한다. 왜냐하면 그 결과로 인간의 인격이 천박하고 저질화되기 때문이다.

(5) **아동 성 학대 금지** : 우리는 성 착취와 성인에 의한 아동 성 학대를 법적으로 금지시킬 수 있는 전 세계적 차원의 법적 조치를 요청하며, 그 가해자들을 합법적으로 구속하고 재정적으로 책임지도록 노력할 것을 장려한다.

(6) **성 학대 아동 보호** : 우리는 성적으로 학대당하는 아동을 적절하게 보호할 수 있는 서비스와 안내 그리고 이들이 상담을 받을 수 있는 기회가 마련되기를 요청한다.

(7) **인간의 권리** : 우리는 나이, 성별, 결혼 상황 또는 성 지향성에 관계없이

모든 사람은 자신의 인간적 권리와 시민으로서의 권리를 보장받을 수 있는 자격이 있음을 주장한다.

(8) **성 교육의 필요성** : 우리는 어린이와 청년층 그리고 성인에 이르기까지 자세하고 긍정적이며, 각 연령에 알맞고 사실적인 성 교육의 기회가 계속 제공되어야 함을 인정한다. 교회는 이 분야에 있어서 양질의 안내와 교육을 제공할 수 있는 유일무이한(unique) 기회를 제공해야 한다.

가톨릭 사회교리

가톨릭은 성의 존엄과 동등한 가치 그리고 생명에 대한 독특한 사명이 있음을 강조하고 있다.

(1) **성의 존엄성** : 하나님을 닮은 모습은 인간의 본질과 존재가 가장 심오한 방식으로 하나님과 구조적으로 연관되어 있음을 보여 준다.[69]

(2) **성의 사회적 성격** : 하나님과 인간의 관계는 인간이 본성적으로 지닌 관계적 차원과 사회적 차원 안에 반영된다.[70]

(3) **남녀의 평등성** : 남자와 여자는 동등한 존엄과 동등한 가치를 지닌다.[71]

(4) **생명에 대한 특별한 소명** : 남자와 여자는 생명에 대한 특별한 소명을 지니고 살아간다.

8 가정폭력과 학대

웨슬리 사회원리

(1) **훈육의 장소로서의 가정** : 우리의 집안에 있는 모든 사람이 구원에 필수적인 모든 지식을 갖도록 돌보지 않을 수 있습니까? 우리의 부인, 종 그리고 자녀들이 그들의 영원한 평화에 속한 모든 것을 가르침 받는 것을 보아야 하

지 않습니까? … 그들이 읽고, 명상하고, 기도할 수 있게 매일 일정한 시간을 가질 수 있도록 돌봐 주어야 하며, 그들이 그렇게 허용된 시간을 그 훈련에 쓰고 있는지 또한 알아보아야 합니다.[72]

기독교대한감리회 사회신경

(4조) **자유와 평등** : 우리는 모든 사람들이 하나님 앞에서 자유롭고 평등하기 때문에 성별, 계급, 지역, 인종 등의 이유로 차별하는 것을 배격하며 모든 사람들이 더불어 사는 사회 건설에 헌신한다.[73]

미연합감리교회 사회원리

미연합감리교회는 가정폭력이 인류애를 저버리는 처사로 여기며 피해자들에 대한 교회의 관심과 배려를 촉구하고 있다.[74]

(1) **가정폭력 금지** : 우리는 언어적 심리학적 물리적 성적인 모든 형태의 가정폭력과 학대가 인류 공동체의 계약을 해치는 것임을 인정한다.

(2) **가정폭력 피해자 목회** : 우리는 교회가 그 피해자들을 위해 안전한 환경과 상담, 지원을 제공하기를 장려한다.

(3) **가정폭력 가해자에 대한 목회** : 우리는 학대자의 행위에 대하여는 강하게 비판하지만, 그 가해자 또한 하나님의 구원의 사랑을 필요로 하고 있음을 확증한다.

9 성희롱

미연합감리교회는 구체적으로 성희롱(sexual harassment)에 대한 사회원리를 명시하고 있다. 웨슬리도 언어의 올바른 사용을 강조하고 있으며, 기독교대한감리회도 인권과 평등을 강조하고 있다. 가톨릭 사회교리 또한 성 표현이 성적 표현으로 격하되어서는 안 됨을 강조하고 있다.

웨슬리 사회원리

(1) **언어의 올바른 사용** : 인간의 마음에는 때때로 험담하는 일을 만족해하거나 결과적으로 험담을 하려고 하는 나쁜 기질이 있습니다. 우리는 스스로 허물이 없다고 생각하여 다른 사람의 결점을 말함으로 자신의 자만심을 만족시킵니다. 많은 경우에 있어서 자기 이웃의 죄를 되풀이하면서 사람들은 자신의 어리석고 해로운 욕망에 빠지는 것입니다.[75]

기독교대한감리회 사회신경

(4조) **자유와 평등** : 우리는 모든 사람들이 하나님 앞에서 자유롭고 평등하기 때문에 성별, 계급, 지역, 인종 등의 이유로 차별하는 것을 배격하며 모든 사람들이 더불어 사는 사회 건설에 헌신한다.[76]

미연합감리교회 사회원리

미연합감리교회는 성희롱이 하나님이 주신 성(性)에 대한 위반행위임을 강조하고 공동체적인 사안에서 대처할 것을 강조하고 있다.[77]

(1) **성희롱은 신앙에 위배** : 우리는 인간의 성(性)이 하나님께서 주신 선한 선물임을 믿는다. 이 선한 선물의 잘못된 사용 중 하나가 성희롱이다.

(2) **성희롱의 내용** : 우리는 성희롱을 언어적 또는 육체적으로, 그 피해자에게 충분히 수치심을 주고, 위협하거나 억압하는 것으로 받아들여질 수 있는, 바람직하지 못한 성적 언어, 성적 접근, 성적 요구로 정의한다.

(3) **힘의 관계를 이용한 성희롱 금지** : 성희롱은 단지 성적인 문제만이 아니라, 힘의 관계에 있어서의 착취로 이해되어야만 한다. 성희롱은 성(性)에 근거한 차별에서 기인하는 적대적이거나 학대적인 분위기를 만드는 것을 포함하지만, 단지 그것에만 국한된 것은 아니다.

(4) **공동체에 부적절한 성희롱** : 공동체를 양육하는 것과 반대로, 성희롱은 그 것이 일어나는 사회마다 부적절하고 강압적이며 학대적인 상태를 만들어낸다.

(5) **기독교의 도덕적 사명과 성희롱 금지** : 성희롱은 사회적 목표를 위하여 남녀가 동일하게 가질 수 있는 기회를 손상시킬 뿐만 아니라, 남녀 사이의 상호 존중의 분위기를 해친다. 따라서 원치 않는 성적 시선은 잘못된 것이며 차별적이다. 무엇보다도 성희롱은 기독교의 도덕적 사명을 방해한다.

(가톨릭 사회교리)

(1) **사랑의 표현** : 인간은 사랑 때문에 창조되었으며 두 사람이 서로를 보완하면서 온전히 자신을 내어 줌으로써 드러나는 사랑은 감정이나 느낌, 단순한 성적 표현으로 격하될 수 없다.

(2) **찰나적 표현의 한계** : 사랑과 성의 경험 자체를 경시하며 사랑의 찰나적 측면만을 치켜세우면서 그 근본적 가치를 경시하고 흐리는 사회에선 온전한 진리에 이를 수 없다.[78)]

10 불임 및 낙태

웨슬리는 위의 가정과 결혼에 관한 내용에서 마음의 순결이 따르는 존중할 만한 사회 제도임을 강조하였다. 기독교대한감리회도 사회신경에서 불임 및 낙태에 대한 언급은 없지만 가정이 하나님이 주신 제도임을 강조하고 책임 있는 인구 정책에 대하여 명시하고 있으며 인간화와 도덕성의 회복에 중점을 두고 있다. 한편 미연합감리교회는 불임과 낙태에 반대하고 있으며 산모의 생명권에 연관하여 예외적인 낙태의 가능성을 언급하고, 가톨릭도 더 보수적인 입장에서 태아의 권리 및 출산에 관한 영적 의미를 강조하고 있다.

미연합감리교회는 생명의 시작과 끝은 하나님이 주신 인간 존재의 경계 (God-given boundaries)라고 정의하고 있다. 과거에는 모든 개인이 자신이 언제 죽을지를 어느 정도 조절해 왔지만, 지금은 새로운 생명이 언제 태어날지, 심지어 태어날지 아닐지를 결정할 수 있을 정도로 엄청난 힘을 가지고 있다. 따라서 인간이 여러 이유로 태 안에 있는 생명에 대하여 임의적인 조치를 취하려 할 때 '낙태'와 같은 문제가 발생하는데 미연합감리교회는 낙태를 근본적으로는 반대하지만 특수한 경우 예외가 있을 수 있다는 유보적인 입장을 밝히고 있다.[79]

(1) **낙태 금지** : 우리는 태 안에 있는 인간 생명 또한 신성하다고 믿기 때문에, 쉽사리 낙태를 받아들일 수는 없다.

(2) **원치 않는 임신의 경우 낙태 인정** : 그러나 우리는 생명의 신성함과 마찬가지로 산모의 행복(well-being) 또한 동등하게 존중해 주어야 한다. 왜냐하면 원치 않는 임신은 자칫 산모에게 치명적인 해를 끼칠 수 있기 때문이다.

(3) **산모의 생명권을 위한 낙태의 예외성** : 과거 기독교 가르침의 연속선상에서, 우리는 낙태를 정당화할 수도 있는 산모의 생명과 원치 않게 잉태된 생명 간의 비극적 갈등을 인정하게 되며, 그러한 경우에 우리는 적절한 의학적 과정으로 집도되는 낙태를 합법적인 선택 사항으로서 지지하게 될 것이다.

(4) **자녀의 성별 선택으로서 낙태 금지** : 그러나 우리는 낙태를 생명의 탄생을 조절하기 위한 수단으로 받아들일 수 없으며, 자녀의 성별을 선택하려는 수단으로서의 낙태는 무조건 거부한다.

(5) **과도한 의학적 기술 금지** : 우리는 팽창 적출법(dilation and extraction), 부분 출산 낙태(partial-birth abortion)로 알려진 임신 말기 낙태(late term abortion)에 반대하며, 산모의 육체적 상태가 위험하여 다른 의학적 방법으로는 해결할 수 없을 때 또는 태아의 생명과 전혀 양립될 수 없는 심각하게 치명적인 경우를

제외하고는, 이 방법으로 시술하지 말 것을 요청한다.

(6) **낙태에 대한 기독교적 연구** : 우리는 모든 기독교인들이 낙태를 정당화할 수도 있는 상태에 대하여 연구하고 기도로서 질문해 보기를 요청한다.

(7) **낙태와 관련된 사람들에 대한 지속적인 목회** : 우리 교회는 임신을 중단시킨 사람들과 임신 기간에 중대한 위기에 처한 사람들 그리고 생명을 출산한 사람들을 양육할 수 있는 목회를 계속할 책임이 있다.

(8) **출산이 가능하지 못할 때 입양을 권장** : 우리는 특별히 교회와 정부 그리고 사회봉사단체가 입양을 선택하도록 지지하고, 입양을 용이하게 할 수 있도록 격려한다.

(9) **낙태에 대한 사회법의 한계와 목회** : 정부의 법과 규제는 전문적인 기독교적 양심이 요구하는 것에 대하여 모든 안내를 제공할 수는 없다. 그러므로 낙태와 관련된 결정은 오로지 의학적 상담과 목회적 상담 그리고 이 문제에 적절한 다른 상담과 더불어, 그와 관련된 관계자들이 깊이 생각하고, 충분한 기도로써 심사숙고하고 난 후에 이루어져야 한다.

가톨릭 사회교리

가톨릭 사회교리는 가정은 생명문화의 중심에 있기 때문에 현대의 수많은 파괴적인 '반문화'의 가능성에 대항하여 생명의 문화를 건설하고 증진하는 가정의 역할에 대하여 명시하고 있다. 따라서 낙태나 불임시술과 같은 것에 반대하는 것은 예언의 가치를 지니는 것으로 보며 책임 있는 출산을 강조하고 있다.

(1) **가정은 생명의 문화를 존중** : 가정은 신성하며, 하나님의 선물인 생명을 적합하게 받아들일 수 있고, 당면한 많은 침해로부터 보호를 받을 수 있고, 진정한 인간 성장이 가능한 장소다. 가정은 죽음의 문화라고 불리는 것에 반대하여 생명의 문화의 중심을 이룬다.

(2) **임신과 자연사에 이르는 가정의 책임** : 생명의 복음에 대한 가정의 봉사

란 사회에서 진실하고 용기 있는 예언의 가치를 지니는 투신과 같은 것으로서, 국가의 법과 제도가 임신(受精)에서부터 자연사에 이르는 생명의 권리를 결코 훼손하지 못하게 하고, 오히려 그것을 보호하고 증진하도록 활동해야 한다.[80]

(3) **생명에 대한 부모의 책임** : 막중한 책임이 있는 생명을 향한 문을 사람이 이기적으로 닫는 것을 정당화해서는 안 되며 부부가 생명을 기꺼이 받아들이도록 이끌어야 한다. 따라서 출산의 경우 물리적 경제적 심리적 사회적 조건과 관련해서 생각한다면 부모의 책임을 다하는 사람은 심사숙고한 후에 너그러운 마음씨로 더 많은 자녀를 두기로 결정하든지 또는 중대한 이유가 있어서 윤리 원칙을 지키면서 일정한 기간이나 불확정 기간 동안 다른 자녀를 두지 않기로 결정하는 것이다.[81]

(4) **출산의 책임** : 책임 있는 출산을 위한 '방법' 들과 관련하여, 도덕적으로 정당하지 못하여 가장 먼저 거부하여야 할 것은 불임 시술과 낙태다. 특히 낙태는 끔찍한 범죄며 매우 심각한 도덕적 무질서다. 낙태는 권리라기보다는, 반생명 정서를 퍼뜨리는 데에 크게 일조하는 슬픈 현상으로 정의롭고 민주적인 사회 공존에 심각한 위협이 된다.

(5) **피임의 거부** : 또한 다양한 형태의 피임법에 의존하는 것도 거부하여야 한다. 이러한 거부는 인간과 인간의 성에 대한 올바르고 완전한 이해에 근거한 것이며 민족들의 참된 발전을 수호하기 위한 도덕적 요구다.

(6) **금욕의 권장** : 다른 한편 인간학적 질서에 따른 같은 이유로 여성의 임신 기간 동안 주기적인 금욕을 하는 것은 정당화된다. 출산 조절을 위하여 피임을 거부하고 자연 주기법에 의존하는 것은 부부의 인간관계를 상호 존중과 완전한 수용에 바탕을 두기로 결정했음을 의미한다. 이는 또한 사회 안에 더욱 인간적인 질서를 수립하는 긍정적인 결과를 낳는다.[82]

(7) **출산 터울과 자녀수에 대한 결정** : 출산 터울과 자녀수에 관한 판단을 내릴 권한은 부부에게만 있다. 이는 부부 자신과 이미 태어난 자녀들, 가정과 사회에 대한 그들의 의무를 충분히 고려하면서 하나님 앞에서 행사할 수 있는

부부의 양도할 수 없는 권리 가운데 하나다. 따라서 공공 권위가 인구 통계학 분야의 정보를 제공하고 적절한 법률을 제정하기 위하여 고유한 권한 안에서 개입할 때에는 부부의 자유와 인격을 온전히 존중하여야 한다. 그러한 개입이 절대로 부부들의 결정을 대신해서는 안 된다.

(8) **불임 시술과 피임 운동 거부** : 불임 시술과 피임 운동의 기금 마련을 위한 모든 경제적 지원 계획과 그러한 운동들에 경제적 지원을 해 주는 것은 인간과 가정의 존엄에 대한 모욕으로서 도덕적으로 단죄되어야 한다. 대신 인구 증가에 관련한 문제들에 대한 해답은, 성도덕과 사회윤리를 동시에 존중하면서 경제적 사회적 문화적 조건을 비롯한 모든 상황에서 생명을 존중할 수 있도록 더 큰 정의와 참된 연대를 증진함으로써 찾아야 한다.[83]

(9) **태아의 권리** : 부모가 되고 싶다는 소망이 '자녀에 대한 권리'를 정당화하지 않는 반면에, 태아의 권리는 언제나 명백하다. 태아는 아버지와 어머니 두 사람의 상호 보완성을 통하여 혼인 위에 세워진 안정된 가정 안에서 생존에 필요한 최상의 조건을 보장받아야 한다.

(10) **인공수정과 생식기술 반대** : 출산을 위하여 다른 여성의 자궁이나 부부 외 다른 사람의 생식체를 이용함으로써 생물학적이나 법적으로 친부와 친모인 한 아버지와 한 어머니에게서 태어나야 할 아이의 권리를 침해하는 정자나 난자 기증, 대리모, 비배우자 사이의 인공수정 등 모든 생식기술은 윤리적으로 받아들일 수 없음을 강조하여야 한다.

(11) **결합 행위와 출산 행위의 분리 반대** : 또한 배우자 사이의 인공수정과 같은 실험 기법들을 사용함으로써 결합 행위와 출산 행위를 분리시키는 방법들도 마찬가지로 받아들일 수 없다. 이러한 방법을 쓸 때 자녀는 부부의 온전하고 전적인 증여를 통한 인간 행위의 자연스러운 열매라기보다는 기술 행위의 산물이 된다. 혼인 행위를 대신하는 다양한 형태의 이른바 '출산 보조 기법'들에 의존하지 않는 것은 부모와 그들이 바라는 자녀들의 온전한 인간 존엄성을 존중하는 것을 뜻한다. 반면 부부 행위나 그 행위의 결과에 도움을 주

기 위한 방법들은 합법적이다.[84]

(12) **출산의 영적 차원에 대한 관심** : 생명의 봉사자인 부모는 다른 어떤 측면보다 출산의 영적 차원에 더 큰 관심을 기울여야 한다는 것을 잊어서는 안된다. 부성과 모성이란 본질상 육체적인 책임만이 아니라 정신적인 책임까지 의미하는 것이다. 참으로 이러한 책임을 통하여 하나님 안에 그 영원한 시작이 있고 또 반드시 하나님께로 되돌아가도록 이끄는 인간의 출생 계통이 이어지고 있다. 육체적 정신적 차원에서 일치되어 있는 인간 생명을 받아들이는 가정은 세대 간 친교에 이바지하고 그럼으로써 사회 발전에 그 누구도 대체할 수 없는 중요한 도움을 준다. 그러므로 가정은 자녀를 출산하고 양육하는 데에서 사회의 도움을 받아야 할 권리를 지닌다. 대가족을 거느린 부부들은 적절한 보조를 받을 권리를 가지며, 차별 대우를 받아서는 안 된다.[85]

11 낙태를 경험한 사람들에 대한 목회

미연합감리교회는 목회적인 차원에서 낙태를 경험한 사람들을 깊게 이해하고 지역 교회가 그들을 돕는 프로그램을 운영할 것을 권면하고 있다.

미연합감리교회 사회원리

미연합감리교회는 낙태를 근본적으로 반대하지만 정당화될 수도 있는 예외적인 경우를 고려하여 그들을 돕는 목회에 대하여 명시하고 있다.[86]

(1) **낙태에 대한 지식 권장** : 우리는 지역 교회 목회자들이 낙태 이후 스트레스(post-abortion stress)와 관련된 증상이나 행동에 대하여 더 많은 지식을 알게 되기를 촉구한다.

(2) **낙태를 경험한 이들에 대한 목회** : 나아가 우리는 지역 교회가 관련된 모든 도움을 찾기 위하여 낙태 이후 스트레스를 다루는 프로그램을 시도하는 상

담 단체 등 유용한 연락처 정보 제공을 장려한다.

12 입양

미연합감리교회는 자녀는 하나님께서 내려주신 선물이며 이를 기쁘게 맞이하고 받아들여야 하지만, 어떤 특정한 출생 환경에서는 아이를 양육하기가 어렵다는 점을 인정하고 입양에 대한 입장을 밝히고 있다.[87]

(1) **입양 결정 지지** : 우리는 자신의 자녀를 입양시키도록 허락한 친부모(또는 친부/친모)의 선택을 확증하고 지지한다.

(2) **입양 과정의 양쪽 부모 결정 지지** : 우리는 희망과 사랑과 기도로서 자신의 자녀가 입양되도록 내어준 친부모(또는 친부/친모)의 고통과 강인함 그리고 용기를 인정한다. 또한 희망과 사랑과 기도로서 아이를 입양해서 키우기로 한 이들의 갈망과 강인함 그리고 용기를 인정한다.

(3) **입양부모의 열정 지지** : 우리는 입양한 아이를 자신의 친자녀와 같이 양육하기로 결심한 양부모(또는 양부/양모)의 열망을 확증하고 지지한다.

(4) **준비된 입양 환경의 필요성** : 입양이 이루어질 만한 환경이 조성될 때, 우리는 적절한 합법적 과정을 이용할 것을 지지한다.

(5) **입양 정보의 공개** : 그러한 적절하고 가능한 방식이 마련되었을 때, 우리는 의학적으로 그리고 관계적으로 자신의 입양과 관련된 모든 정보와 그와 관련된 사람들에 대하여 알게 되도록 입양 사실을 공개하기를 장려한다.

(6) **확장된 입양의 연대성** : 우리는 수양아 양육, 국제 입양 그리고 국내 입양을 통하여 더욱 폭넓고 다양한 아이들의 입양이 이루어질 수 있도록 더 많은 관심과 교육이 있기를 지지하고 장려한다.

(7) **입양 가정에 대한 교회의 목회 장려** : 우리는 친부모(또는 친부/친모), 양부모(또는 양부/양모) 그리고 입양아 모두가 교회의 보호를 받아, 슬픔을 나누고, 다함께 기쁨을 누리며, 입양된 아이는 기독교 사랑의 공동체 안에서 양육되기를 권고한다.

가톨릭 사회교리

(1) **가족 구성원의 의무** : 가족 구성원의 의무는 계약으로 제한되는 것이 아니라 자녀 출산이나 입양으로 가정 안에서 형성되는 관계 안에서 그 틀을 가진다.[88]

(2) **가정의 연대** : 가정의 연대를 통하여 가난한 이들을 위한 후견뿐만이 아니라 입양을 통하여 연대할 수 있다.[89]

13 죽어가는 이들에 대한 신실한 보살핌

웨슬리는 환자에 대한 지속적이고 헌신적인 관심이 필요하다고 강조하였으며 미연합감리교회도 죽어가는 이들에 대한 신실한 보살핌을 주장하고 있다. 한편 가톨릭은 치료를 받아야 하는 사람들이 보살핌을 받지 못하는 의료 빈곤의 문제에 주목하고 사회적 책임에 대하여 강조하고 있다.

웨슬리 사회원리

(1) **환자에 대한 관심의 당위성** : 우리가 환자들이 아파하는 신체적인 부분들에 대하여 관심을 기울일 때 그들의 영적인 부분을 관여하는 일에도 나아가게 되는 것입니다.[90]

(2) **죽음 앞에 선 인간의 현재 상태** : 죽음과 그 이전에 나타나는 질병, 약함, 고통, 수없는 질환과 실수가 언제나 우리를 공격합니다. 그것이 인간의 현재

상태입니다! 91)

(3) **환자를 도울 것을 권고** : 만일 당신이 할 수 있거든, 고통 중에 있는 사람들과 마음을 나눌 뿐만 아니라, 그들에게 힘 있고 활기찬 지원을 아끼지 마십시오. 당신으로 인해 그들이 하나님께 영광을 돌릴 것입니다. 92)

(4) **인간의 죄와 질병** : 우리의 혈관 속에 흐르는 피의 순환이나 우리의 뇌 속에 있는 정신이 악한 것이 아닌 것처럼 그런 생각들도 죄악된 것은 아닙니다. 이런 생각들은 허약한 체질이나 병든 몸을 가졌다는 사실이 죄가 안 된다는 것처럼 그것들도 무죄한 것입니다. 그리고 신경이 잘못된 상태, 어떤 종류의 질병 그리고 순간적이거나 영구적인 정신착란증 등이 완전히 무죄한 것이라는 사실을 의심할 자는 아무도 없습니다. 그리고 그것들이 건강한 신체와 결합된 영혼에서 발생되었다고 할지라도, 즉 몸과 영혼의 자연적 결합이나 혹은 생각에 작용하는 몸의 기관에서 일어나는 수천 가지의 변화들로부터 발생된 것이라고 할지라도 어떤 경우에 있어서나 그것들이 발생된 원인과 마찬가지로 그 병들은 전적으로 무죄한 것입니다. 그리고 그들이 우발적이고도 무의식적으로 우리 생각의 결함으로부터 발생되었을 때에도 그렇습니다. 93)

(5) **환자에 대하여 감리교인이 보여야 할 태도** : 가능한 냉정함과 온건함을 그리고 사정이 허락되는 한 모든 부드러움을 거기에 첨가하십시오. 당신은 도살자나 교수형 집행인과 같이 설치지 말고 차라리 치료를 위하여 필요한 이상으로는 환자에게 고통을 주지 않는 외과의사와 같이 행동해야 합니다. 94)

(6) **'아픈 자'의 의미** : 나는 '아픈 자'라는 말을 병상에 누워 있는 자 혹은 엄격한 의미에 있어서 병에 걸린 사람들만을 의미한다고 생각하지 않습니다. 이는 오히려 정신적이든 신체적이든 모든 종류의 고난을 겪고 있는 사람들을 포함하는 것이라 봅니다. 이들 중에는 선한 사람과 악한 사람, 하나님을 경외하는 이들과 그렇지 못한 사람들 모두가 포함됩니다. 바로 우리가 방문하여야 할, 고통 가운데 처한 사람들을 말하는 것입니다. 95)

(7) **양편에 선 사람들** : 주님께서는 "복 받을 자들이며…… 예비된 나라를

상속하라. 내가 주릴 때에 너희가 방문하였다."고 말씀하셨습니다.[96]

(8) **환자를 돕는 일에 젊은이들이 지니는 강점** : 그리고 젊은이들이여, 여러분도 이 사역을 감당함에 있어서 여러분들만이 가질 수 있는 아주 특별한 이점을 가지고 있음을 알아야 합니다. 여러분은 아주 신선한 영감과 생동감이 넘치는 사람들입니다. 바로 하나님의 은혜가 여러분들로 하여금, 다른 이들이 주저할 때, 많은 선한 일들을 자발적으로 능히 감당할 수 있도록 임하십니다. 여러분들은 육체의 강건함과 힘을 소유한 사람들로서 많은 아픈 사람들과 힘 없는 이들을 돕기에 아주 적합한 사람들입니다. 여러분은 여러분의 사역 길에 놓인 십자가를 능히 짊어지고 갈 수 있는 사람들입니다. 그러니 여러분의 육신과 정신의 훌륭한 힘을 모아 쓰러져 가는 형제들을 위한 사역에 사용하기를 바랍니다.[97]

미연합감리교회 사회원리

(1) **유한한 생명과 치료의 한계** : 비록 우리는 질병을 억제하기 위한 노력에 대하여 그리고 인류의 의미 있는 삶을 확장시키는 치료법을 개발한 점에 대하여 의학과학에 박수갈채를 보내지만, 우리는 모든 유한한 생명은 궁극적으로 죽음으로 끝나게 됨을 인정한다.

(2) **죽음은 끝이 아니다** : 죽음의 분위기가 어떻든지 간에, 죽음은 하나님께서 우리를 버리셨다는 증표가 절대 아니다. 기독교인으로서 우리는 항상 살아 있는 생명이라는 선물을 포기할 준비가 되어 있어야만 하고, 예수 그리스도의 죽음과 부활을 통하여 영원한 생명이라는 선물을 받았음을 고백해야 한다.

(3) **죽어가는 이를 보살피는 것은 사명이다** : 그 어떤 치료도 소용없게 된 죽어가는 사람을 보살피는 것 또한 생명이라는 신성한 선물을 맡고 있는 우리의 청지기직의 일부다.[98]

가톨릭 사회교리

(1) **사랑의 치료** : 사랑은 사회적 소외자뿐만이 아니라 기본적인 치료도 받지 못하는 사람들에게까지 펼쳐 나가야 한다.[99]

(2) **의료 혜택의 확장** : 의료 혜택을 받지 못하는 사람들을 도울 수 있는 사회적 책임이 필요하다.[100]

(3) **죽음까지 포함하는 인생의 모든 단계에 대한 인권** : 인권은 인간 존엄성의 요구에 부응하는 것이고 가장 먼저 물질적 정신적인 면에서 인간의 기본적 욕구를 충족시키는 것을 의미한다. 이 권리들은 인생의 모든 단계와 모든 정치적 사회적 경제적 문화적 상황에 적용된다.[101]

14 자살

웨슬리는 인간의 잘못된 생각은 치유되어야 함을 강조하였으며, 미연합감리교회는 자살을 유발하는 사회적 환경을 경고하였다. 가톨릭 사회교리 또한 인간의 생명은 침해할 수 없는 것으로 명시하고 있다.

웨슬리 사회원리

(1) **방황하는 생각을 치유해야 할 필요성** : 우리의 혈관 속에 흐르는 피의 순환이나 우리의 뇌 속에 있는 정신이 악한 것이 아닌 것처럼 그런 생각들도 죄악된 것은 아닙니다. 이런 생각들은 허약한 체질이나 병든 몸을 가졌다는 사실이 죄가 안 된다는 것처럼 그것들도 무죄한 것입니다. 그리고 신경이 잘못된 상태, 어떤 종류의 질병 그리고 순간적이거나 영구적인 정신착란증 등이 완전히 무죄한 것이라는 사실을 의심할 자는 아무도 없습니다. 그리고 그것들이 건강한 신체와 결합된 영혼에서 발생되었다고 할지라도, 즉 몸과 영혼의

자연적 결합이나 혹은 생각에 작용하는 몸의 기관에서 일어나는 수천 가지의 변화들로부터 발생된 것이라고 할지라도 어떤 경우에 있어서나 그것들이 발생된 원인과 마찬가지로 그 병들은 전적으로 무죄한 것입니다. 그리고 그들이 우발적이고도 무의식적으로 우리 생각의 결합으로부터 발생되었을 때에도 그렇습니다.102)

미연합감리교회 사회원리

미연합감리교회는 자살이 올바르지 못한 방식이라고 주장하면서 자살을 유발하는 사회, 정신적 환경을 치유하여야 하는 교회의 사명에 대하여 그 입장을 밝히고 있다.103)

(1) **자살을 반대함** : 우리는 자살이 인간의 생명을 끝나게 할 수 있는 올바른 방식이 아님을 믿는다.

(2) **자살의 원인과 교회의 역할** : 때때로 자살은 치유되지 않은 우울증 또는 치유 받지 못한 고통과 괴로움의 결과로 나타난다. 따라서 교회는 모든 사람에게 자기 가치를 잃고, 자살할 정도의 절망 그리고/또는 의사의 도움으로 자살을 초래하는 환경에서 모든 사람들이 자신에게 필요한 목회적 의학적 돌봄과 치료를 받을 권리가 있음을 깨달아야 할 의무가 있다.

(3) **자살 등 죽음의 문제와 관련된 신학대학 교육과정의 필요성** : 우리는 교회가 자살을 포함하여, 죽음(death and dying)과 관련된 성서적 신학적 사회적 그리고 윤리적 문제를 다룰 수 있는 교육을 제공하도록 장려한다. 연합 감리교 신학대학 학과 과정은 또한 자살을 포함하는 죽음의 문제에 초점을 두어야 한다.

(4) **자살에 대한 기독교적 관점** : 자살에 대한 기독교적 관점은 자살을 포함하여, 아무것도 하나님의 사랑과 우리를 떼어놓을 수 없다(롬 8:38~39)는 신앙의 확증에서 시작한다. 그러므로 우리는 완전히 자살을 선택한 이들에 대한 비난을 거부하고, 자살 시도에서 살아남은 가족들과 친구들에 대한 모욕은 부

당하다고 생각한다.

(5) **자살에 대한 신앙 공동체의 관심 촉구** : 우리는 목회자와 신앙 공동체가 설교와 가르침으로 이 자살문제를 다룰 수 있기를 장려한다. 우리는 목회자와 신앙 공동체가 이러한 자살의 위험에 빠진 사람들과 자살에서 살아남은 사람들 그리고 자살로 자신의 사랑하는 사람을 잃은 가족들을 목회적으로 돌보고, 항상 자살을 둘러싸고 일어나는 가혹한 오명을 없애도록 노력해야 한다.

(6) **조력 자살과 안락사 반대** : 교회는 조력 자살(assisted suicide)과 안락사 (euthanasia)를 반대한다.

가톨릭 사회교리

(1) **인간 생명의 불가침성** : 십계명의 제5계명은 하나님만이 홀로 생명과 죽음의 주님이심을 나타내는 것이다. 또한 육체적 생명의 불가침성과 온전함에 대한 존중은 이웃의 사랑을 통하여 분명하게 나타난다.[104]

15 안락사

웨슬리는 영적인 의미의 '안락'에 대하여 언급하며, 미연합감리교회는 안락사가 인정되는 예외적인 경우라도 교회는 지속적인 관심이 필요하다고 강조하고 있다. 한편 가톨릭은 임신 순간부터 자연사에 이르는 인간의 생명권을 중시하며 안락사를 불법으로 규정하고 있다.

웨슬리 사회원리

(1) **평안한 죽음의 진정한 의미** : 사랑이 없으면 아무것도 안락한 죽음이 되지 못하게 합니다. 내가 말하는 안락이란 어리석거나 무의미하다는 것을 뜻하지 않습니다. 안락하게 죽었다 함은 자기 양심에 화인 맞은 자들이(딤전 4:2) 멸

망하는 짐승같이 죽었다(시 49:12)는 것도 아니고 포탄에 맞아 죽었다는 것도 아닙니다. 나는 여러분들이 광란으로 죽는 평안함을 부러워한다고 생각하지 않습니다. 평안한 죽음이 의미하는 것은 평탄하고도 합리적인 평화와 기쁨으로 가득한 삶의 조용한 퇴장입니다. 그래서 사랑이 없이는 모든 행함과 수고가 평안한 죽음을 가져다줄 수가 없습니다.[105)]

미연합감리교회 사회원리

미연합감리교회는 생명이 전적으로 하나님의 선물이며 죽음 또한 하나님의 계획 안에 영원한 생명을 주시기 위한 것이므로 죽음을 앞둔 이들에 대한 보살핌이 중요하다고 보고 있다. 종교마다 예민한 주제인 '안락사'에 대하여 환자의 유익을 위하여서는 가능할 수 있다는 입장을 취하고 있는 미연합감리교회의 사회원리는 다음과 같다.[106)]

(1) **유한한 생명과 치료의 한계** : 비록 우리는 질병을 억제하기 위한 노력에 대하여 그리고 인류의 의미 있는 삶을 확장시키는 치료법을 개발한 점에 대하여 의학과학에 박수갈채를 보내지만, 우리는 모든 유한한 생명은 궁극적으로 죽음으로 끝나게 됨을 인정한다.

(2) **죽음은 끝이 아니다** : 죽음의 분위기가 어떻든지 간에, 죽음은 하나님께서 우리를 버리셨다는 증표가 절대 아니다. 기독교인으로서 우리는 항상 살아 있는 생명이라는 선물을 포기할 준비가 되어 있어야만 하고, 예수 그리스도의 죽음과 부활을 통하여 영원한 생명이라는 선물을 받았음을 고백해야 한다.

(3) **죽어가는 이를 보살피는 것은 사명이다** : 그 어떤 치료도 소용없게 된 죽어가는 사람을 보살피는 것 또한 생명이라는 신성한 선물을 맡고 있는 우리의 청지기직의 일부다.

(4) **고통 완화 치료와 그 범위** : 우리는 더 이상 생명 연장 치료법(life-sustaining treatments)이 그 목적을 다할 수 없고, 그러한 치료가 한계에 다다르게 되는 생명의 마지막 때에는 고통을 완화해 줄 수 있는 의학기술을 사용하

는 것을 장려한다.

(5) **치료 여부의 선택권** : 그러나 이러한 치료가 과중한 부담을 주거나 단지 고통스러운 죽음의 과정을 더 연장시키기만 할 때에는, 이러한 고통 완화 기술 치료를 사용하는 데 대한 도덕적이며 종교적 의무는 없다. 죽어가는 사람과 그 가족은 그 치료를 끝내는 것이 환자에게 유익하다면 자유롭게 치료를 중단할 수 있다.

(6) **도덕적으로 고통스러운 결정에 직면할 수 있다** : 우리는 죽어가는 이와 그들의 주치의, 그들의 가족과 친구들 그리고 신앙 공동체가 인격적 도덕적으로 매우 고통스러운 결정을 내려야 할 때에 직면하게 됨을 인정한다.

(7) **심사숙고한 이후에만 의학적 결정을 내릴 수 있다** : 우리는 죽어가는 이가 직면하게 되는 결정은 오로지 의학적 상담과 목회적 상담 그리고 이 문제에 적절한 다른 상담이 함께, 그와 관련된 관계자들이 깊이 생각하고, 충분한 기도로써 심사숙고하고 난 후에야 비로소 이루어지도록 촉구한다.

(8) **사전 의사 결정 사항이 필요한 경우** : 나아가 우리는 모든 사람들이 그 가족과 주치의 그리고 그들의 목회 상담자와 함께, 자신의 인생의 마지막 때에 어떠한 보살핌을 받고 싶은지, 자신의 희망을 논의하고, 스스로 그러한 결정을 내릴 수 없게 되었을 때에는 그러한 보살핌에 대한 사전 의사 결정 사항을 제공할 것을 촉구한다. 누구나 자신이 불가피하게 죽게 될 것을 받아들이는 때에라도, 교회와 사회는 고되게 죽음을 준비하고 있는 죽어가는 이를 위하여 고통 완화, 교제, 지지 그리고 영적 양육을 포함하여, 계속 신실하게 그를 보살펴야만 한다.

(9) **호스피스 간호 장려** : 우리는 생명의 마지막 순간에 가능하다면 호스피스 간호라는 개념을 장려하고 지지한다. 신실한 보살핌은 한 사람이 죽음으로써 끝나는 것이 아니라, 고인의 가족이 겪는 슬픔을 돌보는 때에도 계속 이어진다.

가톨릭 사회교리

(1) **생명권** : 임신의 순간부터 자연사에 이르는 전 과정은 인간이 가진 생명권이다.

(2) **안락사는 불법** : 생명권은 다른 모든 권리의 행사를 위한 조건이고 특히 온갖 형태의 의도된 낙태와 안락사가 불법이라는 것을 의미한다.[107]

3장. 사회 공동체

'사회 공동체'는 사회 속에 인간의 존엄성이 지켜지며 그 권리가 보호될 수 있는 다양한 원리에 대한 내용으로 구성되어 있다. 웨슬리는 그의 '사회적 성화'를 통하여 성숙한 기독교인의 삶에 깊은 관심이 있었으며, 기독교대한감리회도 사회신경을 통하여 인권, 자유, 인간성의 회복 그리고 과학 및 기술만능주의에 대하여 경고하고 있다. 미연합감리교회는 사회 공동체의 특성에 대하여 강조하고, 가톨릭은 가정으로부터 보호되는 인권의 사회에서 할 수 있는 구체적인 인권 사항에 대하여 명시하고 있다.

관련성구

(1) **가난한 자들과 고통 받는 이들이 모두 교회의 형제자매다** : 주님은 교회는 가까이 있든 멀리 있든, 알든 모르든, 모든 사람, 무엇보다 가난한 이들과 고통 받는 이들이 자기 형제자매라는 것을 깨닫도록 권유하셨다. (고전 8:11; 롬 14:15)

(2) **하나님의 피조물인 인간** : 인간은 하나님의 피조물이다. (시 139:14~18)

(3) **인간을 남자 여자로 창조하심** : 인간을 창조하시되 남자와 여자로 창조하셨다. (창 1:27)

(4) **혼인 계약의 의미** : 남녀가 맺는 일치의 서약은 하나님과 인간이 맺은 계약과 같다. (호 1~3장; 사 54장; 엡 5:21~33)

(5) **오직 하나님만이 생명과 죽음의 주** : 십계명(제5계명)은 생명과 죽음의 주님은 오직 하나님이심을 말한다. (출 20:13; 신 5:17)

(6) **육체적 생명의 불가침성** : 육체적 생명의 불가침성과 온전함에 대한 존

중은 "네 이웃을 네 몸과 같이 사랑하라"는 적극적 명령으로 절정에 이른다. (레 19:18; 마 22:37~40; 막 12:29~31; 눅 10:27~28)

(7) **차별하지 않으시는 하나님** : 하나님은 사람을 차별하지 않으신다. (행 10:34; 롬 2:11; 갈 2:6; 엡 6:9)

(8) **동등한 인간의 존엄성** : 인간은 모두 동등한 존엄성을 가진다. (갈 3:28; 롬 10:12; 고전 12:13; 골 3:11)

(9) **인간 존중과 개인의 성장** : 인간의 존엄성을 인정할 때 비로소 모든 사람이 함께 또 개인적으로 성장할 수 있다. (약 2:1~9)

(10) **연대성의 의미** : 연대성은 자기 이익을 위해 남을 억압하는 대신에 '그를 섬기는' 것이다. (마 10:40~42; 막 10:42~45; 눅 22:25~27)

(11) **그리스도인들이 지녀야 할 태도** : 그리스도인들은 모든 선행을 할 준비를 갖추어야 하고, 자신의 공적 때문이 아니라 하나님의 자비로 구원을 받음을 인식하고 모든 사람을 온유하게 대하는 태도를 지녀야 한다. (딛 3:1~2)

(12) **노인을 존중해야 할 이유** : 노년은 늙어서도 열매를 맺는다. (시 92:15)

웨슬리 사회원리

(1) **정의의 이름으로 자행되는 폭력** : 우리 사이에서 정의의 이름으로 행하는 폭행들이 얼마나 많은지요! …… 어디서 자비를 찾을 수 있습니까? 만약 그것이 이익에 배치된다면 말입니다. 값비싼 보상이 주어진다면 과부와 고아를 압제하는 데 누가 주저하겠습니까? 그리고 어디서 우리는 진리를 발견할 것입니까? 속임과 사기는 우리의 곁을 떠나지 않습니다.[1]

(2) **가능한 모든 사람들에게 선행할 것을 촉구** : "그러므로 기회가 있는 동안에 모든 사람에게 선한 일을 합시다." 가능한 한 선한 일을 하여야 합니다.[2]

(3) **교육의 유일한 목적** : 의사의 유일한 목적이 본성을 그 자신의 원래 상태로 회복시키는 것과 마찬가지로 교육의 유일한 목적은 우리의 이성적 본성을 적절한 상태로 회복시키는 것입니다.[3]

(4) **제사보다 자비가 먼저** : 당신은 주님의 본을 따라 제사보다도 자비를 먼저 생각합니까? 당신은 부지런히 주린 자에게 먹을 것을 주고, 벗은 자에게 옷을 입히고, 병든 자와 옥에 갇힌 자들을 방문합니까?(마 25:35~36)[4]

(5) **모든 사람으로 더불어 평화하라** : 모든 사람이 기쁘게 해야 할 대상은 각자의 이웃, 즉 모든 사람입니다. 여기에서 우리는 사도 바울이 이와 비슷한 경우에 대해 말하고 있는 바를 기억해야 할 필요가 있습니다. "여러분 쪽에서 할 수 있는 대로 모든 사람과 더불어 화평하게 지내십시오."(롬 12:18)[5]

(6) **사랑의 범위** : 사랑으로 모든 인간의 자녀를 품으십시오. 여자에게서 난 모든 이는 여러분에게서 친절과 호의를 요구할 자격을 갖습니다. 이것은 비단 몇 사람에게만 져야 하는 의무가 아니라 모든 이에 대한 의무인 것입니다.[6]

(7) **압제받는 이들에게도 법적 권리가 있다** : 나의 모든 뿌리 깊은 편견에도 불구하고, 나는 압제를 받는 사람들이 그들의 법적인 권리를 요구해야 한다는 생각을 (어떠한 경우에도 생각을 해야 한다면) 피할 수 없습니다. 그리고 일의 본질상 그렇게 하는 것을 허락하듯이, 가장 겸손하고 무례하지 않은 태도로 권리 요구를 해야 한다는 생각을 피할 수 없습니다. 그러나 이런 것은 접어둔다고 하더라도, 그리고 나아가 모든 옳고 그름에 대한 고려를 접어둔다고 하더라도, 미국인들에 대하여 무력을 사용하는 것이 상식적이냐고 묻고 싶습니다. ⋯⋯ 이 사람들은 한 가지만 생각하는데, 그것이 옳든지 그르든지 간에 그들이 아내와 자녀 그리고 자유를 위하여, 가족과 친지를 위하여 주장하는 것이 전부입니다. 여기서 오직 봉급을 위하여 싸우는 사람들에 비해서 그들이 가진 우월성은 무엇이겠습니까! 그들 중 어느 누구도 그들이 고용된 이유에 대해 개의치는 않았지만 그들 중 대부분은 강력하게 그것을 반대했을 것입니다.[7]

기독교대한감리회 사회신경

기독교대한감리회는 사회신경 3조부터 8조에 걸쳐 사회 공동체에 대한 입장을 밝히고 있으며 그 핵심 내용은 인권, 자유, 인간성의 회복, 과학 및 기술만능주의에 대한 경고로 이루어져 있다.

(3조) **개인의 인권과 민주주의** : 우리는 하나님의 형상대로 지음 받은 인간에게 자유와 인권이 있음을 믿는다. 따라서 정권은 민주적 절차와 국민의 위임으로 수립되어야 하며 국민 앞에 책임을 져야 한다. 우리는 정권 유지를 위해 국민을 억압하고 언론의 자유를 위협하는 어떠한 정치 제도도 배격한다.

(4조) **자유와 평등** : 우리는 모든 사람들이 하나님 앞에서 자유롭고 평등하기 때문에 성별, 연령, 계급, 지역, 인종 등의 이유로 차별하는 것을 배격하며 모든 사람들이 더불어 사는 사회 건설에 헌신한다.

(7조) **인간화와 도덕성 회복** : 오늘의 지나친 과학기술주의가 비인간화를 가져오고 물질만능주의가 도덕적 타락(성도덕, 퇴폐문화, 마약 등)을 초래한다. 따라서 우리는 올바른 인간 교육, 건전한 생활, 절제운동(금주, 금연 등)을 통하여 새로운 가치관의 형성과 도덕성 회복을 위해 앞장선다.

(8조) **생명공학과 의료윤리** : 우리는 근래에 급속히 발전한 생명공학이 하나님의 창조 질서와 인간의 존엄성을 파괴할 수도 있다는 사실과, 근대 의학의 발전이 가져오는 장기 이식 들에 대해 교회의 책임 있는 대책과 올바른 의료윤리의 확립이 시급함을 강조한다.

미연합감리교회 사회원리

미연합감리교회는 교리와 장정 162조를 통하여 사회 공동체의 사회원리에 대하여 설명하고 있다. 그 특징은 한 사회가 그 사회를 구성하는 사람들에게 부여했거나 보류하고 있는 권리와 특권은 그 사회가 특정한 개인들과 특정한 개인들이 이루는 집단에 대하여 취하는 '상대적인 평가'에 있다고 보고 있다. 따라서 하나님의 눈으로 볼 때, 인간은 모두 똑같이 연약한 존재며, 그렇기에 모든 개인의 가치가 인정되고 유지되며 더욱 견고하게 되는 사회를 지향하는 것이다. 사회 공동체를 이루는 기본 특성은 다음과 같다.[8]

(1) **인간의 기본권** : 우리는 모든 사람이 거주와 교육, 의사소통, 고용, 의료,

불만 사항에 대한 법률적 배상 그리고 신체적 보호에 동등하게 접근할 수 있는 기본권을 가지고 있음을 지지한다.

(2) **개인이나 집단에 대한 차별에 반대함** : 우리는 인종, 민족성, 성별, 성 지향성, 종파 그리고 경제적 상태에 근거하여 개인이나 집단에 대한 혐오와 폭력을 일삼는 행위에 대하여 개탄한다.

가톨릭 사회교리

가톨릭 사회교리는 1948년 12월 10일 국제연합이 채택한 '세계인권선언'의 긍정적인 가치에 대하여 높게 평가하고 요한 바오로 2세 교황이 표현한 것처럼 이를 인류의 도덕적 진보의 도정에서 진정한 이정표라고 정의하였다.[9] 가톨릭 사회교리는 국제적 인권지표를 참고하고 성서적 해석에 근거하여 모든 인간의 동등한 존엄성에 대하여 상세하게 교리적 입장을 밝히고 있다. 그 내용은 하나님이 창조하신 피조물로서의 존엄성, 사회와 국가 그리고 나아가 민족과의 관계 안에서도 항상 동등한 보편적 인류애의 신장을 그 목표로 하고 있다.

(1) **차별하지 않으시는 하나님** : 하나님께서는 사람을 차별하지 않으신다(행 10:34; 롬 2:11; 갈 2:6; 엡 6:9 참조). 모든 사람은 하나님과 닮은 모습으로 창조된 피조물이니만큼 동등한 존엄성을 지니기 때문이다. 예수 그리스도의 이 땅에 오심은 모든 사람이 동등한 존엄성을 지녔음을 보여 준다. "유대 사람도 그리스 사람도 없으며, 종도 자유인도 없으며, 남자와 여자가 없습니다. 여러분 모두가 그리스도예수 안에서 하나이기 때문입니다."(갈 3:28; 롬 10:12; 고전 12:13; 골 3:11 참조).

(2) **모든 사람은 하나님 앞에서 존엄성을 지닌다** : 하나님의 영광이 어느 정도 모든 사람의 얼굴에서 비치고 있기 때문에, 모든 사람이 하나님 앞에 지닌 존엄성은 인간이 다른 사람 앞에서 갖는 존엄성의 기초가 된다. 또한 이것은 인종, 국가, 성별, 출신, 문화, 계급에 상관없이 모든 사람 사이의 근본적인 평

등과 구애의 궁극적인 바탕이다.10)

(3) **인간의 존엄성을 인정할 때 개인이 성장할 수 있다** : 인간의 존엄성을 인식할 때에 비로소 모든 사람은 함께 또 개인적으로 성장할 수 있다(약 2:1~9 참조). 이러한 성장을 촉진하려면, 남자와 여자에게 균등한 기회 조건들을 실제적으로 보장하고, 여러 사회 계층이 법 앞에서 객관적으로 평등하도록 보장하면서, 특별히 가장 보잘것없는 이들을 도와주어야 한다.

(4) **평등과 균형의 조건** : 민족들 간의 관계에서나 국가 간의 관계에서도, 국제 공동체가 진정한 발전을 이루려면 평등과 균형의 조건들이 미리 조성되어야 한다. 이러한 방향으로 개선되고 있지만, 여전히 많은 불평등과 종속 형태가 존재하고 있다는 것을 잊어서는 안 된다.

(5) **진정한 보편적 형제애** : 각 개인과 모든 사람의 존엄성에 대한 인식에는, 만민 평등에 대한 인식과 더불어, 온 인류가 한 공동체로 일치단결할 때에만 인간 존엄성을 수호하고 신장할 수 있다는 인식도 있어야 한다. 모든 인간의 선을 진심으로 위하는 개개인과 민족들의 상호 활동을 통해서만 진정한 보편적 형제애가 이루어질 수 있다. 심각한 불균형과 불평등의 조건들이 존속하는 한 우리는 모두 더 가난해질 것이다.11)

가톨릭 사회교리는 위와 같이 인권의 존엄성에 대하여 강조하면서 인권의 보편성과 함께 침해할 수 없는 권리임을 강조하고 있다. 인권의 궁극적인 원천은, 인간의 단순한 의지나 국가라는 실재나 공권력이 아니라, 바로 인간 자체에서 그리고 그의 창조주이신 하나님에게서 찾아볼 수 있다. 또한 인권은 보편적이다. 인권은 시대나 장소나 그 주체에 관계없이 모든 인간이 지니는 것이기 때문이다. 그리고 인권은 침해할 수 없다. 그 권리들은 인간과 인간 존엄에 내재되어 있고 모든 사람이, 모든 장소에서, 모든 사람을 위하여 그 권리들을 존중하여야 하는 의무를 확실히 하기 위한 모든 노력을 기울이지 않는다면 그 권리들을 선포하는 것은 헛된 일이기 때문이다. 인권은 양도할 수 없다.

그 누구도 다른 사람에게서 이 권리를 정당하게 빼앗을 수 없다. 그러한 행위는 인간 본성을 침해하는 것이기 때문이다.12)

가톨릭 사회교리는 인권이 궁극적으로는 종교의 자유를 지향하는 것이며, 특히 생명권과 연관된 인권에 대하여 강조하고 있다.

(1) 생명이 잉태된 후부터 모체 안에서 발육할 수 있는 권리와 밀접하게 연결되는 생명에 대한 권리

(2) 일치된 가정에서 그리고 인격의 발전에 적합한 장소에서 살 권리

(3) 진리 추구와 인식을 통하여 자신의 지성과 자유를 발전시킬 권리

(4) 지상의 물질 재화를 올바르게 취득하여 자신과 식구들의 생계를 유지하기 위하여 노동할 권리

(5) 자유롭게 가정을 이루고 책임 있는 성생활을 함으로써 자녀를 낳고 기를 권리

임신(授精)된 순간부터 자연사에 이르기까지 인간이 지닌 생명권은 다른 모든 권리의 행사를 위한 조건이고, 특히 온갖 형태의 의도된 낙태와 안락사가 불법이라는 것을 의미한다고 보고 있다.

아울러 종교 자유의 권리가 지닌 탁월한 가치는 모든 인간이 개인이나 사회 단체의 강제, 온갖 인간 권력의 강제에서 벗어나는 데 있다. 곧 종교문제에서 자기의 양심을 거슬러 행동하도록 강요받지 않아야 하고, 또한 사적으로든 공적으로든, 개인으로든 집단으로든, 정당한 범위 안에서 자기 양심에 따라 행동하는 데 방해받지 않아야 한다. 이 권리에 대한 존중은 어느 정권, 어느 사회, 어느 체제와 환경에서도 그곳에 진정한 인간의 진보가 이루어지고 있음을 보여 주는 표징 가운데 하나라고 강조하고 있다.13)

1 민족주의와 인종차별

웨슬리는 당시 노예 제도와 같은 비도덕적인 제도에 반대하였으며, 미연합 감리교회도 인종주의에 대하여 경고하고 있다. 가톨릭 또한 민족주의에 반대하며 사회의 공동선을 이루는 사회적 연대에 대하여 강조하고 있다. 한편 기독교대한감리회는 인권과 평등에 대하여 강조함으로써 민족주의와 인종차별과 같은 정책에 암시적으로 반대하고 있음을 알 수 있다.

웨슬리 사회원리

(1) **노예란 누구인가** : 그렇다면 노예는 누구입니까? 미국을 들여다보십시오. 그러면 당신도 보게 될 것입니다. 흑인들을 보십시오. 노역으로 인하여 실신하고 채찍 밑에서 피를 흘리고 있습니다! 그가 바로 노예입니다. 그리고 그 노예와 그 주인 사이에 아무런 "차이가 없다"고 봅니까? 있습니다. 한 편은 "살인자! 노예 제도!"라고 부르짖고, 다른 편은 조용히 피를 흘리며 죽어가고 있습니다!14)

(2) **모든 사람은 우리의 이웃이다** : 모든 사람이 우리의 이웃으로서 우리의 도움을 필요로 하고 있다는 것을 고려해야 합니다. 우리와 같은 정서와 행동을 하는 소수의 사람들을 제외한 모든 사람들에게 무딘 가슴을 갖게 되는 분파적 열성이나 편협한 믿음을 버립시다. 그러한 사람들에 대한 우리의 사랑이란 결국은 자기 사랑에 지나지 않습니다. 마음을 정직하게 열고서, 인간과 인간 사이의 혈연관계를 기억하십시오. 그리고 하나님께서 서로서로를 강하게 묶어 놓으셨다는 우리의 본질적인 구성 안에서 행복한 본능을 더욱 배양하도록 합시다.15)

기독교대한감리회 사회신경

(3조) **개인의 인권과 민주주의** : 우리는 하나님의 형상대로 지음 받은 인간

에게 자유와 인권이 있음을 믿는다. 따라서 정권은 민주적 절차와 국민의 위임으로 수립되어야 하며 국민 앞에 책임을 져야 한다. 우리는 정권 유지를 위해 국민을 억압하고 언론의 자유를 위협하는 어떠한 정치 제도도 배격한다.

(4조) **자유와 평등** : 우리는 모든 사람들이 하나님 앞에서 자유롭고 평등하기 때문에 성별, 연령, 계급, 지역, 인종 등의 이유로 차별하는 것을 배격하며 모든 사람들이 더불어 사는 사회 건설에 헌신한다.

미연합감리교회 사회원리

미연합감리교회는 '인종주의'가 한 인종이 다른 인종들을 지배하도록 만드는 권력과 지배층에 있음으로써 본래적으로 다른 인종에 비해 우월하다고 가정하는 가치 체계의 결합에 의하여 생겨나게 되었다고 보고 있다. 따라서 사회 공동체를 위하여 인종주의는 금지되어야 한다고 보고 있으며 소수집단과 억압받는 이들을 위하여 입법화와 경제적인 보호조치에 대하여 강조하고 있다.

인종주의는 개인적 인종주의(personal racism)와 제도적 인종주의(institutional racism)로 나눌 수 있는데, 개인적 인종주의는 인종주의적 가치 체계가 가정하는 바를 받아들이고, 이러한 체계가 주는 이점을 유지하려는 개인적 표현과 태도 그리고/또는 (그러한) 행위를 통해 나타난다. 제도적 인종주의는 암묵적 또는 노골적으로 인종주의적 가치 체계를 지지하기 위해 확립된 사회적 유형이다.

이와 같이 인종주의는 그것이 복음 자체와 대조를 이루기 때문에, 그리스도 안에서의 성장을 가로막고 무력하게 한다. 미연합감리교회는 과거 백인들이 불공평하게 유색인종의 사람들을 향한 특권과 이권을 누려왔다고 지적하며 인종 차별을 부추기는 인종주의를 금지할 것을 강조하고 있다.[16]

(1) **인종 차별의 의미** : 우리는 인종 차별을 인종이나 민족성에 근거하여 다르게 대우하며, 교회와 사회에서 자원과 기회에 대하여 완전히 접근할 수 없

도록 하는 것이라 정의한다.

(2) **인종주의는 죄다** : 우리는 인종주의가 죄며, 모든 인간의 궁극적 현세적 (temporal) 가치를 확증한다.

(3) **민족적 역사와 문화의 은혜** : 우리는 특별한 민족적 역사와 문화가 우리 전 생애에 가져다 준 은혜(gifts)에 대하여 기뻐한다.

(4) **인종적 민족적 소수집단의 권리요구 장려** : 우리는 모든 인종적 민족적 소수집단과 억압받는 사람들이 자신들도 사회의 성원으로서 공정하고 공평한 권리를 요구할 수 있도록 자각할 것을 권장하고 장려한다.

(5) **인종적 민족적 소수집단에 대한 보상 프로그램** : 우리는 인종적 민족적 으로 [다른] 사람들에게서 오랜 세월 동안 조직적 사회적으로 빼앗아 왔던 것 들을 보상하는 프로그램을 충족시킬 의무가 사회와 사회 내부의 집단에 있음 을 단언한다.

(6) **인종적 민족적 소수집단 또한 공정한 기회를 보장받을 권리가 있다** : 우 리는 인종적 민족적으로 다른 집단의 구성원들에게도 고용과 승진에 있어서 의 동등한 기회를 보장해 주고, 최고급의 교육과 훈련을 받고, 투표와 공공 편 의 시설을 이용하고, 집을 구매하거나 빌리는 데 있어서 신용 대출(credit)과 재 정 차관(financial loan), 모험자본(venture capital) 그리고 보험 정책에 있어서나 우리 삶의 모든 요소에서 지도력과 힘을 발휘하는 위치에 나아갈 수 있는 동 등한 기회를 보장 받을 권리가 있음을 단언한다.

(7) **차별 철폐 조치 지지** : 우리는 우리 교회와 사회 내부에서 일어나는 불 평등과 차별적 행태를 해결하는 한 가지 방법으로서 차별 철폐 조치(affirmative action)를 지지한다.

가톨릭 사회교리

(1) **무수한 민족들의 인권 침해** : 지구 곳곳을 사람이 살 수 없는 유해지역으 로 만드는 생태위기의 전망에 대하여 무관심해서는 안 되며 또한 끔찍한 전쟁

의 참상으로 위협받는 평화의 문제에 대하여 깊은 관심을 가져야 한다.17)

(2) **인류는 단일한 운명 공동체** : 인류는 하나의 단일한 운명으로 서로 연결되어 있다는 것을 더욱 명확히 깨달아 가고 있다. 이 운명은 통합적이고 공통적인 인도주의를 바탕으로 한 책임을 공동으로 받아들일 것을 요구한다.18)

(3) **인종 차별 없는 문화** : 인종, 성별, 국적, 종교나 사회적 신분의 차이가 없는 인간 존엄에 부합하는 인간적인 시민문화를 건설하여야 한다.19)

2 소수 종교의 권리

위의 다른 기독교 공동체와의 관계에서 보았듯이 웨슬리를 비롯한 각 교단의 입장은 소수 종교의 권리(Rights of Religious Minorities)에 대하여 개방적인 입장을 취하고 있음을 알 수 있다.

(웨슬리 사회원리)

(1) **편협한 믿음의 의미** : '편협한 믿음'이란 …… 우리 파, 우리 주장, 우리 교회, 우리 신앙심만을 너무 강하게 좋아하는 것이든가, 아니면 너무 강하게 집착하는 것입니다.20)

(2) **다른 종파에 대하여 가지지 말아야 할 태도** : 그가 우리 교회에 속해 있지 않다고 해서 그가 하는 일에 관하여 논쟁을 벌이고 반대를 하고, 생길 가능성도 극히 희박한 결과를 왈가왈부하면서 괴롭히는 등 그를 낙심시키지는 않았습니까?21)

(3) **모든 종파는 하나님의 자녀로서 일치한다** : 비록 교리나 예배 방법의 차이가 우리들이 외적으로 일치를 이루는 데 방해가 되는 것은 사실이지만, 마음에서 하나가 되는 것까지 막을 필요가 있겠습니까? …… 비록 작은 차이점들이 있음에도 불구하고 하나님의 자녀들은 연합되어 있습니다.22)

(4) **사회 공동체로서의 기독교** : 기독교는 본래 사회적 종교이므로 사회를 떠나서는, 즉 다른 사람과 같이 살고 대화함이 없이는 잘 유지되지 못할 뿐 아니라 전혀 존재할 수 없는 것입니다.23)

기독교대한감리회 사회신경

기독교대한감리회는 사회신경 9조를 통하여 그리스도의 유일성을 전제로 정의 사회 구현을 위한 타 종교와의 연대를 언급하고 있는데 암시적으로 소수 종교의 권리 또한 인정하고 있다.24)

미연합감리교회 사회원리

미연합감리교회는 종교 박해와 같은 과거 시민사회의 역사에서 일반적으로 일어나는 일이었지만 종교의 차별에 대하여 보다 예민한 입장을 가질 것을 권고하고 있다.25)

(1) **종교의 자유 지지** : 우리는 모든 종교 집단이 법률적 정치적 또는 경제적 제한에서 벗어나 그 신앙을 자유롭게 펼치는 것을 보장하는 정책과 실천원리(practices)를 촉구한다.

(2) **종교적 편협성에 대한 경계** : 우리는 모든 형태의 공공연하고, 은밀한 종교적 편협성을 강하게 비난하며, 특별히 대중매체에서 정형화되어 나타나는 종교적으로 편협한 표현에 예민해야(sensitive) 한다.

(3) **모든 종교에 대한 차별 반대** : 우리는 모든 종교와 그 지지자들이 법률적 경제적 사회적 차별에서 해방될 권리가 있음을 단언한다.

가톨릭 사회교리

가톨릭은 타 종교와의 관계에 대하여 개방적인 입장을 취하고 있는데 소수 종교의 권리 또한 인정함을 암시하고 있다.

(1) **성경의 전통 안에 있는 종파와의 대화** : 가톨릭교회는 유대교 형제자매

들과 대화를 나눌 수 있다. 이는 한 분이신 하나님의 자녀인 모든 사람을 위하여 정의와 평화의 미래를 함께 건설하기 위한 것이다.[26]

(2) **종교인 사이의 대화 요청** : 가장 적합한 협력 형태를 모색할 수 있도록 전 세계 모든 종교인 사이의 대화를 끊임없이 요청한다. 평화는 인간의 통합적 발전에 대한 공동 노력에 달려 있다.[27]

3 교육과 어린이의 권리

교육과 어린이의 권리에 대한 각 입장은 공히 깊은 관심을 가지고 교회와 사회의 책임에 대하여 강조하고 있다. 기독교대한감리회는 어린이와 교육에 대한 단어는 언급하고 있지 않지만 가정의 역할을 강조하고 개인의 인권에 대하여 관심을 표명함으로써 암시적으로 이 사안에 대하여 지지하고 있음을 알수 있다.

웨슬리 사회원리

(1) **어린이는 부드러움으로 교육하라** : 여러분의 자녀들이 어린 동안에는 충고나 설득이나 꾸지람으로 죄를 짓지 않게 할 수 있을 것입니다. …… 여러분은 화난 모습을 피하도록 최상의 돌봄을 취하여야 합니다. 온유함으로 이 모든 일은 이루어져야 합니다. 또한 부드러움을 가지고 해야 합니다. 그렇지 않으면 여러분의 영혼은 상실을 경험할 것이고, 아이들에게도 어떠한 유익이 되지 않을 것입니다.[28]

(2) **존 플레처의 어린이에 대한 사랑과 열정** : 그(존 플레처)는 무리의 양떼들, 즉 아이들을 향한 대단한 사랑을 갖고 있었으며, 그들을 가르치기 위해 놀라운 근면함으로 자신의 정열을 쏟았습니다.[29]

(3) **유년기에 있어서 부모 역할의 중요성** : 부모와 자녀는 매우 친밀하게 맺

어져 있습니다. 부모들은 자식들이 유년기에 있을 때에 그들과 떨어져 있어서는 안 됩니다.30)

(4) **유아들도 세례 받을 수 있다** : 나는 유아들이 세례를 받아야 한다고 믿습니다.31)

(5) **어린이의 언어와 눈높이에 맞추어 교육하라** : 어린아이들이 이해할 수 있는 말 그리고 그들이 사용하는 말들을 사용해야 합니다. 그들이 이미 갖고 있는 몇 안 되는 개념들을 조심스럽게 관찰하고, 그것들을 여러분이 그들에게 말하는 것과 접목시킬 수 있도록 노력하십시오.32)

(6) **어린이에 대한 열정과 사랑** : 아이들을 향한 대단한 사랑을 갖고 있었으며, 그들을 가르치기 위해 놀라운 근면함으로 자신의 정열을 쏟았습니다. 그에게는 이를 위한 특별한 은사가 있었고 이 유명한 교구의 성도들은 충만한 사역의 장소를 그에게 제공했습니다.33)

미연합감리교회 사회원리

미연합감리교회는 한때 부모의 소유로 여겨졌던 어린이가 이제 그들 자신의 권리를 소유하고 있는 완전한 인류로 인정받고 있으며, 뿐만 아니라 일반적으로 어른과 사회가 특별히 책임을 져야 하는 존재로 인정받고 있음을 강조하고 있다.34)

(1) **모든 어린이의 가치를 존중할 수 있는 교육 혁신 지지** : 우리는 모든 어린이가 가치 있는 각 개인으로서의 사명을 완전히 감당하도록 도울 목적으로 고안된 학교 체계의 개발과 그러한 교육 방법의 혁신을 지지한다.

(2) **어린이는 양질의 교육을 받을 권리가 있다** : 모든 어린이는 그 교육적 기술과 통찰력을 최대한으로 이용하며, 발달 단계에 적합한 최고의 성 교육을 포함하는, 양질의 교육을 받을 권리가 있다.

(3) **기독교 도덕에 일치하는 성교육 보장** : 기독교인 부모와 후견인 그리고 교회는 어린이들이 신실한 결혼생활과 독신생활에서의 절제(abstinence in

singleness)와 같은 기독교 도덕에 일치하는 성교육을 받을 수 있도록 보장할 책임이 있다.

(4) **어른과 동등한 어린이의 권리** : 어린이들도 어른과 마찬가지로 의식주 (衣食住)와 건강관리 그리고 정서적 행복을 누릴 권리가 있으며, 이러한 권리 는 그들의 부모나 후견인의 행동이 있든지 없든지에 관계없이 어린이의 것임 을 확증한다.

(5) **어린이는 학대로부터 보호받아야 한다** : 특별히 어린이는 경제적 육체적 성적 착취와 학대로부터 보호받아야만 한다.

가톨릭 사회교리

가톨릭 사회교리는 모든 인간에게는 고유하게 속하는 공동선의 가치가 소 중하다고 보고 있으며, 특히 모든 아기는 형제자매와 부모 그리고 온 가정에 주는 선물이 된다. 아기의 생명은 바로 생명을 준 사람들을 위한 선물이 되며, 그 아기의 현존을 느낄 수밖에 없는 사람들을 위한 선물이 된다. 바로 그들의 생활에 참여하고 그들의 공동선과 가정의 공동선에 공헌하는 아기의 현존을 느낄 수밖에 없는 사람들을 위한 선물이 되는 것이다.[35]

가톨릭 사회교리는 특히 가정을 통하여 하나님이 주시는 어린이가 받을 교 육의 중요성과 그 의의에 대하여 설명하고 있다. 그 내용은 어린이의 교육받 을 권리, 부모의 책임, 학교의 역할 그리고 국가의 지원에 대한 것으로 구성되 어 있다.

(1) **가정과 교육** : 가정은 사랑과 유대의 공동체를 이루며, 그 가족과 사회의 안녕 발전에 근본이 되는 문화적 도덕적 사회적 정신적 종교적 가치들을 가르 치고 전수하기에 가장 적합한 곳이며 부모 양자를 통한 전인교육이 이루어져 야 한다.[36]

(2) **부모의 사랑은 자녀 교육의 요소** : 자녀 교육에 있어서 가장 중요한 요소

는 부모의 사랑이다. 자녀들 안에 잠재된 능력을 최대한 이끌어 내기('e-ducere') 위하여 자녀에게 봉사하는 부모의 사랑은 다름 아닌 교육의 임무로 가장 완벽하게 표현된다. 부모의 사랑은 하나의 원천이기에 생기를 불어넣는 원리이기도 하며, 따라서 모든 구체적 교육 활동을 고무하고 지도하며, 사랑의 가장 소중한 열매인 친절, 항구함, 선함, 봉사, 공평, 자기희생으로 교육 활동을 풍요롭게 하는 규범이다.

(3) **부모의 의무** : 자녀를 교육시킬 부모의 권리와 의무는 중요하다. 왜냐하면 인간 생명의 전달과 직결되는 본질적인 것이기 때문이다. 부모의 교육 권리와 의무는 부모와 자녀 간의 특유한 사랑의 관계 때문에, 타인들의 교육 역할과 비교해 볼 때, 본래적이고 일차적이다. 그것은 대치되거나 양도될 수 없는 것이므로 타인이 완전히 위임받거나 빼앗을 수도 없다.

(4) **부모의 자녀 교육 내용** : 부모들은 자녀들에게 종교 교육과 도덕 교육을 시킬 의무와 권리가 있다. 이는 국가가 폐지할 수 없으며 오히려 존중하고 증진해야 할 권리로서, 가정이 소홀히 하거나 위임할 수 없는 일차적 권리다.37) 특히 부모들은 성교육에서 특별한 책임이 있다. 성의 의미를 체계적으로 조금씩 배워 나가고 성과 관련된 인간적 도덕적 가치들을 존중하도록 배우는 것은 자녀들의 균형 잡힌 성장을 위해서 매우 중요하다. 인간의 성적 차원과 도덕적 가치관의 밀접한 관련성으로 보아서, 교육은 도덕규범에 대한 지식과 존경심을 어린이에게 전수해야 한다. 도덕규범은 인간의 성과 관련하여 책임 있고 인격적인 성숙을 달성하는 데에 필수적이고 가치 있는 보장이라고 인정되기 때문이다.38)

(5) **첫 교육자 부모** : 부모는 자녀의 유일한 교육자는 아니지만 첫 교육자다. 그러므로 부모들은 민간기구나 교회 기구들과 긴밀하고 주의 깊게 협력함으로써 책임 있는 교육 활동을 펼칠 임무가 있다.39)

(6) **부모와 교육기관** : 부모들은 교육기관을 세우고 지원할 권리가 있다. 공공 권위는 부모들이 부당한 부담을 지지 않고 이 권리를 참으로 자유롭게 행

사할 수 있도록 공공 보조금을 마땅히 지급하여야 한다. 이러한 자유 행사를 부당하게 제한하거나 부인함으로써 생기는 가외 비용을 부모들이 직간접으로 부담하게 해서는 안 된다.

(7) **학교 지원** : 시민사회에 봉사하고 있는 비 공립학교들이 도움을 필요로 할 때 공적인 재정 지원을 거부하는 것은 불의로 간주되어야 한다. 정부가 교육 독점을 주장한다면 이는 그 권한을 넘어서는 월권이며 정의를 침해하는 것이다. 따라서 정부가 이른바 사립학교를 단지 용인하기만 한다면 그것은 불의를 저지르는 것이다. 그러한 학교들은 공공의 봉사를 수행하는 것이므로 재정 지원을 받을 권리를 지니고 있다.[40]

(8) **국가의 의무** : 지상의 어느 국가나 어느 체제도 이 새로운 세대들의 모습에서가 아니면 자기네 미래를 생각할 길이 없을 것이다. 부모들의 뒤를 이어 소속된 국가와 전체 인류 가족의 가치와 본분과 염원을 계승하는 이 세대들에게서만 그 국가와 체제의 미래를 내다볼 수 있는 것이다.[41]

(9) **국제 사회 연대와 어린이 교육** : 현재 모든 국제 공동체 구성원들에게 실질적인 구속력을 지닌 어린이 권리 보호를 위한 구체적인 국제 법률 문서가 있음에도 어린이들의 전인적 발전에 도움이 되는 조건들이 제대로 갖추어져 있지 않다. 그 내용들을 보면 부적당한 보건과 음식의 부족, 최소한의 학교 교육을 전혀 또는 거의 받을 수 없는 처지, 부적합한 거주지, 어린이 인신매매, 어린이 노동, '거리의 아이들' 현상, 어린이 조혼, 무력 분쟁에 어린이를 동원, 포르노물에 어린이 등장, 가장 현대적인 최첨단 도구인 사회 홍보 매체에 어린이를 이용, 성 착취, 소아 성애, 그밖에 이 가장 연약한 인간 존재를 겨냥한 갖가지 폭력에서 어린이들의 존엄이 침해되는 것에 맞서 싸우기 위한 국가적 국제적 차원의 투쟁에 참여하는 것은 매우 중요하다. 이러한 범죄 행위들은 적절한 예방책과 처벌 도구 그리고 여러 관련 권위들의 단호한 조치로 효과적으로 퇴치되어야 한다.[42]

4 청년의 권리

미연합감리교회는 어린이의 권리뿐만이 아니라 청년의 권리에 대하여 구체적으로 명시하고 있다. 웨슬리나 기독교대한감리회 그리고 가톨릭 또한 청년의 권리에 대한 구체적인 언급은 없지만 모두 전 연령에 걸치는 인간의 권리와 존엄성에 대하여 강조하고 있다.

(미연합감리교회 사회원리)

미연합감리교회는 청년과 청소년들의 권리, 특히 전인적인 사회 참여에 대하여 간략하게 그 입장을 밝히고 있다.[43]

(1) **사회의 대다수를 차지하는 청년과 청소년** : 우리 사회는 종종 사회에 완전히 참여하는 것이 어렵다고 여기는 청년과 청소년들이 인구의 대다수를 차지하는 특징을 지니고 있다.

(2) **청년과 청소년들에 대한 차별 금지** : 그러므로 우리는 청년과 청소년들이 의사결정 과정에 참여하도록 장려하고, 그들에 대한 차별과 착취를 없애는 정책을 개발하도록 촉구한다. 따라서 청년과 청소년들도 합법적으로 그리고 사회적으로 창조적이며 적절한 고용의 기회를 이용할 수 있어야 한다.

5 노인의 권리

웨슬리는 연장자들의 가치에 대하여 강조하고 있으며, 미연합감리교회는 전체 공동체와 노년층(Aging)을 결합할 수 있는 사회 정책을 강력하게 지지하고 있다. 가톨릭 사회교리 또한 노인에게 진정으로 필요한 '삶의 의미'에 주목할 것을 명시하고 있다. 한편 기독교대한감리회 사회신경에는 '노년'에 대한 언급은 없지만 4조에서 연령을 초월하는 보편적인 인권에 대하여 강조하고 있다.

웨슬리 사회원리

(1) **연장자들의 가치** : 연로한 분들이여, 여러분은 수많은 날들을 살아오면서 다른 사람들에게 유용한 큰 지혜를 담고 있는 분들입니다. 여러분은 인생의 경험에 의하여 비싼 값을 지불하고 얻은 인생의 지혜를 소유한 이들입니다.[44)]

미연합감리교회 사회원리

미연합감리교회는 청년층이 주로 강조되는 현대 사회에서는, 사람이 나이를 먹어갈수록 점점 사회의 주류에서 소외되는 현상에 우려를 표하며 노년층의 권리에 대하여 그 입장을 밝히고 있다.[45)]

(1) **전체 공동체와 노년층을 결합할 수 있는 사회 정책 지지** : 우리는 노년층에게 충분한 수입을 보장하고, 현재보다 더 많은 고용 기회와 젊은이들에 비해 차별되지 않는 고용 기회를 보장하고, 교육과 서비스를 제공하며, 적절한 의료 보호와 현재 자신이 사는 공동체에서 거주하는 것을 포함하여, 노년층이 전체 공동체와 결합하도록 하는 사회 정책을 지지한다.

(2) **노년층을 존중해 주는 사회 정책과 프로그램 촉구** : 우리는 특별히 노년층 여성과 다른 민족의 사람들에 대한 관심을 강조하면서 노년층에게 인간 공동체의 연장자로서 존경과 명예를 보장받도록 하는 사회 정책과 프로그램을 촉구한다.

(3) **노년층을 위한 연금 체계 촉구** : 나아가 우리는 기업의 고용주들이 배우자를 잃고 홀로 된 노인분들을 위한 적절한 연금 체계를 수립하는 데 있어서 더욱 심사숙고하기를 촉구한다.

가톨릭 사회교리 또한 노인들도 가정에서 아낌없는 사랑과 관심의 대상임을 명시하고 있다.

(1) **노인의 가치** : 노인의 존재는 중요한 가치를 지닐 수 있다. 그들은 세대 간 연결 고리의 본보기며 가정과 사회 전체의 행복의 원천이다.

(2) **노인 또한 사회에 기여할 수 있다** : 노인들은 경제적 효율성만으로 판단될 수 없는 삶의 여러 측면들, 곧 인간적 문화적 도덕적 사회적 가치들도 가치 있음을 보여 줄 뿐만 아니라 직장에서나 지도자 역할에서도 효과적인 기여를 할 수 있다. 성경이 말하듯, 그들은 늙어서도 열매 맺는다(시 92:15).

(3) **인생학교로서 노인의 가치** : 노인들은 가치와 전통을 전달할 수 있고 젊은 세대의 성장을 촉진할 수 있는, 중요한 인생 학교다. 이로써 젊은 세대는 자신들의 선익뿐만 아니라 다른 이들의 선익도 추구하는 법을 배우게 된다.

(4) **노인들에게 진정으로 필요한 것** : 고통 속에서 남에게 의존해야 하는 상황에 있는 노인들한테는 의료 서비스와 적절한 지원뿐만 아니라 무엇보다도 사랑의 손길이 필요하다.46)

6 여성의 권리

웨슬리는 여성의 권리에 대하여 적극적이었으며 미연합감리교회 사회원리도 여성의 평등성에 대하여 명시하고 있다. 가톨릭 또한 위의 '여자와 남자'의 문제에서도 살펴보았듯이 여성의 동등한 존엄과 가치에 대하여 강조하면서 동시에 남녀 상호 보완성에 관심을 가지고 있다.

(1) **여성 설교자 허용** : 나는 이렇게 해야 하는 원인의 강점은 – 바로 당신이 가진 그러한 특별한 소명 위에 두어야 한다고 생각합니다. 그래서 나는 우리 모든 평신도 설교자들은 이러한 특별한 소명을 가졌다고 납득하게 되었습니다. 그렇지 않았다면 나는 그들이 설교하는 것을 전혀 장려하지 않았을 것입니다. 나에게 감리교회가 말하는 모든 하나님의 역사는 하나님의 섭리의 특별한 분배라는 것이 명백합니다. 그러므로 나는 장정의 통상적인 규칙에는 꼭 맞지 않는 여러 가지 일들이 일어난다고 하더라도 놀라지 않을 것입니다. 성 바울의 통상적인 규칙은 "나는 회중 앞에서 여자가 말하는 것을 허락하지 않았다."는 것입니다. 그러나 특별한 경우 그도 약간의 예외를 만들었습니다. 특별히 고린도교회에서 말입니다.[47]

(2) **여성 또한 하나님의 영광을 위해 말할 자유가 있다** : 나는 서둘러 브리스틀에서 사랑의 만찬에 참여하려고 되돌아갔다. 그것은 그곳에서는 처음 있는 것이었다. 내가 사람들에게 "이 사랑의 만찬의 본래 계획은 자유롭고 친밀하게 가족처럼 대화를 나누도록 하는 것이었습니다. 그래서 누구든지, 여성까지 포함하여 하나님의 영광이 되는 것이면 말할 수 있는 자유가 있습니다."라고 말했을 때 많은 사람들이 놀랐다.[48]

(3) **여성 또한 남성과 마찬가지로 봉사할 수 있는 권리와 의무가 있다** : 남성들과 마찬가지로 여성들도 (환자를 심방하는) 이렇게 영광스러운 봉사에 한 부분을 감당해야 하지 않을까요? 의심할 여지없이 그렇게 할 수 있을 것입니다. 아니 그렇게 해야만 합니다. 그것은 적합하고, 올바르고 그리고 그들이 회피할 수 없는 의무입니다. 여기 이 점에서 다른 것이 있을 수 없습니다 : "그리스도 예수 안에는 남자나 여자가 없습니다." "여성은 오직 보이기만 하고 들리지는 않아야 한다."는 것이 많은 사람들에게 하나의 공리처럼 오랫동안 간주되어 왔습니다. 그리고 많은 여성들은 마치 기분 좋은 장난감처럼 취급받는 사

람으로 만들어졌다는 식의 양육을 받았던 것입니다. 이것이 여성의 성(性)을 존중해 주는 것일까요? 아니면 이것이 그들에 대한 진정한 친절일까요? 아닙니다. 그것은 가장 깊은 차원의 불친절입니다. 그것은 무섭도록 잔인한 것입니다. 그것은 순전히 터키식 야만성일 뿐입니다. 그리고 나는 상식이 있고 정신력을 가진 여성들이 어떻게 그러한 것에 복종하는지 모르겠습니다. 당신의 능력 안에 있는 모든 것으로 하여금 자연의 하나님께서 당신에게 주신 권리를 주장하도록 하십시오. 그런 야비한 속박에 더 이상 양보하지 마십시오. 당신도 남자처럼 이성적인 피조물입니다. 당신도 남자처럼 하나님의 형상에 따라 창조되었습니다. 당신도 불멸성을 위하여 조금도 다를 바 없는 후보생입니다. 당신도 역시 하나님의 부르심을 받았습니다. …… "하늘의 부르심에 불순종하지 않도록" 하십시오.[49)]

미연합감리교회 사회원리

미연합감리교회 사회원리는 여성의 평등성과 경제적 주체성, 교회와 사회 내 차별 철폐 그리고 정부의 책임에 대하여 강조하고 있다.[50)]

(1) **남녀의 동등성** : 우리는 일상생활의 모든 면에서 여성과 남성이 동등함을 확증한다.

(2) **성 불평등 역할 제거** : 우리는 가정생활에서의 활동과 가정생활을 묘사하는 데 있어서 불평등한 성 역할을 제거하기 위하여 모든 노력을 기울일 것을 촉구한다. 아울러 교회와 사회에서 자원봉사로 참여하거나 보수를 받고 참여하는 데 있어서도 불평등한 성의 역할에 대하여 반대한다.

(3) **남성들과 동등한 여성의 권리** : 우리는 여성이 고용과 책임, 승진과 보수에 있어서 동등하게 대우받아야 할 권리가 있음을 확증한다.

(4) **여성의 기회와 참여 보장 촉구** : 우리는 교회 내 모든 의사 결정의 위치에서 여성이 중요한 지위를 차지한다는 것을 확증하고, 여성 고용과 신규 모집 정책을 통해 여성의 참여를 보장할 수 있는 단체를 만들 것을 촉구한다.

(5) **차별 철폐 조치 지지** : 우리는 우리 교회와 사회 내에 존재하는 불평등과 차별적인 관습을 해결하는 한 방법으로서 차별 철폐 조치를 지지한다.

(6) **맞벌이 가정에 대하여 남편과 아내를 동등하게 고려할 것** : 우리는 교회에서뿐만 아니라 사회에서도, 맞벌이 가정의 부부를 고용한 고용주들이 인사이동을 할 때에, 남편과 아내 모두를 충분히 고려할 것을 촉구한다.

(7) **여성은 폭력과 차별에서 보호받을 권리가 있다** : 우리는 여성이 폭력과 학대에서 해방되어 살 수 있는 권리가 있음을 확증하고 사회의 어느 영역에서든지 여성이 모든 종류의 폭력과 차별에서 보호받을 수 있도록 정부가 정책을 마련할 것을 촉구한다.

가톨릭 사회교리

(1) **여자와 남자에게 주어진 동등한 기회** : 인간의 존엄성을 통하여 인간은 각기 성장할 수 있다. 이러한 성장을 촉진하려면 남자와 여자에게 균등한 기회 조건들을 실제적으로 보장하고 여러 사회 계층이 법 앞에서 객관적으로 평등하도록 보장이 되어야 한다.51)

7 장애인의 권리

웨슬리는 압제당하고 차별받는 모든 사람에 대한 배려와 도움에 대하여 관심을 가지고 있었기 때문에 사회적 성화를 통하여 장애인들(Persons with Disabilities)에게 깊은 애정을 가지고 있었음이 암시된다. 미연합감리교회는 장애인들의 존엄성과 구체적인 처우 개선을 강조하고 있으며, 가톨릭도 장애인의 사회적 역할이 보장될 수 있는 환경과 여건이 조성되어야 함을 강조하고 있다. 한편 기독교대한감리회는 '장애인'에 대한 언급은 없지만 개인의 인권이 보장되는 민주주의 사회를 지지함으로써 장애인의 처우 개선에 대하여 적극적인 의지를 보이고 있음을 알 수 있다.

미연합감리교회 사회원리

미연합감리교회는 장애인들에 대한 존엄성과 처우 개선에 대하여 교회와
사회의 관심을 촉구하고 있다.[52]

(1) **장애인 또한 하나님의 자녀로서 완전한 인성과 인격을 지닌다** : 우리는
정신적 육체적 발달적 신경적 심리학적 이상(conditions)과 장애를 지닌 모든
개인들도 하나님의 가정의 정식 일원(full member)으로서 완전한 인성
(humanity)과 인격(personhood)을 가지고 있음을 인정하고 확증한다.

(2) **장애인은 교회와 사회에서 지위를 가진다** : 우리는 또한 그들이 교회와
사회 모두에서 그들에 걸맞은 지위를 차지한다는 것을 확증한다.

(3) **교회와 사회에서 장애인의 더 많은 참여를 장려** : 우리는 교회와 사회가
정신적 육체적 발달 그리고/또는 심리학적 신경적 이상이나 장애를 지닌 어린
이와 청년, 성인에 대한 사역을 감당할 책임이 있음을 확증한다. 따라서 교회
와 사회 영역에서 이동성(mobility), 의사소통, 지적 이해 또는 인격적 관계의
영역에서 장애인이 특별히 겪는 어려움(needs)은 그들과 그 가족들이 교회와
공동체생활에 더 많이 참여하도록 도전을 주어야 한다.

(4) **하나님의 선물로서 장애인을 신앙 공동체에 받아들일 것을 촉구** : 우리
는 교회와 사회가 장애인도 하나님께서 주신 선물임을 인정하고 받아들임으
로써 이들이 신앙 공동체에 온전히 참여할 수 있게 되도록 촉구한다.

(5) **장애인에 대한 교회와 사회의 역할** : 우리는 교회와 사회가 장애인들의
사회 복귀와 서비스, 고용, 교육, 적절한 주거생활과 이동 프로그램에 집중하
고, 그것을 대변하도록 요청한다.

(6) **장애인의 시민권 보호** : 우리는 교회와 사회가 모든 형태와 종류의 장애
를 지닌 사람들의 시민권을 보호할 수 있도록 요청한다.

가톨릭 사회교리는 권리와 의무를 가진 인간 주체로서 장애인들의 정서적 성적 차원까지 배려할 것을 강조하고 있다.

(1) **권리와 의무를 지닌 온전한 인간 주체로서 장애인** : 장애인들은 권리와 의무를 지닌 온전한 인간 주체다. 그들의 육체와 능력에 영향을 주는 어떠한 제약과 고통에도 그들은 더욱 분명히 인간의 존엄과 위대함을 드러낸다.

(2) **모든 권리의 주체로서 장애인** : 장애인들도 모든 권리를 가진 주체이기 때문에, 그들은 자기 능력에 따라 가정생활과 사회생활의 모든 분야에 최대한 참여할 수 있도록 도움을 받아야 한다.

(3) **노동에 있어서 장애인이 받는 각종 장애 철폐** : 기능이 온전한 사람들에게만 공동체생활을 허락하여 노동을 하게 한다는 것은 근본적으로 부당하며, 모든 사람의 공통된 인간성을 거부하는 것이다. 이는 강하고 건강한 사람이 약하고 병든 사람에게 심각한 차별 대우를 하는 것이 된다. 장애인들의 육체적 정신적 노동 조건, 정당한 임금과 승진 가능성 그리고 각종 장애 철폐에 각별한 관심을 기울여야 한다.

(4) **장애인의 정서적 성적 차원에서의 권리 보호** : 장애인들의 정서적 차원과 성적 차원에도 신경을 써야 한다.

(5) **장애인 또한 비장애인과 마찬가지의 애정과 관심과 친밀함이 필요하다** : 장애인도 비장애인과 똑같이, 각자의 능력에 따라서 그리고 도덕 질서를 존중하는 가운데, 사랑하고 사랑받아야 하며, 애정과 관심과 친밀감이 필요하다.[53]

8 동성애

웨슬리는 남녀 사이의 결혼에 필요한 존엄성과 신성성에 대하여 강조하였다. 미연합감리교회는 동성애가 기독교의 가르침에 위배되지만 인권 차원에서 인격이 보호되고 목회 차원에서 교회의 인도가 필요하다고 보았다. 한편 가톨릭은 동성애를 금하고 남녀 결혼의 법적 지위를 강조함으로써 동성애에 대한 반대를 분명하게 표명하고 있으며 아울러 박애주의 정신에 입각한 인권 문제를 고려해야 함을 강조하고 있다. 기독교대한감리회 사회신경에는 동성애에 대한 언급은 없지만 가정의 보호와 성의 순결성을 강조함으로써 동성애에 대한 반대 입장을 암시하고 있다.

미연합감리교회 사회원리

미연합감리교회는 기본적인 인간의 권리와 시민의 자유는 모든 인간이 당연히 누려야 할 권리임을 강조하고 이러한 권리와 자유가 동성애자들에게도 있음을 주장하고 있다.[54]

(1) **동성애자들에 대한 목회** : 동성애자들은 더 이상 이성애자들에 비해 종교적 가치를 덜 지닌 인간이 아니다. 모든 인간은 인간으로서의 역할을 다하기 위해 노력하는 데 있어서, 그뿐만 아니라 하나님과 다른 사람들 그리고 자기 자신과의 관계를 화해시킬 수 있는 친교를 영적 정서적으로 돌보는 데 있어서 교회의 목회와 안내가 필요하다.

(2) **동성애자들의 대우에 있어서 정의의 문제를 분명히 인식할 것 촉구** : 동성애자들의 공동의 공헌과 책임, 의무 그리고 동성애자들도 법 앞에서 평등하게 보호받는 것을 포함하는 계약적 관계에 전형적으로 뒤따르는 다른 적법한 요구사항을 보호하는 데 있어서 온전한 정의의 문제를 분명히 인식하여야 한다.

(3) **동성애자에 대한 폭력과 탄압 반대** : 우리는 게이와 레즈비언에 대한 폭

력과 다른 형태의 탄압을 근절하도록 노력할 것을 지지한다.

(4) **전(前) 동성애자에 대한 보호** : 우리는 또한 전(前) 동성애자들을 탄압하고 주변화하는 데 반대하여 사회적으로 증언할 책임을 맡고 있다.

9 인구

기독교대한감리회는 인구 정책의 올바른 수립을 촉구하고 있으며, 미연합감리교회도 인구 안정화 프로그램의 필요성을 호소하고 있다. 한편 가톨릭 사회교리는 인구 정책이 선진국과 개발도상국 사이의 해석에 차이가 있음을 강조하고 인간 전체의 선을 위한 통합적인 인구 정책의 수립을 강조하고 있다.

미연합감리교회 사회원리

미연합감리교회는 전(全) 세계적인 인구 증가가 점차적으로 세계의 식량과 무기물 그리고 물 공급을 위협하고 국제적 긴장을 더욱 첨예하게 하기 때문에 부유한 국가에서 자원의 소비율을 줄이고, 현재 전 세계의 인구 성장률을 낮추는 것이 불가피하다고 우려를 나타내고 있다. 따라서 사람들은 자신들이 자녀 출산과 관련하여 내린 결정이 전 지구 공동체에 어떠한 영향을 미치는지에 대해 심사숙고할 의무가 있고, 자발적인 불임 수술을 포함하여 자신의 출산능력을 제한하기 위한 정보와 적절한 수단에 접근할 수 있어야 한다고 강조하고 있다.55)

(1) **인구 안정화 프로그램의 필요성** : 우리는 자원을 공평하게 사용하고, 공평하게 관리하며, 모든 문화에서 여성의 지위를 향상시키는 것과, 모든 인류가 표준적으로 누려야 할(human level) 경제 안정과 건강관리 그리고 이 모든 것을 이루기 위한 교육을 제공하는 것을 포함하여, 전(全) 경제적 사회적 발전의 맥락에서 인구의 안정화를 이루기 위한 프로그램이 반드시 이루어져야 한

다는 것을 확증한다.

(2) **낙태와 불임 등 강제적인 인구 정책 반대** : 우리는 낙태와 불임 수술을
강제하는 모든 정책을 반대한다.

(가톨릭 사회교리)

(1) **인구 정책은 개발이라는 명목으로 이용될 수 없다** : 인구 정책은 종합적
인 개발 전략의 일부분이라는 것에 폭 넓은 동의가 이루어지고 있다. 따라서
모든 인구 정책 토론에서는 각 국가와 지역의 현실적이고 계획된 개발을 염두
에 두어야 한다.

(2) **참된 선을 위한 통합적 인구 정책 수립** : 개발이라는 성격 자체를 무시
할 수 없기에 모든 개발은 사람과 인간 전체를 위한 참된 선을 지향하여야 한
다.56)

10 술, 마약, 의약품 오 · 남용

웨슬리는 인간의 정신을 황폐케 하는 술과 마약의 금지를 촉구하였으며, 미
연합감리교회도 이러한 것의 오용을 경고하고 있다. 기독교대한감리회는 사
회신경 7조의 '인간화와 도덕성 회복'을 통하여 마약 금지를 촉구하고 금주
금연 운동을 위하여 앞장설 것을 다짐하고 있다. 한편 가톨릭도 현대 사회의
마약 거래와 같은 것은 인권을 침해한다고 명시하고 새로운 형태의 노예화로
명시하고 있다.

(웨슬리 사회원리)

(1) **술과 마약의 추악성** : 이 오락과 함께하고 끊임없이 동반되는 악의적인
거짓말, 여러 다양한 술책과 속임수, 무시무시한 저주들과 맹세들을 관찰해

봅시다. …… 언제 어디서든 이러한 유흥이 이와 같은 엄청난 결과들 없이 알려졌던 적이 있습니까? 이런 추악한 결과들을 목격하지 않고도 이런 유흥에 하루라도 참석하는 자는 누구입니까?[57]

(2) **술과 마약 판매 금지** : 우리가 이웃의 육체를 해침으로써 이익을 도모해서는 안 됩니다. 그러므로 우리는 건강을 해치기 쉬운 물건을 어떤 것이라도 팔아서는 안 됩니다. 보통 럼주라고 불리는 불같이 독한 술이나 알코올성이 강한 주류들은 현저하게 그러한 것입니다. …… 보통으로 이것을 파는 사람이나 사려고 하는 사람들은 모두가 독살자들입니다. 그들은 어떤 인정이나 소중히 생각하는 마음도 없이 폐하의 신하들을 도매금으로 살인했습니다. 그들은 양떼를 모는 사람처럼 사람들을 지옥으로 내몰았습니다.[58]

(3) **음주를 통해 노동의 가치를 상실하게 된다** : 사치는 언제나 게으름의 어머니입니다. 모든 폭식가는 머지않아서 게으름뱅이가 될 것입니다. 고기를 더 먹고 술을 더 마실수록 그는 노동에 대한 참맛을 점점 더 작게 가질 것입니다.[59]

기독교대한감리회 사회신경

(7조) **인간화와 도덕성 회복** : 오늘의 지나친 과학기술주의가 비인간화를 가져오고 물질만능주의가 도덕적 타락(성도덕, 퇴폐문화, 마약 등)을 초래한다. 따라서 우리는 올바른 인간 교육, 건전한 생활, 절제운동(금주, 금연 등)을 통하여 새로운 가치관의 형성과 도덕성 회복을 위해 앞장선다.[60]

미연합감리교회 사회원리

미연합감리교회는 인간의 몸에 해로운 술이나 마약과 같은 것은 하나님의 뜻에 위배된다고 보고 의약품의 오용과 남용에 대하여도 경고하고 있다.[61]

(1) **금주(禁酒) 지지** : 우리는 하나님께서 사람을 자유롭게 하시고 구원하시는 사랑에 대한 신실한 증거로서 술을 금하는 것을 오랫동안 지지해 왔다.

(2) **불법적인 마약 사용 반대** : 우리는 불법적인 마약을 어떠한 용도로도 사용하지 말아야 한다는 것을 지지한다. 마약의 불법적인 사용뿐만 아니라 술을 불법적으로 부적절하게(problematic) 사용하는 것 또한 범죄와 질병, 사망 그리고 가정 장애를 초래하는 주된 원인이기 때문에, 교육 프로그램뿐만 아니라 마약의 불법적 사용을 억제하도록 격려하고, 알코올음료를 선택하려는 사람에 대하여 성경을 안내자로 하여 적절하게 지도하며, 그리고 의도적으로 알코올음료 음용을 제한하여 사려 깊게 알코올음료를 마실 수 있도록 하는 예방 정책을 지지한다.

(3) **의약품의 오용을 막을 수 있는 정책 촉구** : 현재 살아있는 수백만 명의 인류는 의약품 사용으로 인한 유익한 결과를 보여주는 증표(testimony)지만, 또 다른 수백만 명의 사람들은 의약품의 오용으로 인한 해로운 결과를 나타내는 증표다. 따라서 우리는 의사의 처방전과 처방전 없이 구할 수 있는 약품들이 잠재적으로 이로울 수도 있고, 잠재적으로 해로울 수 있다는 가능성과 관련하여 현명한 정책이 나오기를 장려한다.

(4) **의약품 사용에 대한 정보 제공 촉구** : 우리는 의약품을 올바르게 사용하는 것과 잘못 사용하는 것에 대한 완전한 정보를 의사와 환자 모두가 이용할 수 있게 되기를 촉구한다.

(5) **주류와 규제 약물의 판매와 유통 규제 촉구** : 우리는 주류와 규제된 약물의 판매와 유통을 규제하는 엄정한 법적 장치를 마련할 것을 지지한다.

(6) **술과 마약으로부터 사회를 보호할 수 있는 규제 촉구** : 우리는 술을 포함하여, 모든 종류의 마약 사용자들로부터 사회를 보호할 규제 조치를 지지하는데, 현재 이 사회에는 분명히 그러한 문제가 존재하고 있음을 볼 수 있다. 술에 의존하는 사람으로 평가되고, 그렇게 진단된 사람들을 포함하여, 약물에 의존하는 사람들과 그들의 가족들은 치료와 사회 복귀 그리고 계속적으로 삶을 변화시키도록 회복될 자격이 있는 무한한 인간으로서의 가치를 지니는 사람들이다. 약품의 오용과 남용은 또한 중재를 요구하는데, 이는 약물에 완전히 의

존하게 되는 것을 막기 위함이다.

(7) **알코올 남용으로 인한 정신장애 치료 촉구** : 알코올 남용과 정신적 장애 사이에는 매우 밀접한 상호 연관성이 있기 때문에, 우리는 입법 위원과 건강 관리 제공자가 약품 의존적인 사람들의 정신적 이상을 적절하게 치료하고 그들이 사회로 복귀할 수 있도록 인도하기를 요청한다.

(8) **마약으로 고통당하는 이들에 대한 기독교인의 책임** : 우리는 약품 남용과 약품 의존으로 고통 받는 사람들과 그들의 가족이 예수 그리스도를 통하여 자유를 찾고, 치료를 받고 꾸준히 상담을 받으며, 사회에 다시 복귀할 수 있는 기회를 찾도록 도와야 할 책임이 있다.

(**가톨릭 사회교리**)

(1) **새로운 형태의 노예 제도** : 마약 거래와 같은 것은 새로운 형태의 노예화가 전 세계적으로 자행되고 있는 실정이다.

11 흡연

기독교대한감리회는 사회신경 7조를 통하여 금연운동을 장려하며, 미연합감리교회 또한 흡연을 완전히 금할 것을 촉구하고 있다. 웨슬리도 세상과의 단절에 관한 금욕을 강조하고 있으며, 특히 영혼의 순수성을 지키기 위한 '거룩함' 을 수없이 언급함을 볼 때 흡연과 같은 세속성에 대하여 금하는 것을 알 수 있다.

(**미연합감리교회 사회원리**)

미연합감리교회는 흡연을 완전히 금할 것을 주장하고 간접흡연의 폐해에 대하여도 경고하고 있다.[62]

(1) **금연(禁煙) 촉구** : 우리는 우리 기독교가 인격적 훈련과 사회적 책임에 대한 높은 수준의 기준을 제시하는 역사적인 전통을 가지고 있음을 확증한다. 모든 세대의 사람들에게 담배 연기와 연기가 나지 않는 담배를 이용하는 것이 모두 위험하다는 것을 입증하는 반박할 수 없는 증거로 미루어보아, 우리는 흡연을 완전히 금(禁)할 것을 추천한다.

(2) **금연 장려를 위한 교육, 보도 자료 촉구** : 우리는 금연을 지지하고 장려하기 위해 우리의 교육 자료와 보도 자료가 이용되기를 촉구한다.

(3) **공공장소에서의 흡연 규제 지지** : 나아가 우리는 간접흡연의 악영향을 인정하며 공공장소와 작업장에서의 흡연을 규제하는 것을 지지한다.

12 의학실험

웨슬리 사회원리

(1) **의사들의 윤리 의식의 필요성** : 의사들이 자신들의 수익을 늘리기 위해 똑같은 죄의 동참자가 된 것은 아닙니까? 조속히 제거시킬 수도 있었던 고통이나 질병을 고의적으로 오래 끄는 자들이 아닙니까? 재물을 약탈하기 위해 환자의 신체 치료를 연장한 자는 누구입니까? '가능한 한 빨리 병을 고치지도 않고', '가능한 한 조속히' 모든 병마와 고통을 제거시키지도 않은 자가 어떻게 감히 하나님 앞에 깨끗할 수 있겠습니까?[63]

미연합감리교회 사회원리

미연합감리교회는 의학과학의 발전으로 육체적 정신적 건강의 발전이 있었다고 보면서도 의학실험(Medical Experimentation)의 문제점에 대하여 경고하고 있다.[64]

(1) **의학실험에 대한 엄격한 관리 촉구** : 정부와 의학계는 [의학실험을 할 때에] 심사숙고하여 일반적인(prevailing) 의학 연구 기준의 요구사항을 반드시 지켜야만 하고, 인류를 이용하여 새로운 과학기술과 의약품을 실험할 때에는 엄격하게 관리해야만 한다.

(2) **인류를 연구주제로 한 의학실험에 대한 선행조건** : 그러한 [의학 연구] 기준은 연구와 관계된 사람들이 오직 완전한 동의와, 합리적이며 비강제적으로 동의를 얻은 이후에만 인류를 연구 주제로 이용할 수 있다는 점을 요구한다.

가톨릭 사회교리

(1) **생명체의 개입** : 인간이 질서와 아름다움, 개별 생명체의 유용성, 생태계 내에서 그것들의 역할을 존중하는 가운데 개입하여 고유한 특성이나 성질의 일부를 바꾸는 것은 부당한 행위가 아니다.

(2) **책임적 행동** : 유기체에 강력하고 광범위한 영향을 미치며 장기간에 걸쳐 막대한 영향을 줄 수도 있는 기술적 과학적 개입 영역에서 가볍고 무책임한 행동은 결코 용납될 수 없다.[65]

13 생명공학

웨슬리는 생명에 대한 하나님의 주권과 인간의 존엄성에 대하여 강조함으로써 현대의 생명공학과 같은 문제에 엄격한 윤리적 기준이 필요함을 역설하였을 것이다. 기독교대한감리회도 생명공학에 대하여 윤리적 기준이 필요함을 강조하고 있으며, 미연합감리교회는 하나님의 피조물에 대한 인간의 책임과 유전공학의 한계성에 대하여 명시하고 있다. 한편 가톨릭 사회교리는 생명공학을 긍정하면서도 공동선을 위한 연대를 강조하고 있다.

미연합감리교회는 하나님의 피조물에 대한 인간의 책임은 유전자 연구와 유전공학의 발전 가능성에 대하여 높게 평가하면서도 그 구체적 사안에 대하여서는 더욱 심사숙고하여 다룰 것을 요청하고 있다.[66]

(1) **유전공학의 목적과 한계** : 우리는 무해한 환경(safe environment) 그리고 적절한 식품 공급에 대한 인간의 근본적인 욕구를 충족하기 위하여 유전공학을 이용하는 것을 환영한다.

(2) **인간 복제와 태아 성감별 반대** : 우리는 인간 복제와 태아의 성별을 유전적으로 조종하는 것에는 반대한다.

(3) **유전공학에 대한 가이드라인과 책임** : 유전공학이 모든 생명에 대해 영향을 미치기 때문에, 정치적 군사적 목적을 포함하여, 이러한 유전공학의 남용을 초래할지도 모르는 그 어떤 행동을 안전하게 제한할 수 있는 효과적인 가이드라인(guideline)과 공적인 책임을 요청한다.

(4) **유전공학에 있어서 예상치 못한 해로운 결과의 가능성** : 우리는 유전공학을 주의 깊고, 잘 계획하여 이용하는 때에도 때로는 예상치 못했던 해로운 결과가 초래될 수 있음을 인정한다.

(5) **인간 유전자 치료의 범위 제한** : 후손에게는 전달되지 않는 변이를 일으키는 인간 유전자 치료(신체 요법, somatic therapy)는 질병으로 인한 고통을 경감시켜주는 데에만 제한되어야 한다.

(6) **우생 선택을 위한 유전자 치료 반대** : 우리는 우생 선택(eugenic choices)을 위한 유전자 치료 또는 쓰레기 태아(waste embryos)를 만들어내는 유전자 치료를 반대한다.

(7) **개인 유전자 정보에 대한 비밀을 보장해야 한다** : 개인과 그 가족의 [그 유전 정보의] 주인이 또는 그 가족이 비밀성(confidentiality)을 포기하기로 하지 않는 한, 그리고 유전적 신원 정보(genetic identification data)를 수집하고 이용하

는 것이 적절한 법적 명령에 의해 지지되지 않는다면, [개인의] 유전적 정보는 은밀하고 엄격히 비밀을 보장한 상태로 보관되어야 한다.

(8) **변이를 초래하는 유전자 치료법 반대** : 유전공학이 이후에 오랫동안 미치게 될 영향력이 불분명하기 때문에, 우리는 후손에게도 전해질 수 있는 변이를 초래하는 유전자 치료법(생식계열 요법, germ-line therapy)을 반대한다.

가톨릭 사회교리

가톨릭 사회교리는 현재의 생물학과 생명유전학 기술들이 제공하는 새로운 가능성이 한편으로는 희망과 열의를 가져다주지만, 다른 한편으로는 경계와 반감을 불러일으키고 있다고 우려하고 있다. 따라서 과학자, 연구가, 정치인, 법률가, 경제인, 환경론자, 생산자, 소비자 그리고 그리스도인들도 이 문제들에 깊은 관심을 가질 것을 촉구하고 있다.[67]

(1) **생명공학의 긍정성** : 가톨릭은 인간이 다른 생명체도 포함하고 있는 자연에 개입하는 것에 자연법에 따라서 긍정적인 판단을 내리면서도 동시에 책임을 강하게 호소하고 있다. 즉 인간이 질서와 아름다움, 개별 생명체의 유용성, 생태계 내에서 그것들의 역할을 존중하는 가운데 개입하여 각각의 고유한 특성이나 성질의 일부를 바꾸는 것은 부당한 행위가 아니다. 문제는 생명체나 자연환경을 훼손하는 인간의 개입은 비난받아 마땅하지만, 증진하는 행위는 칭찬받아야 한다는 것이다.[68]

(2) **생명공학의 공동선** : 가톨릭은 특히 생명공학이 지역, 국가, 국제적으로 강력한 사회적 경제적 정치적 영향을 미치기 때문에 정의와 연대의 기준을 고려하여야 한다고 강조하고 있다. 따라서 생명공학 분야의 연구와 상업화에 관여하는 개인과 단체는 새로운 생명공학기술과 연계된 이익을 확대하는 것만이 지구상의 수많은 나라들을 괴롭히는 빈곤과 저개발이라는 시급한 문제들을 해결할 수 있는 길이라고 믿는 잘못에 빠지지 말아야 한다고 가톨릭 사회교리는 주장한다.[69]

(3) **생명공학의 국제연대** : 생명공학이 국제 사회에서 공동의 선을 증진하기 위하여 국가 간의 연대가 필수적인데 연대는 개발도상국 국민들에게 유리한 무역 정책을 장려하고 그들의 식량 공급과 보건 상태를 개선할 수 있는 기술 교류를 증진하는 것이며 이 일을 위하여 개발도상국들의 경우에는 특히 그 국가의 정치 지도자들의 책임에 호소하여야 한다.[70]

(4) **생명공학자들의 윤리관** : 생명공학 분야에 관여하고 있는 과학자들과 기술자들이 갖추어야 할 윤리관으로서 이들이 중시하여야 할 분야는 식량 공급이나 보건과 같은 심각하고 절박한 문제들에 대한 최선의 해결책을 찾는 일이며, 생명공학자들은 그 분야가 생물이건 무생물이건 인류의 유산에 속하고 미래 세대와 관계된다는 것을 잊어서는 안 된다.[71]

(5) **생명공학 기업의 역할** : 새로운 생명공학과 관련된 연구와 생산, 상품 판매에 참여하고 있는 기업가들과 공공기관 책임자들은 정당한 이익뿐만 아니라 공동선도 고려하여야 한다. 모든 형태의 경제 활동에 적용되는 이러한 원칙은 식량 공급, 의학, 보건, 환경 관련 활동에서 특히 중요해지고 있다. 이 분야에 관여하고 있는 기업가들과 공공기관 책임자들은 그들의 결정으로 빈곤 국가의 기아 퇴치와 질병 퇴치, 인류의 공동 유산인 생태계 보호운동과 관련하여 생명공학의 발전을 매우 희망적인 결과를 이끌 수 있다.[72]

(6) **생명공학 입법자들의 윤리관** : 정치인, 법률가, 행정가들은 생명공학의 활용에 관계된 잠재적 이익과 위험 가능성을 판단할 책임이 있으므로 그들의 결정이 국가적 또는 국제적 차원에서 특정 이익 집단의 압력을 받아 이루어지는 것은 바람직하지 않다. 공동선에 가장 적합한 결정을 내려야 한다.[73]

(7) **생명공학 정보 분야 지도자들의 윤리관** : 신중하고 객관적으로 수행하여야 할 중요한 이들의 임무는 사회가 완전하고 객관적인 정보, 국민들이 생명공학 제품과 관련하여 올바른 판단력을 기를 수 있도록 도와주는 정보를 제공할 수 있어야 한다. 무엇보다도 그것은 잠재적 소비자인 그들과 직접 관계되는 것이기 때문이다. 따라서 지나친 열의나 부당한 기우에서 제공되는 피상적

인 정보에 빠질 유혹을 피할 수 있도록 도와야 한다.

　가톨릭 사회교리는 최근 문제가 되고 있는 인간 복제에 반대 입장을 취하고 있다.

　(1) **인간 복제란 무엇인가?** : 인간 복제는 도덕적으로 여러 가지 심각한 영향을 미칠 수 있기 때문에 오늘날 사회적 문화적으로 매우 중요한 문제다. 복제라는 말은 본래 원형 유기체와 유전학적으로 동일한 생물학적 개체를 재현함을 일컫는다. 그러나 이 말은 사람들의 생각이나 실제 실험에서 다른 의미를 지니게 되었으며, 이 때문에 사용되는 기술이나 추구하는 목적 면에서도 다른 과정들을 수반하게 되었다. 단순히 세포나 DNA 일부를 실험실에서 복제하는 것을 일컫는 데에 이 말을 사용할 수는 있다. 그러나 오늘날 이 말은 자연 수정과 다른 방법들을 통하여 본래의 인간과 유전학적으로 동일한 새로운 존재를 만듦으로써 배아 단계의 인간을 복제하는 것을 일컫게 되었다. 이러한 복제는 인간 배아를 생산하기 위한 생식의 목적과, 그러한 배아를 과학 연구나 더욱 구체적으로는 줄기 세포의 생산에 쓰고자 하는 이른바 치료 목적으로 구분된다.

　(2) **인간 복제와 윤리** : 윤리적 관점에서 볼 때, 일반 세포나 DNA 일부를 단순히 복제하는 것은 특별한 윤리적 문제가 되지 않는다. 그러나 진정한 의미의 복제에 대한 가톨릭의 입장은 매우 다르다. 그러한 복제는, 배우자 간의 사랑의 행위가 완전히 결여된 채 이루어지는 무배우자, 무성 생식이기 때문에 인간 출산의 존엄에 위배된다. 둘째로, 이러한 생식은 복제하는 이가 복제되는 인간을 전적으로 지배하는 형태를 띤다. 복제를 이용하여 배아를 만들고 거기서 치료 목적으로 세포를 추출할 수 있다는 사실도 그 도덕적 심각성을 덜어 주지는 못한다. 그러한 세포를 추출하기 위해서는 먼저 배아를 만든 다음 폐기해야 하기 때문이다.[74]

14 전원생활

전원생활(Rural Life)은 농업과 관련하여, 사회 공동체의 가장 기본적인 삶의 형태다. 미연합감리교회 사회원리는 변화하는 사회의 흐름 속에서 전원생활도 다양한 가치관을 인정하고 보다 개방된 공동체가 될 것을 촉구한다.

미연합감리교회 사회원리

미연합감리교회는 도시화되면서 농촌이 소외되는 현대 산업사회의 흐름을 우려하면서 전원생활의 중요성에 대하여 강조하고 있다. 아울러 전원생활도 현대 사회의 흐름에 맞추어 전통적인 단일 공동체의 틀에서 벗어나 다양한 가치관을 이해할 수 있는 보다 유연한 공동체로 자리매김할 수 있어야 한다고 보고 있다.[75]

(1) **농업생활을 할 수 있는 권리 지지** : 우리는 사람들과 가정들이 도시 외곽 지역과 대도시 중심지 외곽에 살면서 농부로서, 농장 노동자(farm worker)로서, 상인과 농업 전문가로서 그리고 다른 직업으로 성공할 수 있는 권리가 있음을 지지한다.

(2) **전원생활의 중요성** : 우리는 전원생활과 읍면 소재지의 생활이 어렵거나 불가능할 때에 우리 문화는 피폐하게 되고, 우리 인간은 의미 있는 삶의 방식을 빼앗기게 된다는 것을 믿는다.

(3) **비농업적 토지 이용의 허용과 범위** : 우리는 이러한 전원생활과 같은 삶의 방식을 증진하다 보면 때때로 비농업적 목적으로 토지를 이용해야 할 필요가 있음을 인정한다. 그렇다고 비농업적 토지 이용이 가능하다고 해서 비농업적 목적을 위해 농지를 무차별적으로 전환하는 것을 반대한다.

(4) **농지에 대한 개방적 공간 활용 장려** : 우리는 농지로 적당한 토지를 보존하는 것과 사려 깊은 토지 이용 프로그램을 통해 개방적으로 공간을 활용할 것을 장려한다.

(5) **거주지 중심의 토지 계획 장려** : 우리는 공장식 농장(factory farm)이 아니라 거주 농업인들의 이익을 위해 고안된 정부 프로그램과 민간 프로그램을 지지하고, 산업단지가 도시 외곽지역에 위치하도록 장려하는 프로그램을 지지한다.

(6) **농촌 공동체의 다양성 인정과 기독교 공동체 선교의 기회** : 우리는 이동성의 증가와 과학기술의 발달을 통해 원래는 사람, 종교, 철학에 있어서 단일했던 농촌 공동체에도 다양한 사람과 종교, 철학이 혼합되었음을 인정한다. 이러한 혼합이 때때로 공동체생활에 위협을 준다거나 손해를 미치는 것처럼 보이기도 하지만, 우리는 이것이 모든 사람들에 대하여 공동체가 성서적 사명을 붙잡을 기회라고 생각한다.

(7) **농촌 공동체의 개방성 장려** : 우리는 농촌 공동체와 촌락의 사람들이 지구(the earth)와의 강한 유대를 유지하도록 장려하고, 공동의 소유와 보살핌, 공동의 치료와 성장을 제공하고, 협동적 지도력과 다양한 은사(gifts)를 공유하고 찬양하며, 상호 신뢰를 구축하고, 유일한 가치를 지닌 인간으로서 모든 개인을 확증하는 일에 개방적이 될 수 있도록 장려하고, 그럼으로써 샬롬을 이루어 갈 수 있도록 장려한다.

15 지속 가능한 농업

농업은 인간의 생명과 직결된 것으로서 인간 생명이 존재하는 한 계속되어야 한다. 미연합감리교회는 전 세계 인구를 지속적으로 양육할 수 있으며, 생태계를 존중하고, 토지에서 일하는 사람들의 삶을 증진할 수 있는 지속 가능한 농업(Sustainable Agriculture)의 필요성을 제시한다. 가톨릭 사회교리도 농업이 이제까지 차지했던 역할의 중요성을 인정하며, 오늘날 사회에서 나타나는 문제들을 고려하여 사회 공동체 전체의 발전을 위한 변혁의 필요성을 강조한다.

웨슬리 사회원리

(1) **농지 독점에 대한 반대** : 몇 년 전에 토지는 열 개나 스무 개 정도의 작은 농토로 나뉘어 있었고, 그들은 거기서 가족들에게 필요한 것들을 원만하게 마련해 주었는데, 지금은 일반적으로 하나의 거대한 농지로 독점되어 버렸다. …… 이 작은 농지의 농부들은 약간의 돼지고기와 닭고기를 남기고, 그리고 약간의 돈을 챙기고 베이컨이나 돼지고기나 닭이나 달걀 모두 시장에 계속적으로 내어 보내기를 즐거워했다. 그래서 시장은 풍부하게 그 기능을 다할 수 있었고 싸게 팔 수 있었던 것이다. 그러나 지금은 지위가 높은 신사 농장주들이 이런 적은 것에 마음을 전혀 쓰지 않는다.76)

미연합감리교회 사회원리

미연합감리교회는 전 세계 인구를 양육하기 위한 필요 충족 전제 조건은 지속 가능한 방식으로, 생태계를 존중하고, 토지에서 일하는 사람들의 삶을 증진할 수 있는 농업 체계임을 주장하고 있다.77)

(1) **지속 가능한 농업 체계 지지** : 우리는 자연적으로 비옥해진 농업용 토양을 유지하고 지탱하며, 한 지역의 동식물상(flora and fauna)의 다양성을 증진시키고, 각 지역의 조건과 구조에 적응할 수 있는 지속 가능한 농업 체계를 지지한다. 이 체계에서는 농업용 가축들(agricultural animals)도 인도적으로 대우받고, 가능한 한 그 생활환경이 자연 체계에 가깝도록 하여야 한다.

(2) **자연적인 생물주기에 적합한 농업 체계 지지** : 우리는 식물성, 가축과 가금(家禽)으로 생산된 생산물이 자연적인 생태주기를 유지하고, 에너지로 전환되며, 화학 첨가물의 사용을 최소화하도록 하는 효과적인 농업 체계를 열망한다.

(3) **지속 가능한 농업은 전 지구적인 평가 요구** : 지속 가능한 농업은 식량과 원료 생산(raw material production), 동물의 육종과 다양한 식물종의 보존 그

리고 경작지를 보존하고 개발하는 것에 농업이 미치는 영향에 대한 전(全)지구적인 평가를 요구한다.

(4) **농산물의 무역에 있어 고려할 사항** : 농산물의 세계적 통상(trade)은 공정한 거래와 가격에 근거해야 하며, 지속 가능한 생산 방식의 비용에 근거해야 하고, [농산물 생산에 있어서] 생태계에 해를 미친 정도의 실제 비용을 고려해야만 한다. 이에 필요한 기술적 생물학적 발전은 지속 가능성을 지탱해 주고, 생태적 결과를 고려하는 것이어야 한다.

가톨릭 사회교리도 여러 나라의 경제 체계에서 농업이 담당해 왔던 사회적 문화적 경제적 역할의 중요성, 점점 더 세계화해 가는 경제 상황에서 해결되어야 할 여러 가지 문제점 그리고 자연환경 보호의 중요성 증대를 고려할 때, 농업 노동에 특별한 관심을 기울일 가치가 있다고 전제하면서 농업(그리고 농촌 사람들)의 가치를 사회 공동체 전체의 발전 안에서 건전한 경제의 근간으로 회복시키기 위한 근본적이고도 긴급한 변혁이 요구된다고 주장하고 있다.[78]

(1) **농업의 의미 재검토 요구** : 농업과 더욱 광범위하게는 농촌 사회에서 진행되는 사회적 문화적 차원의 깊고 근본적인 변화들은 다양한 차원에서 농업의 의미를 전면 검토할 것을 시급히 요청하고 있다.

(2) **농업 환경과 복지** : 이는 매우 중요한 문제로서 과거로부터 이어오는 복지의 개념을 극복하고 사회생활과 경제생활에서 중요한 역할을 하는 현대 농업에 대한 새로운 관점을 키울 수 있는 농업 환경 정책들로 대처해야 한다.[79]

(3) **토지 재분배의 정책 가능성** : 일부 국가에서는, 교회의 사회교리가 단죄하는 비생산적인 대지주제가 참된 경제 발전을 가로막는 것을 극복하기 위해서 건전한 농지 개혁 정책의 일환인 토지 재분배가 불가피하다.

(4) **토지 재산 소유권의 정의** : 개발도상국들이 구조적인 문제의 핵심을 이루는 일부 상황들, 예를 들면 토지 재산 소유권의 인정과 신용 시장과 관련된 법률적 결함과 지연 그리고 농업 연구와 교육, 농촌 지역의 서비스와 기간 시

설에 대한 관심 부족 등에 정면으로 맞선다면, 토지 소유권이 소수인의 손에 집중되는 현 상황에 효율적으로 대처할 수 있을 것이다.

(5) **도덕적 의무로서의 농지 개혁** : 그러므로 농지 개혁은 정치적 요구라기 보다는 도덕적 의무다. 그러한 개혁을 시행하지 않는 것은 이들 국가들이 시장 개방과 더욱 일반적으로는 현재의 세계화 과정이 제공하는 풍부한 성장 기회들에서 비롯되는 혜택을 누리지 못하게 하는 것이기 때문이다.[80]

16 도시와 도시 근교의 생활

도시와 도시 근교의 생활(Urban-Suburban Life)은 점점 더 많은 사람들의 생활양식이 되고 있다. 이러한 생활양식은 경제 교육 사회 문화적 기회를 제공하면서도 한편으로는 소외와 가난, 인격 상실을 초래할 수도 있다. 미연합감리교회는 도시와 도시 근교 생활이 보다 인간화될 것을 촉구한다.

미연합감리교회 사회원리

미연합감리교회는 도시생활과 도시 근교에서의 생활이 점점 더 많은 사람들의 생활양식이 되어 온 것에 주목하면서 대부분의 사람들에게 그러한 생활양식은 경제 교육 사회적 문화적 기회를 제공한다고 보고 있다. 그러나 다른 사람들에게는 이러한 생활양식이 소외와 가난 그리고 인격 상실(depersonalization)을 초래하기 때문에 도시와 도시 근교의 생활이 보다 인간화되어야 한다고 주장하고 있다.[81]

(1) **도시 개발 계획이 더욱 인간화되도록 하기 위한 교회의 책임** : 교회에 속한 우리는 미래의 도시와 도시 근교의 생활을 형성하도록 도울 기회와 책임을 가진다. 도시 재개발과 사회 계획 같은 대규모 개발 계획(massive program)은 도시와 도시 근교에서의 생활양식이 [지금보다] 훨씬 더욱 인간화하도록 해야

한다.

(2) **도시 개발 계획에 대한 기독교인의 평가 기준** : 기독교인들은 경제적 발전과 공동체 발달, 신도시 그리고 도시 재개발을 포함하는 모든 프로그램이 얼마나 인간의 가치를 보호하고 강화하며, 어느 정도까지 인격적 정치적 포괄성(involvement)을 인정하는지, 모든 인종과 연령, 모든 수입의 차이가 사람들과 얼마나 개방적으로 이웃이 될 수 있도록 하는지에 대한 기준을 통해 (그러한 개발 계획을) 평가해야만 한다.

(3) **인간 가치를 존중하는 도시 개발 계획** : 우리는 도시 개발 계획의 중심에 인간의 가치를 두는 모든 개발업자들의 노력이 존재함을 확증한다.

(4) **더 작은 사회 공동체의 의미와 일치를 위한 도시 발전** : 우리는 도시와 도시 근교의 발전이 이루어지는 것을 도와, 그러한 발전이 더 작은 사회 공동체의 의미성과 일치할 수 있도록 그리고 그러한 의미성을 발견할 수 있도록 해야 한다.

(5) **도시와 도시 근교 공동체에 대한 더 작은 공동체의 역할** : 동시에 그러한 더 작은 공동체는 그들 스스로를 고립시키는 것이 아니라, 도시와 도시 근교 전체 공동체에 대하여 책임을 지도록 장려되어야만 한다.

17 미디어 폭력과 기독교 가치

미연합감리교회는 미디어가 주는 충격에 대해 경계하며 그것을 감시하고 윤리적 가치를 증진시키기 위한 공동의 노력을 촉구한다. 웨슬리 또한 인간의 정상적인 감각을 빼앗아가는 것들의 위험성을 경계한다. 가톨릭도 가치를 구분하는 원칙에 대하여 입장을 밝히고 있다.

(1) **정상적인 감각을 빼앗아 가는 미디어** : 그러나 이보다 더 큰 비극은 우리의 정상적인 감각을 빼앗긴다는 사실입니다. 그런데 이 같은 일이 이 시대를 살아가는 대부분의 지방 사람들에게 벌어지고 있습니다.[82]

미연합감리교회 사회원리

미연합감리교회는 전례 없이 우리 사회 내에서 기독교의 가치(Christian Values)와 인간의 가치에 미치는 미디어(주로 텔레비전과 비디오)의 충격(impact)이 매일 더욱 명백하게 나타나고 있음을 우려하고 있다. 따라서 대중매체를 감시하고 윤리적 가치를 증진시키기 위한 공동의 노력을 촉구하고 있다.[83]

(1) **비인간적인 묘사에만 몰두하는 미디어 반대** : 우리는 현 시대의 미디어가 '연예(entertainment)' 와 '뉴스' 와 같은 대중매체에서 선정적으로 보도하고, 비인간적인 묘사에만 몰두하는 데 대한 경멸감을 표명한다. 이러한 행위는 인류의 가치를 저하시키고, 그리스도와 성경의 가르침에 위배되는 것이다.

(2) **신앙 공동체는 미디어 폭력(Media Violence)으로 인해 기독교 진리가 훼손되고 있음을 인지해야 한다** : 다른 신앙 공동체의 신도와 마찬가지로, 연합감리교회 신도는 대중매체가 그러한 미디어 폭력의 생활양식을 암묵적으로 조장하고, 시각적 폭력의 행위를 구체화함으로써 기독교의 진리를 종종 해치고 있다는 사실을 반드시 인지해야만 한다. 대중매체를 시청하는 사람들이 삶의 고결함에 근거한 생활양식을 채택하도록 장려하고, 동기를 부여하며, 그러한 삶을 살도록 격려하는 것이 아니라, 연예 산업은 때때로 그와 정반대의 것, 즉 폭력과 학대, 탐욕, 신성모독 그리고 가정의 명예를 계속 훼손하는 냉소적인 그림을 그리는 것을 옹호하고 있다는 사실을 주목해야 한다.

(3) **오늘날 가치의 타락에 일조하는 미디어** : 미디어는 오늘날 우리가 보게 되는 가치의 타락에 대하여 일부 책임을 져야만 한다. 미디어의 대부분은 그

러한 문제에 대하여 여전히 함구하며, 오히려 미디어가 사회에 영향을 끼치는 것이 아니라, 사회를 반영하는 것이라 주장한다.

(4) 미디어가 인간의 도덕적 윤리적 가치를 침식하는 것을 막기 위해 해야 할 일 : 우리의 인류를 위하여, 기독교인들은 세계 공동체에서 이러한 도덕적 윤리적 가치의 침식을 막기 위해 다음과 같이 일해야 한다.

· 지역 교회의 회중이 그들의 자녀가 텔레비전, 영화, 라디오와 인터넷을 보고 듣는 일에 대하여 부모로서 관리할 책임이 있다는 것을 지지하고 장려하도록 이끈다.

· 지역 교회의 회중과 부모 그리고 모든 개인들이 폭력적이고 성적으로 음란한 방송을 불필요하게 방영하는 방송국과 그 방송국을 후원하는 회사에 편지를 써서 그러한 방송 행태에 대하여 반대하고 있음을 표현하도록 장려한다.

· 모든 개인들이 이러한 폭력적이며 선정적인 방송을 후원하는 회사의 상품이 아닌 다른 회사의 대체 상품(alternate products)을 선택하고 구매함으로써 자신의 반대 입장을 밝히도록 장려한다.

(가톨릭 사회교리)

(1) 기독교적 가치의 기준 : 합법적 자율성을 존중하는 자연적 가치, 모든 사회 · 정치문제의 본질적이고 윤리적인 차원에 대한 인식을 촉진하는 도덕적 가치 그리고 예수 그리스도의 복음 정신으로 자신의 의무를 완수하려는 초자연적 가치다.[84]

18 정보통신기술

정보화 사회에서 정보통신기술은 효과적인 개인 통신수단이 책임 있고 능력 있는 사회 성원이 되기 위한 핵심사항이다. 미연합감리교회 사회원리는 정보통신기술이 기본적 권리지만, 이것이 어린이와 성인의 정신과 양육에 부정적 영향을 미치지 않도록 관리할 것을 촉구한다. 가톨릭 사회교리 또한 민주적 참여를 위한 주요한 도구로서 정보통신기술을 인정하면서, 그것이 공동선을 위한 목적에 적합하고, 대중매체의 전달 형식에 대한 공정한 과정이 있어야 한다고 강조하고 있다. 한편 기독교대한감리회의 사회신경에는 '미디어'에 대한 언급은 없지만 과학기술의 오용과 비인간화에 대하여 경고하고 있다.

미연합감리교회 사회원리

미연합감리교회는 효과적인 개인 통신수단이 책임 있고 능력 있는 사회 성원이 되기 위한 핵심사항이라고 보고 그 사회원리에 대하여 소개하고 있다.[85]

(1) **정보통신기술은 모든 사람에게 동등하게 제공되어야 할 기본적 권리다** : 정보통신기술이 사회를 형성하고 개인이 더욱 충실한 참여를 가능하게 하는 힘을 제공하기 때문에, 우리는 모든 사람이 이러한 정보통신기술에 접근할 수 있는 것이 기본적인 권리임을 믿는다.

(2) **독립적인 다양한 정보와 공동선을 제공하도록 미디어의 상업적 집중 규제** : 정보통신기술은 우리에게 정보와 오락 그리고 사회의 목소리를 제공한다. 정보통신기술이 제공하는 이러한 것들은 우리 삶의 질(質)을 향상시켜 주며, 인간 상호 간에 그리고 우리의 정부와 전 세계에 있는 모든 사람들과 모든 문화와 교류할 수 있는 수단을 우리에게 제공한다. 세계에서 일어나는 사건에 대한 대부분의 정보는 지상파 방송(broadcast)과 유선 방송, 인쇄매체와 인터넷을 통해 전달된다. 주로 상업적 이해관계에 의해 미디어의 통제가 집중되기 때문에 정보의 선택에 대한 우리의 선택권이 제한되고 때때로 인간의 가치에 대하여 왜곡된 견해를 보여주기도 한다. 그러므로 우리는 독립적인 다양한 정보를 보장하고 공동선(public good)을 제공하도록 미디어통신기술에 대해 규제할 것을 지지한다.

(3) **인터넷에 대한 철저한 관리 촉구** : 인터넷과 같은 개인 통신기술은 사람

들이 서로 교류하고, 상업적 문화적 정치적 개인적 가치를 지니는 광범위한 정보 자원들에 접근할 수 있도록 한다. 인터넷이 어린이와 성인의 정신과 영혼을 양육할 수도 있지만, 상업적 이해관계로 넘칠 위험이 있으며, 어떤 이들은 이를 부적절하고 불법적인 자료를 유통시키기 위해 사용하기도 한다. 그러므로 인터넷이 특별히 어린이에게 미칠 위험성을 최소화하고 그 유익함을 최대화할 수 있도록 책임을 다해 관리해야 한다. 현대 세계에서 비용과 그 이용 가능성의 한계 때문에 인터넷과 같은 기본적인 정보통신기술을 사용하기를 거부하는 것은 정부와 사회에 사람들이 참여하는 것을 제한하는 것이다. 따라서 우리는 모든 사람이 감당할 수 있는 가격으로 전화와 인터넷 서비스를 이용하도록 하는 목표를 지지한다.

가톨릭 사회교리

가톨릭 사회교리는 정보가 민주적 참여를 위한 주요한 도구 가운데 하나기 때문에 복잡한 사회생활 영역에서 정보와 의사소통을 위한 여러 형태의 도구들이 존재할 수 있도록 하면서 실질적인 다원주의를 보장하여야 한다고 주장하고 있다. 따라서 대중매체의 공동선을 위한 목적과 대중매체의 전달 형식에 대한 공정한 과정이 있어야 한다고 강조하고 있다.

(1) **대중매체의 목적** : 대중매체는 인간 공동체의 여러 분야, 곧 경제, 정치, 문화, 교육, 종교에서 인간 공동체를 건설하고 유지하는 데에 이용되어야 한다. 대중매체를 통한 정보 전달은 공동선을 위한 것이다. 사회는 진실과 자유와 정의와 연대 의식에 근거한 정보를 제공받을 권리가 있다.[86]

(2) **대중매체의 사명** :

· 현재의 정보 체계가 인간 향상에 이바지하여야 하며,

· 그것이 사람들을 영적으로 더욱 성숙하게 하고,

· 그들의 인간 존엄을 더욱 깊이 깨닫게 하며,

· 다른 사람들, 특히 가장 가진 것 없고 힘없는 사람들에게 더욱 책임을 다

할 수 있게 하고,

· 그들에게 더욱 열려 있게 할 수 있느냐 하는 것이며,

· 매우 중요한 또 하나의 측면은 새로운 기술들이 정당한 문화적 차이를 존중하도록 할 필요성이다.[87]

(3) **정보의 객관성 보장** : 정보의 객관성에 대한 권리를 온전히 행사하지 못하게 하는 장애물 가운데, 특별히 주목하여야 하는 것은 소수의 사람이나 집단들이 조종하고 있는 뉴스 미디어 현상이다. 이러한 현상에, 정치 활동과 금융 정보기관들의 유착까지 더해지면 이는 전체 민주주의 제도에 위험한 결과를 미친다.[88]

(4) **대중매체의 윤리와 정책** : 윤리 차원은 커뮤니케이션의 내용(메시지)과 커뮤니케이션 과정(전달 방법)에만 관련되는 것이 아니라 근본 구조나 제도문제와도 관련된다. 여기에는 흔히 첨단기술과 제품의 분배에 영향을 주는 중요한 정책문제(누가 정보를 많이 가지게 될 것이며 누가 적게 가지게 될 것인가)가 포함된다.[89]

(5) **메시지, 전달, 구조문제의 윤리** :

- 첫 번째는 인간과 인간 공동체가 대중매체 활용의 목적이며 척도라는 것이다.

- 이를 보완하는 두 번째 원칙은 인간의 선익과 그들이 속한 공동체의 공동선과 별도로 이루어질 수는 없다는 것이다. 따라서 국민들이 대중매체 정책에 관한 의사 결정 과정에 참여할 필요가 있다.

- 이러한 참여는 공개적이어야 하며, 대중매체가 돈벌이가 되는 사업을 할 때 특정 이익 집단을 위해 잘못 이용되지 않고 진정 민의를 대표하는 것이 되어야 한다.[90]

19 HIV와 AIDS 감염자들의 권리

인체 면역 결핍 바이러스(Human Immune Virus, HIV)와 후천성 면역 결핍증(Acquired Immune Deficiency Syndrome, AIDS)이 반드시 비도덕적 행위의 결과는 아니다. 비록 그렇다 하더라도 HIV와 AIDS 환자는 정죄의 대상이 아니라 치료의 대상이다. 미연합감리교회는 이들 환자뿐만 아니라 그 가족들의 존엄성을 보장하고, 그들을 위한 교회의 역할과 책임을 당부한다.

웨슬리 사회원리

(1) HIV와 AIDS 감염자는 죄인이 아니라 치료의 대상이다 : 우리의 혈관 속에 흐르는 피의 순환이나 우리의 뇌 속에 있는 정신이 악한 것이 아닌 것처럼 그런 생각들도 죄악된 것은 아닙니다. 이런 생각들은 허약한 체질이나 병든 몸을 가졌다는 사실이 죄가 안 된다는 것처럼 그것들도 무죄한 것입니다. 그리고 신경이 잘못된 상태, 어떤 종류의 질병 그리고 순간적이거나 영구적인 정신착란증 등이 완전히 무죄한 것이라는 사실을 의심할 자는 아무도 없습니다. 그리고 그것들이 건강한 신체와 결합된 영혼에서 발생되었다고 할지라도, 즉 몸과 영혼의 자연적 결합이나 혹은 생각에 작용하는 몸의 기관에서 일어나는 수천 가지의 변화들로부터 발생된 것이라고 할지라도 어떤 경우에 있어서나 그것들이 발생된 원인과 마찬가지로 그 병들은 전적으로 무죄한 것입니다. 그리고 그들이 우발적이고도 무의식적으로 우리 생각의 결합으로부터 발생되었을 때에도 그렇습니다.91)

미연합감리교회 사회원리

미연합감리교회는 인체 면역 결핍 바이러스(HIV)에 감염되고 후천성 면역 결핍증(AIDS)에 걸린 사람들은 종종 그 가족들과 친구들 그리고 자신들이 일하고 교류하는 다양한 공동체에서 거부당하거나 심지어 운명의 순간까지 적절한 건강관리를 받지 못하는 것에 대하여 주목하고 사회원리를 통하여 이들의 존엄성과 권리를 밝히고 있다.[92]

(1) HIV와 AIDS 환자들의 존엄성 : HIV와 AIDS에 감염된 채 사는 모든 사람들 또한 그들의 존엄성을 인정받고 존중받아야만 한다.

(2) 교회의 책임 : 우리는 교회가 HIV와 AIDS에 어떻게 감염되었는지는 개의치 않고, 그 질병에 감염된 사람들과 그 가족들을 섬기고, 그들과 함께 목회해야 할 책임이 있음을 확증한다.

(3) HIV와 AIDS 환자들의 권리 : 우리는 HIV와 AIDS에 감염된 사람들도 고용과 적절한 의료 혜택을 받고, 공립 교육에 충실하게 참여하고 교회생활에 온전히 참여할 수 있는 권리를 지니고 있음을 지지한다.

(4) 교회의 역할 : 우리는 교회가 교회 회중과 교회 공동체에 교육의 기회를 제공함으로써 AIDS의 확산을 방지하는 데에 적극적으로 참여하기를 촉구한다. 교회는 HIV와 AIDS에 감염된 사람들과 그 가족들에게 상담해 줄 수 있어야 한다.

20 건강을 관리할 권리

인간은 항상 질병 가운데 존재한다. 웨슬리는 질병이 반드시 인간의 죄로 인한 결과가 아님을 인식하며, 인간의 질병에 있어서 의사들이 도덕적 윤리적으로 책임을 져야 할 것을 강조했다. 미연합감리교회 사회원리는 인간이 모든 영역에 있어서 건강을 관리할 권리(Right to Health Care)가 있으며, 이를 위해 정부가 노력할 것을 촉구한다. 또한 개인적으로 장기 기증과 장기 이식과 같은 사랑의 행위를 권장한다.

웨슬리 사회원리

(1) **질병 가운데 있는 인간의 현재 상태** : 죽음과 그 이전에 나타나는 질병, 약함, 고통, 수없는 질환과 실수가 언제나 우리를 공격합니다. 그것이 인간의 현재 상태입니다.[93]

(2) **인간의 건강을 책임져야 할 의사의 자세** : 의사들이 자신들의 수익을 늘리기 위해 똑같은 죄의 동참자가 된 것은 아닙니까? 조속히 제거시킬 수도 있었던 고통이나 질병을 고의적으로 오래 끄는 자들이 아닙니까? 재물을 약탈하기 위해 환자의 신체 치료를 연장한 자는 누구입니까? 가능한 한 빨리 병을 고치지도 않고, '가능한 한 조속히' 모든 병마와 고통을 제거시키지도 않은 자가 어떻게 감히 하나님 앞에 깨끗할 수 있겠습니까?[94]

(3) **우리의 몸을 건강하게 관리해야 할 이유** : 둘째로, 하나님께서는 우리에게 몸 – 이것은 정교하게 만드신 기계로서 참으로 지으심이 신묘막측하심이라(시 139:14). – 과 그 모든 듣고 말하는 기관과 그 밖의 기관을 우리에게 위탁하셨는데 그 어느 것도 우리의 것으로서 우리 자신의 의지를 따라 사용하기 위하여 주신 것이 아닙니다. 그 어느 것도 어느 기간 동안 우리가 좋아하는 대로 자유롭게 사용해도 상관이 없다는 의미로 우리에게 맡겨 주시는 것은 아닙니다. 그런 것이 아니라 우리는 그것들을 바로 다음과 같은 조건으로 받은 것입니다. 즉 그것들이 우리와 함께 머물러 있는 한, 우리는 그 모든 것을 하나님께서 정해 주신 바로 그 방식으로 사용하되 그 이외의 다른 방식으로는 전혀 사용하면 안 되는 것입니다.[95]

(4) **환자의 건강을 관리하기 위한 의사의 역할** : 가능한 한 냉정함과 온건함을 그리고 사정이 허락되는 한 모든 부드러움을 거기에 첨가하십시오. 당신은 도살자나 교수형 집행인과 같이 설치지 말고 차라리 치료를 위하여 필요한 이상으로는 환자에게 고통을 주지 않는 외과의사와 같이 행동해야 합니다.[96]

미연합감리교회는 사회원리를 통하여 모든 사람은 건강할 권리를 가지고 있음을 명시하면서 그 원칙을 다음과 같이 설명하고 있다.[97]

(1) **건강의 기본권** : 건강은 육체적 정신적 그리고 영적으로 행복한 상태며, 건강을 공적이며 동시에 사적인 책임(responsibility)으로 보고 있다. 따라서 건강관리는 인간의 기본적인 권리다. 시편 146편은 "압제 당하는 자들을 위해 공의를 베푸시며, 굶주린 자에게 음식을 주시는" 하나님에 대하여 이야기한다. "주님은 포로 된 자를 자유케 하시며, 눈먼 자의 눈을 뜨게 하시는 분"이시다.

(2) **건강관리의 영역** : 건강을 관리할 권리는 뇌질환, 신경 이상 또는 육체적 장애를 지닌 사람들에 대한 간호를 포함하는데, 이들 또한 우리 사회의 모든 사람들이 받는 것과 똑같은 건강권리를 제공받을 수 있어야 한다. 이러한 장애인들이 육체적 또는 정신적 일체성을 갖고, 사회에 온전히 참여하는 것을 막는 장벽을 세우고 그것을 계속 유지하는 것은 부당하다.

(3) **건강의 필요조건** : 우리는 모든 개인이 건강한 생활양식을 추구하고, 예방적인 건강관리와 건강교육, 환경과 직업의 안정성, 좋은 환경이 따르는 양육의 중요성을 확증하며, 건강을 이루기에 충분한 거주지를 확보하도록 격려한다.

(4) **정부의 역할** : 우리는 또한 모든 개인이 건강하게 되기 위해 필요한 요소들을 향유하는 것을 보증하는 데 있어서 정부가 담당해야 할 역할이 있음을 인정한다. HIV/AIDS와 같은 공공보건(public health)에 있어서 위기에 직면한 국가는 반드시 일반적인(generic) 의약품과 제약 회사의 특허권/면허권을 침해하지 않는 범위에서 특허 받은(patented) 의약품을 제공받을 수 있어야 한다.

(5) **건강 서비스를 받을 권리** : 우리는 남성과 여성 모두 예상치 못한 임신을 방지하고, 낙태를 줄이며, HIV/AIDS의 확산을 막을 수 있는 수단이 될 포괄적

인 건강/가정 재생 계획(comprehensive reproductive health/family planning)에 대한 정보와 서비스를 제공받을 권리가 있음을 확증한다.

미연합감리교회는 아울러 건강을 위한 장기 이식과 장기 기증(Organ Transplantation and Donation)이 자기희생의 사랑임을 강조하고 있다.

(1) **아가페적 사랑으로서의 장기 이식** : 우리는 장기 이식과 장기 기증이 선행(charity)과 아가페의 사랑, 그리고 자기희생의 행위임을 믿는다.

(2) **섬김으로서의 장기 이식** : 우리는 장기와 다른 신체 조직을 기증하는 것이 생명을 주는 구제(benefits)임을 인정하고 모든 믿음의 사람들이 [신체적으로] 결핍된 다른 사람들에 대한 사랑과 섬김의 일환으로서 장기와 신체조직 기증자가 되도록 격려한다.

(3) **성숙한 장기 기증 문화** : 우리는 장기 기증이 이미 사망한 기증자와 살아있는 기증자를 존경하고, 그리고 피기증자들이 받게 될 구제에 대하여 존중하는 분위기에서 이루어지고, 기증자와 그 가족들에 대한 공격(abuse)을 주의 깊게 방지할 수 있는 규약(protocols)을 따를 것을 촉구한다.

4장. 경제 공동체

'경제 공동체'는 인간의 권리인 동시에 책임을 요구한다. 성경은 인간의 노동의 필요성을 인정하면서도 동시에 그로부터 얻어지는 재산과 부에 대한 경계도 나타난다. 웨슬리도 인간이 소유할 재화가 하나님께서 주신 선물임을 인정하면서도 그것이 우상이 되지 않아야 됨을 강조한다. 기독교대한감리회는 사회신경 5조와 6조에서 경제 공동체를 형성하는 데 중요한 노동과 분배의 중요성 그리고 복지사회 건설에 대하여 강조하고 있으며, 미연합감리교회 사회원리는 경제 공동체가 하나님의 정의로운 질서에 속해야 함을 강조하며, 그를 위한 정부의 책임과 기업 윤리의 중요성을 제시한다. 가톨릭 사회교리는 하나님께서 인간에게 주신 소명으로서 경제 활동에 감사하며 응답하는 것이라 여기고 그렇게 수행하여야 한다고 주장한다.

관련성구

(1) **예수님께서 보여 주신 경제적 재화와 부, 가난의 의미** : 예수님께서는 구약 전체를 경제적 재화와 부, 가난과 관련하여 다루시며, 그러한 것들의 의미를 명확하게 하시고 완성시키신다. (마 6:24; 13:22; 눅 6:20~24; 12:15~21; 롬 14:6~8; 딤전 4:4)

(2) **재화의 온전한 사용의 필요성** : 달란트 비유는 우리가 받은 것을 올바르게 이용하고 간수하며 불려나가야 함을 보여준다. (마 25:14~30; 눅 19:12~27)

(3) **분별없는 재화의 사용에 대한 경계** : 분별없이 자신이 가진 재화를 우상으로 섬기는 사람은 그 재화에 예속되고 노예가 되어 버린다. (마 6:24; 19:21~26; 눅 16:13)

(4) **부의 진정한 의미** : 주님을 경외하며 가진 적은 것이 불안 속의 많은 보화보다 낫다. (잠 15:16)

(5) **정의로운 경제 정의의 필요성** : 정의로 가진 적은 것이 불의로 얻은 많은 소득보다 낫다. (잠 16:8)

(6) **자신의 재산으로 가난한 이를 억압하는 것은 불의다** : 자신의 재화와 경제적 부로 가난한 이들을 억압하는 것은 불의다. (사 58:3~11; 렘 7:4~7; 호 4:1~2; 암 2:6~7; 미 2:1~2)

(7) **돈에 대한 사랑과 죄악** : "돈을 사랑하는 것이 모든 악의 뿌리입니다. 돈을 좇다가, 믿음에서 떠나 헤매기도 하고, 많은 고통을 겪기도 한 사람이 더러 있습니다."(딤전 6:10)

(8) **인간이 땅에서 노동하게 하신 하나님** : 하나님은 자신의 모습대로 지으신 인간을 땅에서 일하게 하셨다. (창 2:5~7)

(9) **재화에 대한 인간의 책임** : 인간은 하나님께서 창조하신 재화를 "일구고 돌보아야" 한다. (창 2:15)

(10) **피조물을 인간이 사용할 권리와 의무** : 창조주의 계획대로, 창조된 실재들은 그 자체로 선하며 인간이 사용하도록 존재한다. (시 8:5~7)

(11) **노동이 고생스럽고 힘든 이유** : 노동은 본래 하나님과의 신뢰와 일치의 관계를 깬 인간의 죄 때문에 고생스럽고 힘든 것이 되었다. (창 3:6~8)

(12) **노동의 의미와 가치** : 노동은 부의 원천이고 적어도 품위 있는 생활을 위한 조건이므로 명예로운 것이며 원칙적으로 빈곤을 막는 효과적인 도구다. (잠 10:4)

(13) **예수님께서도 노동을 하셨다** : 예수님께서도 육신의 아버지인 요셉에 순종하며, 노동을 하셨다. (마 13:55; 막 6:3; 눅 2:51)

(14) **자신의 달란트대로 최선을 다해 노동하라**(달란트 비유) : 예수님께서는 자신의 달란트대로 일하지 아니하는 종을 책망하시고, 자신에게 맡겨진 일을 열심히 하는 충성스럽고 슬기로운 종을 칭찬하신다. (마 25:14~30, 24:46)

(15) **예수님의 사명 또한 일하는 것이다** : 예수님께서는 "내 아버지께서 여태 일하고 계시니 나도 일하는 것이다."라고 말씀하시며, 자신의 사명 또한 일하는 것임을 밝히셨다. (요 5:17)

(16) **노동의 대가의 당위성** : 노동한 사람들이 그 일에 대한 대가를 받는 것은 당연한 일이다. (눅 10:7)

(17) **그리스도인은 노동을 해야만 한다** : 그리스도인은 일하지 않고 다른 이들에게 폐를 끼치며 살 권리가 없다. (살후 3:6~12)

(18) **노동의 열매로서 나눔의 연대성을 실천하라** : 모든 그리스도인은 "남에게 신세지는 일 없이" 자신의 노동의 열매를 '곤궁한 사람들'과 나눔으로써 연대성을 실천해야 한다. (살전 4:12; 엡 4:28)

(19) **일 자체는 삶의 목적이 아니다** : 인간은 일의 노예가 되어서는 안 되며, 인간 자신의 영혼을 돌보아야 한다. 온 세상을 얻는 것은 삶의 목적이 아니다. (막 8:36)

(20) **일 때문에 하나님 나라의 일을 소홀히 해서는 안 된다** : 갖가지 일을 걱정하며, 마음을 씀으로써 하나님 나라와 하나님께서 의롭게 여기시는 일들을 소홀히 하는 우(愚)를 범하면 안 된다. (마 6:25, 31, 33~34)

(21) **노동의 올바른 지향점** : 노동은 하나님 나라와 하나님의 의를 지향할 때에만 올바른 의미와 가치를 지닌다. (눅 10:40~42)

(22) **하나님의 영광을 돌리기 위한 봉사로서 인간의 노동** : 인간의 노동은 '그리스도의 헤아릴 수 없는 풍요'를 드러냄으로써 하나님의 영광을 위해 바치는 봉사가 된다. (엡 3:8)

(23) **노동과 휴식** : 인간은 노동의 숙명에 묶여 있기는 하지만, 휴식은 더 충만한 자유와 영원한 안식의 가능성을 열어 주고 있다. (히 4:9~10)

(24) **휴식의 당위성** : 하나님께서도 쉬셨다. (창 2:2)

(25) **가난의 원인** : 가난은 게으름과 근면성 부족의 결과이기도 하며, 타고난 것이기도 하다. (잠 10:4, 22:2)

(26) **가장 보잘것없는 이들' 에 대한 그리스도의 연민** : 그리스도께서는 '가장 보잘것없는 이들' 을 자기 자신과 동일시하시며 이들에 대한 연민을 보여주셨다. (마 25:40, 45)

(27) **그리스도께서 현존하시는 표징** : '가난한 이들이 복음을 들을' 때, 그것은 그리스도께서 현존하시는 표징이 된다. (마 11:5)

(28) **그리스도께 보여야 할 관심과 가난한 이들에 대한 봉사는 분리된 것이 아니다** : "가난한 이들은 늘 너희 곁에 있지만, 나는 늘 너희 곁에 있지 않을 것이다."는 말씀은 우리가 그리스도께 보여야 할 관심과 가난한 사람들에 대한 봉사를 따로 생각하지 말라는 것이다. (마 26:11; 막 14:7; 요 12:8)

(29) **가난한 이들에 대한 우리의 책임** : 가난한 이들은 우리에게 맡겨져 있고, 우리에게 맡겨진 이 책임은 세상 끝날 심판받게 될 것이다. (마 25:31~46)

(30) **가난한 이들을 도와야 할 교회의 책임** : 교회는 자신이 받은 대로 가난한 사람들에게 도움을 주어야 한다. (마 10:8)

(31) **가난한 이들에 대한 사랑** : 가난한 이들에 대한 사랑은 분명 "재물에 지나친 애착을 갖거나 재물을 이기적으로 사용하지 않는 것"이다. (약 5:1~6)

(32) **가난한 이들을 도와주어야 할 그리스도인의 사명** : 그리스도인들은 가난한 이웃들에게 먹고 마실 것과 입을 것을 주고 그들을 따뜻하게 맞아 보살피며 친구가 되어 주라고 주님께서 명령하셨다. (마 25:35~36)

(33) **기업의 책임** : 적정한 임금을 지불하지 않는 것은 심각한 불의를 저지르는 것이다. (레 19:13; 신 14:14~15; 약 5:4)

(**웨슬리 사회원리**)

(1) **하나님의 선물로서의 재화** : 인류의 현재 상태에서 가장 고귀한 목적을 충족시키는 돈은 하나님의 훌륭한 선물입니다. 하나님의 자녀의 수중에 있는 돈은 배고픈 자들에게 먹을 것을, 목마른 자들에게 마실 것을, 헐벗은 자들에게 입을 것을 제공해 줍니다. 그리고 돈은 여행자들이나 타향인이 거처할 곳

을 마련해 줍니다. 그것은 과부들에게는 남편과 같은 자리를, 고아들에게는 아버지와 같은 자리를 차지합니다. 우리는 억눌린 자를 보호할 수 있으며, 병든 자에게 건강을, 고통 받는 자에게는 안위를 줄 수 있습니다. 눈 먼 자에게는 눈과 같이 되고, 절름발이에게는 발이 될 수도 있습니다. 뿐만 아니라 죽음의 문에서 끌어올릴 수도 있습니다.[1]

기독교대한감리회 사회신경

기독교대한감리회는 사회신경 5조와 6조를 통하여 경제 공동체를 형성하는 데 중요한 노동과 분배의 중요성 그리고 복지사회 건설에 대하여 강조하고 있다.[2]

(5조) **노동과 분배 정의** : 우리는 자기실현을 위한 노동의 존엄성과 하나님이 주신 소명으로서의 직업을 귀하게 여긴다. 동시에 우리는 그 과정에서 나타나는 빈부의 격차를 시정하여 분배 정의가 실현되도록 최선을 다한다.

(6조) **복지사회 건설** : 우리는 부를 독점하여 사회의 균형을 깨뜨리는 무간섭 자본주의를 거부하며 동시에 인간의 자유를 억압하는 전체주의적 사회주의도 배격한다. 우리는 온 국민이 사랑과 봉사의 정신으로 서로 도우며 사는 복지사회 건설에 매진한다.

미연합감리교회 사회원리

미연합감리교회는 교리와 장정 163조를 통하여 경제 체계도 하나님의 정의로운 질서에 속하여 할 것을 강조하고 있다.[3]

(1) **하나님의 정의로운 질서로서의 경제** : 우리는 모든 경제 체계 또한 다른 창조 질서와 마찬가지로 하나님의 정의에 종속된 것임을(to be under the judgment of God) 주장한다.

(2) **정부의 책임** : 우리는 정부가 모든 개인과 기업체에 경제생활을 영위하게 하고, 인플레이션을 최소화하면서 완전 고용과 적정한 수입을 보장할 수

있는 올바른 재정 정책과 통화 정책을 발전시키고 이행해야 할 책임이 있음을 인정한다.

(3) **기업의 책임** : 우리는 사기업과 공기업 모두 고용과 환경오염과 같은 사업상 발생하는 사회적 비용에 대한 책임이 있음을 믿으며, 기업들은 이러한 사회적 비용에 대하여 대가를 지불할 책임이 있음을 믿는다.

(4) **부의 분배** : 우리는 '부(wealth)'가 소수의 사람들에게 집중되는 것을 방지하는 정책을 지지한다.

(5) **조세 구조의 개혁** : 우리는 조세 구조를 개혁하고, 현재 다른 사람들을 희생하는 대가로 부유층에 이득을 주는 프로그램을 정부 차원에서 지지할 수 없도록 하기 위한 노력을 지지한다.

가톨릭 사회교리

가톨릭 사회교리는 경제 활동이 하나님께서 각 인간에게 주시는 소명에 감사하며 응답하는 것이라 여기고 그렇게 수행하여야 한다고 주장하고 있다.

(1) **성서의 경제 활동** : 성서에서 인간은 동산에서, 정해진 한도 내에서 땅을 이용하면서(창 2:16~17 참조) 갈고 지키며, 그 동산을 완전한 것이 되게 하려고 노력하였다(창 1,26~30, 2:15~16; 지혜 9:2~3 참조).

(2) **정의의 활동으로서의 경제** : 창조주의 위대하심과 선하심을 증언하면서 인간은 하나님께서 초대하시는 충만한 자유를 향하여 나아간다. 받은 선물과 물질 재화를 잘 관리하는 것은 자신뿐 아니라 타인을 향한 정의의 활동이다. 달란트의 비유에서처럼(마 25:14~30; 눅 19:12~27 참조) 우리는 받은 것을 올바르게 사용하고 간수하며 불려야 한다.

(3) **경제 활동의 목적** : 경제 활동과 물질적 진보는 인간과 사회에 이바지하여야 한다. 사람들이 그리스도의 제자로서 지닌 믿음과 바람과 사랑으로 이러한 것들에 헌신한다면, 경제와 진보도 구원과 성화의 자리로 변할 수 있다.

(4) **사랑과 연대로서의 경제 활동** : 이러한 경제 영역에서도 인간적 차원을

뛰어넘는 사랑과 연대를 표현할 수 있으며 앞으로 올 세상을 앞당기는 새로운 인류의 성장에 기여할 수 있다. 예수님께서는 믿는 이를 하나님 앞에서 부유한 사람이 되도록 부르셨다(눅 12:21 참조). 마찬가지로 경제도 인간과 사회, 인간 삶의 질의 전반적인 성장을 위한 도구로서 그 기능을 저버리지 않을 때, 이러한 목적에 유용하다.[4]

1 재산

인간은 자신의 재산(Property)을 소유할 권리를 분명히 가지지만, 이것이 소유에 대한 집착이 되어서는 안 된다. 웨슬리는 재화가 우상이 되고, 재물 축적이 모험이 되어 버리는 위험성을 경계하고, 재산의 목적에 사랑이 있어야 함을 강조한다. 미연합감리교회는 재산의 소유에 집착하는 것보다 더 전체 사회의 권리 차원에서 재산을 보호할 수 있는 권리를 강조하며, 가톨릭 사회교리는 재화가 지닌 보편적인 목적을 주장하고 재화의 소유가 봉사를 지향하고 소유보다는 존재 자체를 지향하여야 한다고 명시하고 있다.

웨슬리 사회원리

(1) **우상으로서의 재화** : 모든 기독교국과 그리스도인들이 사는 각 도시에서는 그들 자신의 신들도 만들어 섬기고 있습니다. 그 나라들은 하나님을 경외하며 그를 경배하는 예식절차를 버린 것도 아닙니다. 그러나 동시에 그들은 은과 금으로 자기들의 손으로 '아로새긴 우상'도 섬깁니다. 즉 돈과 향락과 칭송 같은 세상의 신들을 섬김으로 이스라엘의 하나님 섬기는 일을 분열시킵니다. 이리하여 "자자손손이 그 열조의 행한 것을 좇아 오늘까지 그대로 하는" 것입니다.[5]

(2) **하나님과 재물을 동시에 섬길 수 없다** : 두 주인을 섬긴다는 것, 이것은

얼마나 어리석은 일입니까? …… 즉 "한 편을 미워하고 다른 편을 사랑하거나 한 편을 극진히 위하고 다른 편은 업신여기게" 될 것입니다. …… 그러므로 누가 뭐라 해도 '하나님과 재물을 함께 섬길 수는 없는' 것입니다. [6)

(3) **재화와 하나님 사이에서 머뭇거리지 말라** : 이 둘(하나님과 재물) 사이에서 머뭇거릴 때 그는 둘을 다 잃어버릴 것이며, 따라서 하나님 안에서의 평화도 세상에서의 즐거움도 다 잃어버리고 말 것입니다.[7)

(4) **재물 축적의 위험성** : 이 세상에 아마 재물 축적보다 더 우리의 정신을 빼앗는 일은 없다고 할 것입니다. 재물을 모으는 사람들 중 대다수는 성경을 읽거나 들으며, 매 주일 교회에 나가 그 말씀을 듣습니다. 그들은 그 성경 말씀을 백번도 더 들었을 것입니다. 그러나 그들은 자기들의 자녀를 몰록에게 바치는 것을 금하는 일에 대하여 아무런 가책을 느끼지 않는 것입니다. 하나님은 그분의 강한 목소리로, 이 비참하고 자신을 속이는 인간들(self-deceiver)에게 말씀하십니다. 저들이 마귀의 올무에서 놓임을 받고 그들의 눈을 가린 비늘이 떨어져 나가게 하시기를 나는 간절히 바랍니다.[8)

(5) **하나님의 영광을 위해 재산을 사용하는 일의 중요성** : 하나님을 경외하는 자들이 가치 있는 달란트를 어떻게 사용할 수 있을까 하는 방법을 알고, 그리고 어떻게 이 영광된 목적에 응답할 수 있으며 가장 최상의 수준으로 응답할 수 있을까를 배우는 것은 아주 중요한 일입니다. [9)

(6) **이웃 사랑** : 노동과 고통에 대한 보다 큰 감미로움은 기독교적인 '우리 이웃에 대한 사랑' 입니다.[10)

(7) **위선자가 추구하는 삶의 목적** : 위선을 떠는 자가 추구하는 목적은 세속적인 이익입니다. 행동의 주된 목적이 영원한 행복인 사람들은 그것을 숨길 필요가 없습니다. 그러나 재산이든 명예든 권력이든 감각적인 쾌락이든 간에, 이러한 세속적인 목적은 비록 그것을 달성한다 할지라도 그의 욕망을 만족시켜 주지 못합니다.[11)

(8) **돈을 사랑함이 일만 악의 뿌리다** : 돈 자체가 사악한 것은 아닙니다. 그

것은 나쁜 목적뿐만 아니라 좋은 목적에도 사용될 수 있습니다. 그러나 그럼에도 불구하고 의심할 바 없는 진리는 '돈을 사랑함이 일만 악의 뿌리' 라는 것입니다. 그리고 또한 부를 소유함이 그것에 대한 사랑을 낳는다는 것입니다.12)

(9) **탐욕의 문제** : 그러나 이 지독한 탐욕, 즉 '돈을 사랑하는 것' 과 나란히 좀 더 잘 정제된 또 다른 특별한 탐욕이 있으니 그것은 위대한 사도가 말하는 문자적인 의미로는 지금 자신이 가지고 있는 것보다 '더 가지려는 욕망(πλεονεξία)' 이라는 것입니다.13)

(10) **청렴의 중요성** : 많은 경건한 사람들이 "경건의 요소 다음으로 중요한 것이 청렴입니다."라고 말합니다. 사실 기독교가 청렴성이 부족해 보일 때 좋지 않은 모습으로 비춰지고 또 전하는 말씀이 악하게 보일 수 있습니다. 그리고 근검의 요소 없이는 우리는 이 세상과 또 다가올 세상, 어느 곳에도 맞지 않게 될 것입니다.14)

(11) **인간 사회가 분열된 원인** : 돈에 대한 사랑(이것이 모든 악의 뿌리인데)으로 공산사회에서 최초의 균열이 생겼습니다.15)

(12) **부의 축적과 탐욕의 관계** : 돈이 늘어나듯 돈에 대한 사랑도 자랍니다. …… 수종증(水腫症)에 걸렸을 때 여러분이 술을 마시면 마실수록 여러분은 더 심한 갈증을 느끼게 되며, 마침내 억누를 수 없는 갈증은 당신을 결코 꺼버릴 수 없을 불 속으로 빠지게 합니다.16)

(13) **재물로 인한 위험 경계** : "부자가 하나님의 나라에 들어가는 것보다 낙타가 바늘귀로 지나가는 것이 더 쉽다."는 주님의 말씀으로부터 우리는 어느 누구도 재물로 인해 위험에 처하지 않고서는 부(富)를 얻을 수 없음을 쉽게 알 수 있습니다.17)

(14) **나누어 주는 삶의 중요성** : 여러분들은 가능한 한 많이 벌고, 많이 저축하고 계십니까? 그러면 당연히 부유해질 것입니다. 만일 여러분들이 지옥의 저주를 피하고 싶으면 될 수 있는 대로 많이 나누어 주십시오.18)

(15) **금전을 바로 사용하라** : 기독교인의 가장 훌륭한 지혜 중의 한 부분을, 주님께서 여기에서 그를 따르는 모든 사람들에게 훈계하고 계신데, 그것이 바로 "금전을 바로 사용하라."는 말씀입니다.19)

(16) **돈에 대한 잘못된 사용의 문제** : 그러므로 금이나 돈 자체가 악한 것은 아닙니다. 잘못은 돈에 있는 것이 아니라, 사용하는 사람들에게 있습니다. 돈은 잘못 사용될 때도 있습니다. …… 그 반면에 바르게 사용될 수도 있습니다. 돈은 생의 제반 문제들에 있어서, 모든 문명국가들에게 말할 수 없이 큰 공헌을 합니다.20)

(17) **불법적인 거래행위에 대한 반대** : 어떤 경우에 있어서도 우리는 건강한 마음을 지닌 정신을 보존해야 합니다. 그렇기 때문에 우리는 국법을 어기거나 하나님의 율법을 거역하는 죄악된 거래 행위에 종사하거나, 이를 계속해서는 안 됩니다. 그와 같은 것은 법으로 보장된 국왕의 관세를 포탈하거나 사취하는 행위까지 필연적으로 포함됩니다.21)

(18) **청지기로서 하나님의 뜻대로 재화를 사용해야 한다** : 하나님께서 우리를 청지기로 삼아 이러한 재화들을 단지 위탁해 주신 것이기 때문에 우리는 그것들을 하나님을 위하여 예비해 두어야 합니다. 그러기에 우리는 이러한 재화들을 하나님의 손으로 하신 일로 보아 그것들을 다르게 사용해서는 안 되는 것입니다. 하나님은 하늘과 땅의 소유주시며 또 마땅히 그렇게 되셔야 합니다. 이것은 하나님의 양도할 수 없는 권리며, 하나님께서는 이 권리를 스스로 벗어버릴 수 없습니다.22)

> **기독교대한감리회 사회신경**

(5조) **노동과 분배 정의** : 우리는 자기실현을 위한 노동의 존엄성과 하나님이 주신 소명으로서의 직업을 귀하게 여긴다. 동시에 우리는 그 과정에서 나타나는 빈부의 격차를 시정하여 분배 정의가 실현되도록 최선을 다한다.

미연합감리교회 사회원리

미연합감리교회는 재산의 소유에 집착하는 것보다 전체 사회의 권리 차원에서 재산을 보호할 수 있는 권리에 대하여 주장하고 있다.[23]

(1) **사적 소유의 제한** : 우리는 재산에 대한 사적인 소유가 그것이 장려되는 사회에서든 그렇지 않은 사회에서든지, 하나님의 명령(trusteeship)임을 믿지만, 재산의 사적 소유가 사회가 가장 필요로 하는 것에 따라 제한됨을 믿는다.

(2) **하나님의 소유권** : 기독교의 신앙은 다른 창조된 세계를 배타적이며 독단적으로 통제하려는 그 어떤 인간 또는 인간 집단을 거부한다는 것을 믿는다. 그러므로 사회적 문화적으로 적합하게 재산을 소유할 권리는 하나님께 있어야만 한다.

(3) **재산의 사회적 권리** : 따라서 우리는 정부가 정의를 추구하고 법률에 입각한 질서를 추구하는 데 있어 재산의 사적 소유권뿐만 아니라 전체 사회의 권리를 보호할 수 있는 절차를 제공할 책임이 있음을 믿는다.

가톨릭 사회교리

가톨릭 사회교리는 재화가 지닌 보편적인 목적을 주장하고 재화의 소유가 봉사를 지향하고 소유보다는 존재 자체를 지향하여야 한다고 명시하고 있다.

(1) **재화의 보편적 목적** : 합법적으로 소유하고 있는 재화라도 언제나 보편적 목적을 지닌다. 재화의 보편적 목적의 원칙은 가난한 이들, 소외받은 이들, 어느 모로든 자신의 올바른 성장을 방해하는 생활 조건에서 살아가는 이들에게 특별한 관심을 쏟아야 한다. 이러한 목적을 위하여, 가난한 이들을 위한 우선적 선택을 다시 한 번 강력히 확언하여야 한다. 이것은 그리스도교 사랑의 실천에서 가장 중요한 특별한 형태의 선택을 말하는 것으로, 교회의 전통 전체가 이를 증언한다.[24] 따라서 모든 형태의 부정 축재는, 창조주께서 모든 재화에 부여하신 보편적 목적에 공공연히 위배되므로 부도덕한 것이다.

(2) **소유에서도 자유하는 그리스도의 구원** : 그리스도의 구원은 완전한 인간 해방이며, 이는 결핍뿐 아니라 소유에서도 벗어나는 것을 뜻한다. "사실 돈을 사랑하는 것이 모든 악의 뿌리입니다. 돈을 따라다니다가 믿음에서 멀어져 방황하고 많은 아픔을 겪은 사람들이 있습니다."(딤전 6:10)

(3) **교회의 사명** : 교회는 그 시대의 사회 정치 구조를 바꿀 필요성보다 신자들의 마음의 회개와 변화를 더욱 강조하며, 경제 분야에서 일하는 사람들과 재화를 소유한 사람들에게 스스로를 하나님께서 맡기신 재화의 관리자로 인식하도록 촉구한다.25)

(4) **부의 봉사** : 부는 타인과 사회에 유익하게 쓰일 때 인간에게 봉사하는 기능을 이행한다. 알렉산드리아의 클레멘스 성인은, "우리 가운데 누구도 어떤 것을 소유하고 있지 않다면, 우리가 어떻게 이웃에게 선한 일을 할 수 있겠는가?"라고 묻는다. 요한 크리소스토모 성인은, "부가 일부의 사람들에게 속한 것은 그들이 부를 다른 사람들과 나눔으로써 공을 쌓도록 하기 위함이라고 본다. 부는 하나님에게서 오는 선으로, 그것을 소유한 사람이 사용하는 것이지만 가난한 이들도 누릴 수 있도록 순환시켜야 한다."고 말했다.

(5) **부의 죄악성** : 부에 대한 무절제한 집착과 부를 쌓아 두려는 욕구에서 악이 드러난다. 대 바실리오 성인은 부자들에게 창고의 문을 열라고 권고하며 이렇게 훈계한다. "커다란 급류가 비옥한 땅을 타고 수천 갈래로 흘러들듯이, 여러분의 부도 다양한 여러 길을 통해 가난한 이들의 집에 흘러들어 가도록 하시오." 바실리오 성인은, 부는 샘에서 솟는 물과 같아서, 샘에서 물을 자주 길을수록 물은 더욱 깨끗해지며 샘을 사용하지 않으면 물은 썩게 된다고 말한다. 훗날 대 그레고리 성인은, "부자는 자신이 소유한 것의 관리자일 뿐이며, 재화는 그것을 나누어 주는 사람에게 속한 것이 아니므로 가난한 이들에게 필요한 것을 나누어 주는 것은 겸손하게 수행해야 할 임무입니다."라고 말한다. 자신을 위해서만 부를 소유하는 이는 죄를 짓는 것이며, 어려운 사람들에게 나누어 주는 것은 빚을 갚는 것과 같다.26)

(6) **가난한 이들을 돕는 의무** : '남는 것'으로 도와줄 의무는 가난한 이들의 생활에 필요한 것을 제공하기 위해서이며 더 나아가 자신에게 '필요한 것'으로도 도와야 할 의무를 가지고 있다. 이러한 의무는 소비자들에게, 광범한 정보의 전달 덕분에, 구매품의 가격과 품질뿐만 아니라 생산 회사의 노동 조건과 자연환경 보호 차원까지 고려하면서, 개인으로든 단체로든 어떤 회사의 상품들을 다른 회사의 상품들보다 더욱 선호함으로써 생산자들의 행동에 영향을 미칠 수 있게 한다.[27]

(7) **소비의 절제** : 구매력은 정의와 연대의 도덕적 요구를 필요로 하며 그리고 알맞은 사회적 책임을 바탕으로 발휘되어야 한다.

· 소비주의 현상은 '존재'보다는 '소유'를 꾸준히 지향하게 한다. 이러한 현상은 '새롭고 더욱 고차원적인 형태의 인간 욕구와, 성숙한 인격 형성을 방해하는 인위적으로 조장된 새로운 욕구들을 올바로 구별하는 기준'을 흐린다.

· 이러한 현상에 대처하기 위해서는 '진선미의 추구와 공동 발전을 위한 다른 사람들과의 친교가 소비의 선택과 절약 그리고 투자를 결정하는 요인이 되는 생활양식'을 조성할 필요가 있다.

· 생활양식은 다양한 사회적 환경에 지대한 영향을 받는다는 것은 부인할 수 없다. 이 때문에 오늘날 소비주의가 제기하는 문화적 도전에 더욱 결연히 맞서야 하며, 무엇보다도 과도하고 무질서한 소비주의에 짓밟힌 자연환경에서 살아야 할 위험에 놓인 미래 세대를 고려하여야 한다.[28]

2 단체 교섭

노동자는 스스로 자신의 권리를 행사하기 위해 힘을 모을 수 있는 권리가 있다. 미연합감리교회는 단체 교섭권을 지지하며, 교회가 이를 위해 협력할 것을 강조한다. 가톨릭 사회교리 또한 노동자의 권리를 존중하며, 노동자들이 누릴 권리를 보장받기 위한 단체 교섭권을 인정한다. 그러나 이는 적법한 절차에 따라 비폭력적이어야 한다.

미연합감리교회 사회원리

미연합감리교회는 단체 교섭(Collective Bargaining)을 통하여 노동자들의 권익을 신장하여야 할 교회의 협력에 대하여 강조하고 있다.[29]

(1) **단체 교섭권 지지** : 우리는 농장과 정부, 공공기관과 가사를 포함하여 모든 공기업과 민간기업의 고용주들과 피고용자들이 단체 교섭권을 통해 서로 연합된 조직체를 구성하든지, 그들 자신의 선택에 따라 다른 집단을 조직할 수 있는 권리를 지지한다.

(2) **공공의 이익을 해치지 않는 범위 내에서의 단체 교섭권** : 나아가 우리는 고용주와 피고용자 모두 단체 교섭의 이행을 보호할 권리가 있으며, 공공의 이익을 해치지 않는 틀 안에서 선한 믿음으로 교섭을 벌일 책임이 있음을 지지한다.

(3) **혁신적인 교섭 절차 지지** : 우리는 사회의 모든 구성원의 권리가 유지되고 신장되도록 노-사 간의 계약에 대한 협상과 문제 해결에 있어서 공공의 이익의 표본이 되는 혁신적인 교섭 절차를 지지한다. 이는 노-사 간의 문제에 대하여 합법적인 결의문(judicial resolution)의 형태를 취하는 것들도 포함한다.

(4) **폭력 사용 반대** : 우리는 단체 교섭을 벌이는 동안에 또는 노-사 간의 의견 차이가 있는 동안에 노-사 어느 한쪽에서든지 폭력을 사용하는 것을 거부한다.

(5) **적법한 파업에 대한 처벌 반대** : 마찬가지로 우리는 적법한 파업에 가담한 노동자를 계속 면직시키는 것을 거부한다.

가톨릭 사회교리

가톨릭 사회교리는 노동자의 존엄과 권리에 대하여 구체적으로 명시하고 있다. 노동자의 권리는 다른 모든 권리와 마찬가지로 인간 본성과 탁월한 인간 존엄에바탕을 둔다. 교회는 이 권리들이 법 체계 안에서 인정받기를 바라는 마음에서 다음과 같은 권리를 주장한다.

(1) **정당한 임금에 대한 권리** : 보수는 노동관계에서 정의를 달성하는 데에 가장 중요한 수단이다. "적정한 임금은 노동의 정당한 결실이다." 적정한 임금을 지불하지 않는 사람들, 한 일에 비례한 임금을 제때에 지불하지 않는 사람들은 심각한 불의를 저지르는 것이다(레 19:13; 신 24:14~15; 약 5:4 참조). 임금은 노동자가 지상의 재화를 얻을 수 있는 도구다. "노동의 보수는 각자의 임무와 생산성은 물론 노동 조건과 공동선을 고려하여 본인과 그 가족의 물질적 사회적 문화적 정신적 생활을 품위 있게 영위할 수 있도록 제공되어야 한다."30) 아울러 한 국가의 경제적 행복은 생산되는 재화의 양으로만 측정되는 것이 아니라 생산 방식과 소득 분배의 공평성도 함께 고려되어야 한다. 모든 사람이 자신의 발전과 완성에 필요한 것을 얻게 해 주어야 할 공평한 소득 분배는, 교환 정의뿐 아니라 노동의 객관적 가치를 뛰어넘어 노동 주체의 인간 존엄까지 고려하는 사회 정의의 기준에 따라 추구되어야 한다.31)

(2) **휴식의 권리** : 노동을 통한 소외감과 인간성 상실 때문에 인간은 스스로 생산과 소비라는 기계의 한 톱니바퀴로 축소된 느낌을 받게 된다. 따라서 인간은 자신의 존엄성을 찾을 길을 모색하여야 한다. 따라서 노동 중간에 휴식하는 것은 하나의 권리이며 하나님의 모습대로 창조된 인간도 충분한 휴식과 여가를 누림으로써 가정 문화 사회 종교생활을 영위할 수 있다.32)

(3) **노동자들의 신체적인 건강이나 정신적인 건강에 손상 끼치지 않는 노동 환경과 작업 과정에 대한 권리** : 노동 시간의 재구성과 표준화, 공간 사용에 있어서 노동 보호체계가 형성되어야 한다.33) 노동권이 방해받거나 제도적으로 부인되는 사회, 노동자들에게 만족스러운 수준의 고용을 보장하지 못하는 경제 정책을 가진 사회는 윤리에 합당하다고 할 수 없다.34)

(4) **자신의 양심과 존엄성이 모독을 받지 않고 일터에서 자신의 인격을 보호**

받을 수 있는 권리 : '새로운 형태의 연대'를 추구하는 노동자 단체는, 전통적인 재분배 구조뿐만 아니라 부의 생산 그리고 노동할 수 있고 그럴 의지가 있는 모든 사람이 노동자로서 자신의 존엄을 온전히 존중받으며 노동의 권리를 행사할 수 있게 해 줄 사회 정치 문화적 환경의 조성과 관련해서도, 더욱 큰 책임을 받아들이는 데에 노력을 집중하여야 한다.[35]

(5) **실직 노동자들과 그 가족의 생계에 필요한 적절한 보조금에 대한 권리** : 높은 실업률, 낡은 교육제도, 직업 교육과 고용 시장의 높은 벽은 인격에 매우 부정적인 영향을 주게 되므로 노동정책이나 경제 정책을 지시하는 주체들은 그 책임을 져야 한다.[36]

(6) **연금에 대한 권리** : 현재 노동환경의 변화는 정년이 보장된 안정된 직장으로 여겨지는 고용 노동에서 다양한 유형의 노동 활동의 특성을 지니므로 고용 불안 증대, 구조적 실업의 지속, 현재의 미진한 사회보장 제도에 대한 대안이 있어야 한다.[37]

(7) **노후, 질병, 직업 관련 사고에 대비한 보험에 대한 권리** : 낮은 임금으로 살아가는 노동자들과 그 가족들에 대한 보호와 이들의 존엄성을 지키는 법령이 필요하다.[38]

(8) **출산과 관련된 사회 보장에 대한 권리** : 여성의 참다운 지위향상이 이루어지려면 그 지위 향상을 위해 여성 본래의 것을 포기하지 않도록 노동조합이 조직되어야 한다. 직장에서 여성들의 권리를 실질적으로 인정하기 위하여 임금과 보험, 사회 보장의 내용을 지켜야 한다.[39] 또한 여성의 노동은 인격적인 유형의 활동이기 때문에 다른 유형의 노동에 대한 보상과 발맞춘 경제적 보상과 같이 사회적으로 인정받고 평가받아야 하며, 출산의 책임과 관련하여 아내가 어머니의 역할을 온전히 수행하지 못하게 하는 요소들을 제거하여야 한다.[40]

(9) **집회 결사의 권리** : 교회의 사회교리는 파업이 '적정한 이익을 위해 불가피한 것으로, 어쩌면 필수적인 수단으로 나타날 때,' 분쟁 해결을 위한 다른

모든 방법이 아무 효과가 없을 때에는 파업의 정당성을 인정한다. 노동조합이 이룬 가장 힘든 승리 가운데 하나인 파업은, 노동자들이 고용주나 국가, 여론에 압력을 가함으로써 더 나은 노동 조건이나 사회적 지위 향상을 얻고자 집단으로 결속하여 용역을 제공하기를 계속해서 거부하는 것이다. '일종의 최후 수단'인 파업은 언제나 자신의 요구를 제시하고 권리를 쟁취하는 평화로운 수단이 되어야 한다. 파업이 "폭력을 수반하거나 근로 조건과 직접 관련되지 않는 목적 또는 공동선에 어긋나는 목적을 내걸었다면, 그것은 도덕적으로 용납할 수 없게 된다."[41] 또한 노동조합들이 단지 사회의 '계급' 구조를 반영하는 것이라거나 불가피하게 사회생활을 지배하는 계급투쟁을 대변하는 것이라고는 생각하지 않는다. 정확히 말하면, 노동조합은 특정 직종에 있는 노동자들의 권리를 증진하고, 사회 정의를 위한 투쟁을 촉진한다. "어떻든 이 투쟁은 …… 다른 사람들에게 '대항하는' 투쟁이어서는 안 되며 …… 정의로운 선을 '위한' 정당한 노력으로 인식되어야 한다." 무엇보다도 연대와 정의의 도구인 노동조합은 투쟁의 도구를 남용해서는 안 될 것이다. 그 존재 이유 때문에, 노동조합은 모든 노동자가 조합원이 되어야 한다는 생각에서 벗어나야 하며, 자율성을 갖추고, 조합의 결정이 공동선에 미칠 영향을 평가할 수 있어야 한다.[42] 노동조합은 권리를 수호하고 주장하는 역할 외에도, '경제생활의 올바른 질서'를 위하여 일하는 노동자들의 대표로서 노동자들에게 사회의식을 길러 줄 의무가 있다. 노동자들이 자신의 고유한 능력과 적성에 따라 경제와 사회를 발전시키고 보편적 공동선을 달성하는 일에서 적극적인 역할을 맡고 있다고 생각할 수 있게 하기 위해서다.[43]

3 노동과 여가

노동은 인간 사회에서 매우 중요한 역할을 감당한다. 미연합감리교회 사회원리와 가톨릭 사회교리는 인간의 노동의 존엄성과 권리에 대하여 명시하고 있다. 특히 가톨릭 사회교리는 노동이 인간의 의무며 공동체의 공동선을 위한 도구라고 강조한다. 미연합감리교회는 노동자에 대하여 정부가 최저생활임금을 보장하고 일자리를 제공하는 등 다양한 책임이 있음을 명시하며 노동에 대한 보상으로서 여가를 보장할 것을 지지한다. 가톨릭 사회교리 또한 노동 뒤에 맛볼 여가와 휴식을 지지한다. 그러나 건전한 여가와 오락이 미치는 이점은 분명하지만, 이들이 부정적인 방향으로 나아가지 말아야 한다. 웨슬리는 잘못된 여가와 오락으로 인한 폐해를 경계한다.

웨슬리 사회원리

(1) **이웃 사랑** : 노동과 고통에 대한 보다 큰 감미로움은 기독교적인 '우리 이웃에 대한 사랑' 입니다.[44]

(2) **잘못된 여가에 대한 경계** : 게으름과 호화로움이 연합하게 될 때에 다른 많은 악들이 태어나지 않을까요? [45]

(3) **잘못된 여가로서 오락과 유흥의 위험성** : 이 오락과 함께하고 끊임없이 동반되는 악의적인 거짓말, 여러 다양한 술책과 속임수, 무시무시한 저주들과 맹세들을 관찰해 봅시다. …… 언제 어디서든 이러한 유흥이 이와 같은 엄청난 결과들 없이 알려졌던 적이 있습니까? 이런 추악한 결과들을 목격하지 않고도 이런 유흥에 하루라도 참석하는 자는 누구입니까? [46]

(4) **진정한 노동과 여가의 방향성** : 할 수 있는 대로 벌고 저축하는 것뿐만 아니라 할 수 있는 대로 나누지 않는다면 그렇게 될 수밖에 없습니다. "누구든지 세상을 사랑하면 아버지의 사랑이 그 속에 있지 아니하므로" ……[47]

미연합감리교회는 사회원리를 통하여 인간의 노동의 존엄성과 권리 그리고 정부의 책임에 대하여 명시하고 있다.[48]

(1) **최저 생활 임금 보장 지지** : 모든 사람은 최저 생활 임금을 받을 수 있는 직업을 가질 권리를 지닌다. 민영 부문에서 직업을 구하고 원하는 모든 사람들을 위한 일자리를 마련할 수 없거나 그렇게 하지 않는 경우에, 그들에게 일자리를 제공하는 것은 정부의 책임이다.

(2) **여가의 자유 증진하는 사회적 조치 지지** : 우리는 노동자의 신체적 정신적 안정성을 보장하고, 생산물과 서비스를 동등하게 분배받을 수 있도록 하며, 모든 개인이 각자의 여가시간을 보내는 방식에 대한 자유를 증진하도록 하는 사회적 조치를 지지한다.

(3) **여가의 이점** : 우리는 여가시간이 사회에 창조적으로 공헌할 기회를 제공한다는 점을 인정하고, 노동자들이 임의대로 시간을 쪼개 여가시간을 추가로 가질 수 있도록 하는 방식을 장려한다.

(4) **여가시간을 유익하게 사용할 수 있는 교육적 문화적 오락적 표현 수단 지지** : 우리는 그러한 여가시간을 더 많이 사용하도록 하는 교육적 문화적 오락적 표현 수단을 지지한다.

(5) **오락을 통한 유익** : 우리는 오락을 통해 사람들이 유익을 얻게 됨을 믿는다.

(6) **경제생활에 있어서 이기적 정신 경계** : 우리는 종종 우리의 경제생활에 이기적 정신이 침투한다는 점을 유감스럽게 생각한다.

(7) **효과적인 업무를 장려하는 정책 지지** : 우리는 작업장에서 아이디어를 공유하도록 하고, 협동적이며 공동의 업무 배치를 장려하는 정책을 지지한다.

(8) **노동자의 권리 지지** : 우리는 자신의 건강을 위협하는 상황에서 일하는 것을 거부하고 또는 하더라도 자신의 직업에 있어서 위험이 없는 생활을 영위

할 수 있는 노동자의 권리를 지지한다.

　(9) **독점 반대 정책 지지** : 우리는 독점으로 사업과 산업이 계속 집중되는 것을 역전시킬 수 있는 정책을 지지한다.

　(**가톨릭 사회교리**)

　가톨릭 사회교리는 노동이 하나님의 뜻을 이루는 구원행위임을 강조하고 있다.

　(1) **구원 행위로서의 노동** : 노동은 창조 행위뿐 아니라 구원 행위에도 참여하는 인간 존재의 근본적 차원을 나타낸다. 여기에서 노동은 객관적 의미와 주관적 의미를 가진다.

　・객관적 의미에서 노동은 인간이 창세기에서 말하듯 땅을 다스리고 무엇인가를 만들어 내는 데에 사용하는 활동과 자원, 도구와 기술의 총체다.

　・주관적 의미에서 노동은 노동 과정의 일부며 자신의 개인적 소명에 부합하는 다양한 활동을 수행할 수 있는 역동적 존재인 개인의 활동이다. 인간은 땅을 정복하고 다스려야 한다. 왜냐하면 인간은 '하나님의 모습'으로서 하나의 인격체이기 때문이다.[49]

　(2) **노동자 예수님** : 노동은 예수님과 일치하여 노동의 수고를 견디는 사람들은 어떤 의미에서 하나님 아드님의 구원 활동에 협력하는 것이며, 그들이 부름 받고 있는 노동을 통하여 날마다 그분의 십자가를 지고 가는 그리스도의 제자들임을 보여준다.

　(3) **성화의 수단** : 노동은 성화의 한 수단이며 세상사에 그리스도의 정신을 불어넣는 것으로 여겨질 수 있다. 이렇게 이해되는 노동은 역사적 조건을 타고나며 종말을 지향하는 인간의 충만한 인간성을 드러내는 한 표현이다. 이러한 관점에서 인간의 자유롭고 책임 있는 행동은 인간이 창조주와 또 그분의 창조 권능과 밀접한 관계를 맺고 있음을 드러낸다.

　(4) **일용할 양식을 얻기 위한 수고** : 노동은 인간이 자신의 수고로 일용할 양

식을 얻는 데 도움이 된다.50)

노동은 인간 조건의 필수적인 부분이며 인간의 의무다.

(1) **노동의 의무** : "이 세상의 형체는 사라집니다."(고전 7:31)라는 것을 인식한다고 해서 세상일에 참여하지 않아도 되거나 노동을 하지 않아도 되는 것은 더더욱 아니다(살후 3:77~15 참조). 노동은 삶의 유일한 목표는 아니지만 인간 조건의 필수적인 부분이다. 노동을 통하여 인간은 세상의 주인이 되고, 자신과 다른 이들을 위하여 유익한 것들을 성취한다.

(2) **노동과 가정** : 노동이 인간생활을 근본적으로 개선하는 역할을 하려면 '가정'의 행복과 연관이 되어야 한다. 노동은 "인간의 천부적인 권리며 소명이기도 한 가정생활을 이루는 기본"이다. 노동은 생계의 수단이며, 자녀 양육을 보장한다. 수많은 사람들이 경험하듯, 가정과 노동은 매우 밀접하게 상호 의존하며, 가정을 엄격히 사적인 개념에 국한시키거나 노동을 엄격히 경제적인 관점에만 국한시키지 않고 이 둘을 함께 이해하려는 관심을 기울이면서 더욱 실제적인 관점에서 고려할 가치가 있다.51) 특히 여성은 노동을 통하여 지위가 향상되어야 하며 어린이의 경우 노동의 목적으로 희생되지 않아야 한다.

· 여성의 참다운 지위 향상이 이루어지려면 그 지위 향상을 위해 여성 본래의 것을 포기하지 않도록 노동이 조직되어야 한다. 이러한 문제는 사회의 질을 측정하고, 여성의 노동권이 실질적으로 보호받고 있는지 가늠하는 잣대가 된다.52)

· 연소자들이 신체적으로나 지적으로나 정신적으로 충분한 힘을 기르기까지는 공장에서 일을 하지 못하도록 배려해 주어야 한다. 사춘기에 발산하는 힘은 한창 자라나는 풀과 같아서 조속히 발육시켜 버리면 그 힘이 빨리 소진되며 나아가 연소자에 대한 교육 자체가 불가능해진다. 특정 형태의 시간제 노동은 어린이들에게도 유익한 것으로 증명될 수 있다는 것은 알고 있지만, 교회의 사회교리는 일터에서 어린이들을 노예처럼 착취하는 일이 늘어나고

있음을 단죄한다. 이러한 착취는 공리주의적 관점에서 아무리 미소하거나 피상적으로 하찮은 것처럼 보일지라도 모든 사람이 지니고 있는 인간 존엄에 대한 심각한 침해다.53)

(3) **공동선의 추구** : 인간은 공동선을 증진하는 사회와 공동체의 역량을 모아 무엇보다도 가장 가난한 이들에게 도움을 주고자 한다. 사랑 실천을 최종 목표로 삼는 인간의 노동은 관상의 기회가 되며, 영원한 날을 간절히 염원하며 부단히 깨어 바치는 신실한 기도가 된다. 이러한 뛰어난 관점에서, 형벌인 동시에 인간 활동에 대한 보상인 노동은 본질적으로 종교적인 또 다른 관계와 관련된다.54)

(4) **공동체 정신** : 오늘날 노동은 다른 이들과 더불어 일하는 것이고, 다른 이들을 위하여 일하는 것이며, 다른 누군가를 위하여 무언가를 하는 것이다. 노동의 열매는 교환과 관계와 만남의 기회를 제공한다. 그러므로 노동의 사회적 본질을 고려하지 않고는 노동을 적절하게 평가할 수 없다. 만일 인간 사회가 진정 사회적이고 유기적인 조직체가 되지 못하고, 노동이 사회적이고 법적인 질서로 보호되지 않는다면, 또한 상호 의존관계에 있는 인간 노력의 다양한 형태가 상호 보완과 조화 가운데 결합되지 않는다면 특히 자신과 자본과 노동이 공동보조로 결합되지 않는다면, 인간의 수고는 기대했던 성과를 얻을 수 없을 것이다.55)

그리스도인은 일치된 형제 공동체에 속해 있다는 사실에 비추어, 어떤 그리스도인은 일하지 않고 다른 이들에게 폐를 끼치며 살 권리가 있다고 생각해서는 안 된다(살후 3:6~12 참조). 바울 사도는 모든 그리스도인에게 '남에게 신세지는 일 없이'(살전 4:12) 자신의 노동의 열매를 '빈궁한 사람들'(엡 4:28)과 나눔으로써 물질적인 것을 포함한 연대를 실천할 수 있도록 자신의 손으로 노동하는 것을 영예롭게 여기도록 장려하고 있다. 야고보는 노동자들의 짓밟힌 권리를 옹호한다. "보십시오, 그대들의 밭에서 곡식을 벤 일꾼들에게 주지 않고 가로챈 품삯이 소리를 지르고 있습니다. 곡식을 거두어들인 일꾼들의 아우성이 만군의 주님 귀에 들어갔습니다."(약 5:4) 믿는 이들은 그리스도께서 하셨던 것처럼 자신의 일을 하고 노동을 그리스도를 증언하는 기회로 삼아 '바깥사람들에게 품위 있게 처신'(살전 4:12)하여야 한다.[56] 그리스도인들에게는 자신이 먹을 양식을 마련하기 위해서뿐만 아니라, 더욱 가난한 이웃들에게 먹고 마실 것과 입을 것을 주고 그들을 따뜻하게 맞아 보살피며 친구가 되어 주라고 하신 주님의 명령에 따라(마 25:35~36 참조) 그들을 받아들이기 위하여 노동을 하도록 부름 받는다.[57]

(5) **노동의 변화와 도전** : 자본주의 사회에서 야기되는 새로운 노동 산업 구조는 노동자 착취문제를 야기하였으며, 따라서 노동자의 양도할 수 없는 존엄을 진심으로 옹호하고 이와 함께 재산권, 사회 계층 간 협력 원칙, 약자와 가난한 이들의 권리, 노동자와 고용주의 의무와 단체 결성권 등에 대하여 깊은 관심을 가져야 한다. 아울러 단체, 노동자 기구, 노동조합, 협동조합, 농협, 보험 단체와 지원 기구들이 그것이다. 이 모든 것은 노동자들, 특히 어린이와 여성을 보호하려는 노동 관련법 제정과 교육, 임금 인상과 노동 환경 개선에 함께 노력하여야 할 것이다.[58]

(6) **노동과 휴식** : 노동 중간에 휴식을 하는 것은 하나의 권리다. "하나님은 하시던 일을 엿샛날까지 다 마치시고, 이렛날에는 하시던 모든 일에서 손을 떼고 쉬셨다."(창 2:2)고 하신 것처럼, 하나님의 모습대로 창조된 인간도 충분한 휴식과 여가를 누림으로써 가정, 문화, 사회, 종교생활을 영위할 수 있어야 한다. 주님의 날이 제정된 것도 이를 위해서다.[59]

(7) **주일의 의무** : 주일과 다른 의무 축일에 신자들은 하나님께 드려야 할 예배, 주님의 날에 맛보는 고유한 기쁨, 자선의 실천, 정신과 육체의 적당한 휴식 등을 방해하는 일이나 활동을 삼가야 한다. 가정의 요구나 사회에 대한 매우 중요한 봉사가 주일 휴식의 의무를 합당하게 면제할 수는 있지만, 그러한 것들이 종교나 가정생활, 건강에 해가 되는 습관을 갖게 해서는 안 된다. 주일은 자선 활동을 하고 가족과 친지들, 병자와 노약자들에게 시간을 할애함으로써

거룩한 날이 되어야 한다. 우리는 같은 필요와 권리를 가지고 있으면서도 가난과 고생 때문에 쉴 수 없는 형제들을 잊어서도 안 된다. 더구나 주일은 성찰과 침묵, 학습과 묵상을 통하여 그리스도인 생활의 내적 성장을 도모하기에 적절한 시간이다.[60]

(8) **노동에 대한 공공 의무** : 공공 권위는 경제적 생산성을 이유로 시민들에게서 휴식과 하나님 예배를 위한 시간을 빼앗기지 않도록 보장할 의무가 있다. 고용주들도 피고용인들에 대해서 같은 의무가 있다. 그리스도인들은 종교의 자유와 모든 사람의 공동선을 존중하면서, 주일과 교회의 축일들이 법정 공휴일로 정해지도록 노력해야 한다. 그리스도인은 기도하고 존경하며 기뻐하는 모범을 모든 사람에게 공적으로 드러내 보여야 하며, 인간 사회의 영적 생활에 값진 기여를 하는 그들의 전통을 수호해야 한다. 각 그리스도인은 주일을 지키지 못하게 하는 일을 쓸데없이 남에게 강요하지 말아야 한다.[61]

4 소비

인간은 소비(Consumption)의 자유를 가지는 동시에, 자신의 소비 행위에 대한 책임을 져야 한다. 웨슬리는 그리스도인으로서 올바른 소비의 중요성을 강조하고, 돈의 잘못된 소비에 대하여 경계한다. 미연합감리교회 사회원리 또한 공동선을 지키며, 생명의 질을 향상시킬 수 있도록, 소비에 대한 개인과 기업의 윤리적 원칙을 제시한다.

웨슬리 사회원리

(1) **올바른 소비의 중요성** : 하나님을 경외하는 자들이 가치 있는 달란트를 어떻게 사용할 수 있을까 하는 방법을 알고, 그리고 어떻게 이 영광된 목적에 응답할 수 있으며 가장 최상의 수준으로 응답할 수 있을까를 배우는 것은 아

주 중요한 일입니다.62)

(2) **청렴의 중요성** : 많은 경건한 사람들이 "경건의 요소 다음으로 중요한 것이 청렴입니다."라고 말합니다. 사실 기독교가 청렴성이 부족해 보일 때 좋지 않은 모습으로 비춰지고 또 전하는 말씀이 악하게 보일 수 있습니다. 그리고 근검의 요소 없이는 우리는 이 세상과 또 다가올 세상, 어느 곳에도 맞지 않게 될 것입니다.63)

(3) **금전을 바로 사용하라** : 기독교인의 가장 훌륭한 지혜 중의 한 부분을, 주님께서 여기에서 그를 따르는 모든 사람들에게 훈계하고 계신데, 그것이 바로 "금전을 바로 사용하라."는 말씀입니다.64)

(4) **돈의 잘못된 소비 경계** : 그러므로 금이나 돈 자체가 악한 것은 아닙니다. 잘못은 돈에 있는 것이 아니라, 사용하는 사람들에게 있습니다. 돈은 잘못 사용될 때도 있습니다. …… 그 반면에 바르게 사용될 수도 있습니다. 돈은 생의 제반 문제들에 있어서, 모든 문명국가들에게 말할 수 없이 큰 공헌을 합니다.65)

미연합감리교회 사회원리

미연합감리교회는 소비에 대한 개인과 기업의 윤리적인 원칙과 소비자들에게 요구되는 높은 수준의 공동체성에 대하여 설명하고 있다.66)

(1) **소비자의 의무** : 소비자들은 상품의 생산 또는 소비에 있어서 환경을 훼손시키지 않는 범위 내에서 인류에 필요하고 유익이 되는 상품의 제조를 격려할 수 있는 경제적 능력을 실천해야 한다.

(2) **소비자의 윤리** : 소비자들은 노동자들이 자신의 연령과 성별 또는 경제적 상황으로 인해 착취되고 있는 환경에서 생산된 상품을 구매하지 않도록 해야 한다.

(3) **소비의 공동선** : 소비자들에게 가능한 선택의 범위가 제한되어 있어서 [앞에서 언급한] 이러한 일을 실행하기가 극단적으로 어려울 때에 소비자들이

공동선(common good)에 공헌할 수 있는 구매 능력을 사용할 수 있는 한 가지 확실한 방법은 "공정 거래 보증(Fair Trade Certified)"이라고 표시된 상품을 구매하는 것이다. 국제 공정 거래 기준(The International Standards of Fair Trade)은 영세 농민과 그 가족의 최저 생계비를 보장하고, 민주적으로 농장을 경영하며, [생산물을] 직거래(buying direct)하는 것에 근거하기 때문에 무역에서 오는 이익이 실제로 농민과 그 농민 공동체에까지 전달되고, 매우 중요한 신뢰의 관계를 증진시킬 뿐만 아니라, 생태적으로 지속 가능한 농업 활동을 장려한다. 소비자들은 각 회사의 제품군(product line)이 이러한 기준을 지킬 의무를 충실하게 이행하고 있는지 밝혀낼 뿐만 아니라, 공정 거래 시장에 기업들이 더욱 많이 참여하도록 격려해야 한다.

(4) **소비자들의 사회운동** : 소비자들은 무제한적으로 물질적 상품을 생산하는 것이 아니라, 생명의 질(質)을 향상시키기 위해 필요한 것에 의거하여 상품과 서비스에 대한 자신의 소비를 평가해야만 한다. 우리는 지역 교회 회중과 교회와 관계된 기관을 포함하여, 모든 소비자들이 이러한 목적을 달성하기 위해, 상품 불매운동(boycott), 편지쓰기, 공동 결의(corporate resolution) 그리고 광고와 같은 적절한 수단을 통해 해로운 경제적 사회적 생태적 활동에 불만족함을 표현할 수 있도록 단체를 조직할 것을 요청한다. 예를 들어 이러한 방법은 더 나은 텔레비전, 라디오 방송 프로그램에 영향을 미치는 데에 사용될 수 있다.

5 빈곤

어느 시대를 막론하고 빈곤의 문제는 항상 존재해 왔으며, 현재도 국제 사회에서 해결되지 않은 문제로 남아 있다. 웨슬리는 빈곤한 사람들의 생활상을 목격하고, 이들에 대해 관심을 갖고, 이들을 구제할 것을 촉구했다. 미연합감리교회는 빈곤의 문제를 공동체가 협력하여 해결해야 할 문제로 인식하고, 공동체를 배려하지 않는 착취적 경제활동을 중단할 것을 촉구한다. 가톨릭 사회 교리는 빈곤문제 해결을 위하여 교회가 사랑으로 자선사업을 펼치는 등 그 역할이 중요함을 강조한다.

웨슬리 사회원리

(1) **빈곤한 사람들의 형편과 생활상** : 내가 아는 사실은 이런 것이다. 나는 이러한 모습을 나라의 모든 구석구석에서 내 눈으로 보았다. 나는 하루걸러 한 번 먹을 만큼의 조악한 적은 식료품을 겨우 살 수밖에 없는 사람들을 알고 있다. 그리고 나는 런던에 사는 한 사람을 아는데(몇 년 전에는 생활에 편리한 모든 것을 가지고 있었던 사람이었다.) 그 사람은 누추하고 악취가 풍기는 작은 물고기들을 주어서 자신과 자녀들을 위하여 집으로 가져가는 형편이었다. 나는 또 다른 사람을 아는데, 그 사람은 길거리에서 개들이 먹다가 버린 뼈들을 주워서 묽은 스프를 만들어 가엾은 삶을 연명해 나가는 형편이었다. 나는 또 다른 사람이 꾸밈없이 말하는 이야기를 들었다. "나는 거의 실신할 지경이었다. 그래서 걸을 수도 없을 정도로 약했다. 집 안에 먹을 것이 하나도 없게 되자, 기르는 강아지는 밖으로 나가서 뼈다귀 하나를 물어 왔다. 나는 개의 입에서 그것을 빼앗아 저녁을 만들어 먹었다!"[67]

(2) **빈곤한 이들을 구제할 것을 촉구** : 선을 행함에서 바리새인들에게 뒤지지 않아야 할 것입니다. 당신들의 재물로 남을 구제하십시오. 굶주린 자가 있습니까? 먹이십시오. 목마른 자가 있습니까? 마실 물을 주십시오. 헐벗은 자가 있습니까? 덮을 옷을 주십시오. 당신이 세상에 재물을 가지고 있다면 가진 것의 일부를 주는 데 인색하지 마십시오. 힘 있는 대로 자비를 베푸십시오.[68]

(3) **빈곤한 이들에게 나누어주어야 할 당위성** : 할 수 있는 대로 벌고 저축하는 것뿐만 아니라 할 수 있는 대로 나누지 않는다면 그렇게 될 수밖에 없습니다. "누구든지 세상을 사랑하면 아버지의 사랑이 그 속에 있지 아니하므로" ……[69]

(4) **빈곤과 빈곤으로 야기된 문제** : 심각하게 만연된 빈곤은 불과 몇 년 전만 하더라도 드물었고 그렇게 심하지 않았습니다. 그리고 그렇게 도처에 만연된 광기를 나는 일찍이 본 적이 없습니다.70)

(5) **가난한 이들에 대한 관심** : 가장 가난한 자들을 부자와 똑같이 만나 주었습니다. 가난한 자들을 위해서 자신의 필요에는 인색하면서도, 교구민들이 필요로 하는 것을 다른 사람들이 사용하는 것을 마음 아파하였습니다.71)

(6) **가난한 이들에 대한 구제** : 그는 그의 모든 소유를 가난한 자들에게 나누어 주었고, 죽음에 이르렀을 때에 그의 마음은 가난한 자들과 함께 있었습니다. 말할 수 없이 어려울 때에 그는 기도하였습니다. "오 가난함이여, 무엇이 우리를 가난하게 만들까요?" 그는 다른 사람에게서 찾아보기 힘들 정도의 겸손함으로 축복받는 사람이었습니다.72)

(7) **가난한 이들에게 양보할 것 촉구** : "이웃의 필요를 위해 우리의 편의를 양보하도록 합시다. 그리고 이웃의 곤궁함을 배려하는 마음에서 우리의 필요를 양보합시다."73)

(8) **가난한 이들에게 자비를 베푸는 감리교인** : 부요하고, 명예롭고, 지위가 높은 사람들을 우리는 당신들에게 남겨놓으려고 …… 합니다. 우리가 오직 가난한 사람, 서민, 비천한 사람들, 버림받은 사람들에게 가도록 그냥 두십시오. 당신들은 "세상의 성도들을" 취하십시오. 우리들은 "죄인들을 회개로 부르고"; 가장 수치스러운 인간들, 가장 무지한 사람들, 버림받은 사람들, 가장 사나운 사람들 그리고 우리가 들었던 가장 야만적인 사람들을 회개로 부르는 고통을 감당하게 내버려 두십시오. 우리는 이러한 사람들에게 주님의 이름으로 나아갈 것입니다.74)

(9) **가난한 이들에게 진심으로 다가갈 것을 장려** : 당신의 대화들을 요조숙녀들에게만 제한시키지 마십시오. 나도 이런 것을 당신들만큼이나 좋아합니다. 그러나 나는 그러한 것을 우리 주님과 사도들의 생활에서 그 선례를 찾을 수 없었습니다. 사랑하는 친구들이여, 당신들이나 나나 (문자 그대로. sic) 주님

께서 걸어가신 그대로 걸읍시다. …… 나는 당신들이 가난한 사람들과 더 많은, 더욱 풍성한 대화를 나누기를 바랍니다. 비록 그들이 당신의 취향에 맞지 않는다고 해도, 그들은 당신이 하나님 나라로 인도해야 하는 영혼이기 때문입니다. 그리고 그들(그들 중 많은 사람들)은 내가 아는 그 어떤 사람들보다도 하나님께 대한 더 큰 믿음과 사랑을 가지고 있습니다. 비록 그들이 불결하고 수백 가지 혐오스러운 환경에 있다 할지라도, 그들 안으로 천천히 다가가십시오. 그리고 당신의 그 귀부인 티를 벗어 버리십시오.[75]

(10) **직접 가난한 이들을 만나야 할 필요성** : 부자들이 일반적으로 가난한 사람들에 대해서 적은 동정밖에 갖지 못하는 가장 큰 이유는 그들이 가난한 사람들을 직접 찾아가 보지 않기 때문입니다. 그러므로 공통적인 관찰에 의하면, 세상의 한 부분의 사람은 다른 부분의 사람의 고통을 알지 못하고 있다는 것입니다. 그들이 알지 못하는 것은 그들이 알려고 하지 않기 때문입니다. 오히려 그들은 그런 고통을 아는 길에서 빠져 나오려고만 합니다. 그리고 그들의 그런 의도적인 무지를 가지고 그들의 마음의 강팍함을 위한 변명의 이유로 내세우는 것입니다.[76]

(11) **가난에 대할 잘못된 통념** : 금요일과 토요일에 나는 내가 할 수 있는 만큼 많은 가난한 사람들을 방문했다. 그들 중 더러는 지하의 골방에 있으며, 더러는 다락방에 있으며, 추위와 굶주림으로 반쯤 죽어가고 있었으며, 병약함과 고통이 더해 가고 있음을 발견했다. 그러나 나는 그들 중 한 사람이라도 고용되지 못할 만큼 방에서 기어 다니고 있는 사람은 찾지 못했다. "그들은 게으르기 때문에 가난하다."고 하는 이런 공통적인 반대는 사악하고 악마적인 거짓이다. 만약 당신이 이러한 것들을 당신 자신의 눈으로 직접 보았다면, 당신의 돈이라고 해서 장신구나 사치품에 쓸 수 있었을까?[77]

기독교대한감리회 사회신경

(6조) **복지사회 건설** : 우리는 부를 독점하여 사회의 균형을 깨뜨리는 무간섭 자본주의를 거부하며 동시에 인간의 자유를 억압하는 전체주의적 사회주의도 배격한다. 우리는 온 국민이 사랑과 봉사의 정신으로 서로 도우며 사는 복지사회 건설에 매진한다.

미연합감리교회 사회원리

미연합감리교회의 사회원리에서 빈곤의 문제는 아직도 국제 사회에서 해결되지 못한 문제라고 우려하면서 가난을 개인적인 사안으로만 보지 말고 공동체가 합력하며 해결하여야 할 문제라고 강조하고 있다. 특히 의식주와 교육, 건강관리와 그 이외의 다른 생필품과 같은 기본적인 필요를 제공하기 위하여, 세계의 자원을 더욱 공평하게 분배할 방법들을 찾아야 한다고 촉구하고 있으며 공동체를 배려하지 않는 착취적인 경제 활동으로 얻어지는 기술의 발달은 많은 사람들을 더욱 피폐하게 만들고 가난이 끊임없이 계속될 것이라고 보고 있다.[78]

(1) **가난의 공동체 책임** : 우리는 가난한 사람들이 자신의 경제적 상태에 대하여 도덕적으로 책임이 있다는 생각을 가져서는 안 된다.

(2) **가난에 대한 대책** : 가난을 경감시키는 일을 시작하기 위해서, 우리는 적정한 생활 보조금, 양질의 교육, 임대 주택, 실제 도움이 되는 고용 기회, 적절한 의료 보호와 병원 치료 그리고 복지 프로그램의 인간화와 근본적인 개정과 같은 정책을 지지한다.

(3) **기업의 임금 정책** : 낮은 임금이 때때로 빈곤의 원인으로 작용하기 때문에, 고용주들은 자신들의 피고용자들이 식량배급표나 생계를 위한 복지사업과 같은 정부의 보조에 의존하지 않을 만큼의 임금을 주어야 한다.

가톨릭 사회교리

가톨릭 사회교리는 빈곤의 문제를 해결하기 위하여 '교회의 사랑' 이 그 대안이 될 수 있다고 보고 있으며 나아가 사회 정치적 차원에서 다각적 노력이 필요하다고 보고 있다.

(1) **교회의 사랑** : 가난한 이들에 대한 교회의 사랑은 참 행복의 복음, 예수님의 가난 그리고 가난한 이들에 대한 예수 그리스도의 관심에서 영감을 받는다. 또한 이 사랑은 물질적 가난뿐 아니라 수많은 형태의 문화적 종교적 가난과 연관된다.

(2) **교회의 자선사업** : 교회는 "그 초기부터 많은 지체들의 과오에도 아랑곳하지 않고 끊임없이 그들을 구제하고, 보호하고, 해방시키려고 노력해 왔다. 교회는 갖가지 자선사업을 통해서 이 일을 해 왔다. 자선사업은 지금도 여전히 어느 곳에서나 필수적인 일이다." "거저 받았으니 거저 주어라."(마 10:8)는 복음의 명령을 실행하도록 재촉 받는 교회는, 사람은 궁핍한 자기 형제들을 도와주어야 한다고 가르치며, 인간 공동체 안에서 헤아릴 수 없이 많은 육체적 영신적 자비 활동을 수행한다. "이러한 행위들 가운데 가난한 이들에게 베푸는 자선은 형제애의 중요한 증거 중의 하나다. 그리고 이는 또한 정의를 실천하는 일이며, 하나님께서 기뻐하시는 일이기도 하다." 단 애덕의 실천은 자선 행위에만 국한된 것이 아니라 빈곤문제의 사회적 정치적 차원들에 대처하는 것도 포함하고 있다.

(3) **정의로운 사회** : 교회는 자신의 가르침을 통하여 사랑과 정의의 관계로 끊임없이 되돌아간다. "가난한 이들의 필요를 돌볼 때, 우리는 그들에게 우리의 것이 아니라 그들의 것을 돌려주는 것이다. 우리는 자비의 행위를 하는 것이라기보다는 정의의 의무를 수행하는 것이다." 공의회 교부들은 "정의에 따라 이미 주었어야 할 것을 마치 사랑의 선물처럼 베풀어서는 안 된다."고 상기시키며 이 의무를 올바로 수행하여야 한다고 강력히 권고하였다. 가난한 이들

을 향한 사랑은 분명 "재물에 지나친 애착을 갖거나 재물을 이기적으로 사용하지 않는 것"이다(약 5:1~5 참조).79)

빈곤의 문제와 반대로 연관되어 있는 부의 문제에 대한 가톨릭 사회교리는 다음과 같다.

(1) **부에 대한 문제** : 성서에서 재화와 부는 삶에 필요한 것으로 본다. 부나 사치가 아닌 풍요는 때때로 하나님께서 주신 복으로 간주되기도 한다. 잠언에서 가난은 게으름과 근면성 부족에서 오는 부정적인 결과로 묘사되지만(잠 10:4 참조), 타고난 것으로 여겨지기도 한다(잠 22:2 참조). 중요한 점은 물질 재화와 경제적 부는 그 자체로 비난받는 것이 아니라, 그것을 잘못 사용했을 때 비난받는 것이다. 예언서 전승은 특히 가난한 이들을 향한 사기와 고리대금업, 착취와 커다란 불의를 단죄한다(사 58:3~11; 렘 7:4~7; 호 4:1~2; 암 2:6~7 참조).80)

(2) **가난의 도덕적 가치** : 하나님 앞에 자신의 가난함을 깨닫는 사람들은, 어떠한 생활 상태에 있든, 하나님의 특별한 관심을 받는다. 가난한 사람들이 구할 때, 주님께서는 대답하신다. 그가 울부짖을 때, 주님께서 들어주신다. 하나님께서는 가난한 이들에게 그들은 하나님과 당신 백성 사이의 계약의 상속자가 될 것이라고 약속하신다. 구원을 위한 하나님의 개입은 새로운 다윗을(겔 34:21~31 참조) 통하여 이루어질 것이다. 그는 다윗 왕처럼 가난한 이들의 수호자며 정의의 증진자로서, 새로운 계약을 세우고 믿는 이들의 마음에 새로운 법을 새겨 줄 것이다(렘 31:31~34 참조). 가난을 종교적 태도로 구하고 받아들일 때, 가난은 창조 질서를 인식하고 받아들일 수 있게 해 준다. 이러한 관점에서 보면, "부유한 사람"은 하나님보다 자신의 소유에 신뢰를 두는 사람이며, 자기 손으로 한 일로 힘을 얻으며 자신의 힘에만 신뢰를 두는 사람이다. 겸손하게 하나님께 자신을 맡기고 마음을 열고 하나님을 신뢰하는 태도가 될 때, 가난은 도덕적 가치의 위치를 차지한다.81)

가난에 대한 예수 그리스도의 말씀 :

(1) **구약과 예수님** : 예수님께서는 구약 전승 전체를 경제적 재화와 부, 가난과 관련하여 다루시며, 그러한 것들의 의미를 명확하게 하시고 완성시킨다(마태 6:24, 13:22; 루카 6:20~24, 12:15~21; 로마 14:6~8; 1티모 4:4 참조).

(2) **하나님 나라와 가난** : 예수님께서는 성령의 선물과 마음의 회개를 통하여, 정의와 형제애, 연대와 나눔 안에서 새로운 방식의 사회생활이 이루어질 수 있는 "하나님 나라"를 세우러 오신다. 그 안에서 인간은 가난한 이들에게 정의를 베풀고, 억압받는 이들을 해방시키며, 고통 받는 이들을 위로하고, 물질적 가난에 대한 적절한 해결책을 제시하고 가장 연약한 이들이 비참한 노예 상태에서 벗어나려는 노력을 방해하는 세력들을 더욱 효과적으로 통제할 수 있는 새로운 사회 질서를 적극적으로 추구하도록 부름 받는다. 이럴 때, 하나님 나라는 이 세상 것이 아니라 해도 지상에 이미 존재하게 된다. 바로 이 나라 안에서 예언자들의 약속이 최종적으로 실현된다.[82]

(3) **예수님의 우선순위** : 인간의 비참은 인간의 타고난 나약한 조건과 구원의 필요성을 명백히 드러내는 표지다. 구세주 그리스도께서는 사람들 가운데에서 "가장 보잘것없는 이들"을 당신 자신과 동일시하시며 이에 대한 연민을 보여 주셨다(마 25:40, 45 참조). "예수 그리스도께서는 가난한 이들에게 해 준 것으로써 선택된 사람들을 알아보실 것이다. '가난한 이들이 복음을 들을'(마 11:5) 때, 그것은 그리스도께서 현존하시는 표징이 된다." 예수님께서는 다음과 같이 말씀하신다. "가난한 이들은 늘 너희 곁에 있지만, 나는 늘 너희 곁에 있지는 않을 것이다"(마 26:11; 막 14:7; 요 12:8 참조). 예수님께서는 당신께 보여야 할 관심과 가난한 이들에 대한 봉사를 따로 생각하지 말라고 이러한 말씀을 하신 것이다. 기독교 현실주의는, 한편으로는 가난을 물리치려는 칭찬할 만한 노력을 가상히 여기는 동시에, 다른 한편으로는 이 세상에서 빈곤문제를 완전히 뿌리 뽑아 버릴 수 있다는 환상을 가지게 하는 이념적 입장과 메시아 신앙을 경계한다. 이것은 그리스도께서 다시 오셔서 다시 한 번 영원히 우리

와 함께 계실 그날에야 비로소 실현될 것이다. 그때까지 가난한 이들은 우리에게 맡겨져 있고, 우리에게 맡겨진 이 책임은 세상 끝날 심판받게 될 것이다 (마 25:31~46 참조). "우리 주님께서는 만일 우리가 그분의 형제들인 가난한 사람들과 보잘것없는 사람들에게 절박하게 필요한 것들을 도와주기를 소홀히 한다면 당신과 갈라지게 될 것이라고 경고하신다."[83]

6 이주노동자

이주노동자(季節勞動者, Migrant Worker)들은 사회 내에서 수많은 불공평한 대우로 억압받고 있다. 특히 이들은 그 사회 내의 인종적 민족적 소수자다. 가톨릭 사회교리는 이들에 대한 잘못된 사회적 통념을 바로잡고, 이들이 사회에 주는 이익을 인정하며 이들의 권리를 보장할 수 있어야 함을 촉구한다. 미연합감리교회는 구체적으로 이들의 권리를 보장하기 위해 교회가 책임을 다할 것을 촉구하며, 이주노동자들에게도 다른 시민과 동일한 권리를 보장해 줄 것을 촉구한다.

미연합감리교회 사회원리

미연합감리교회는 이주노동자와 다른 농장 노동자들이 그들의 생활 방식으로 인해 어쩔 수 없이 다른 노동자들이 누리는 많은 경제적 사회적 이익을 받지 못한 것에 주목하고 있다. 대부분의 이주노동자가 처한 상황이 더욱 악화되어 가는데, 이는 이주노동자들이 사회 내에서 수많은 다른 불공평한 대우로 인해 억압받아 왔던 인종적 민족적 소수자들이기 때문이다.[84]

(1) **이주노동자의 권리** : 우리는 모든 이주노동자들이 자신의 권리를 옹호하며, 책임을 다하여 스스로 조직화하고 스스로 결단하기 위하여 노력하는 데에

찬사를 보낸다.

(2) **이주노동자의 평등권** : 우리는 정부와 모든 고용주들이 이주노동자들에게도 다른 시민들이 누리는 것과 동일한 경제적 교육적 사회적 이익을 보장해주기를 요청한다.

(3) **이주노동자를 위한 서비스 프로그램 개발** : 우리는 우리 교회가 각 교회 교구로 들어온 이주노동자들에 대한 서비스 프로그램을 개발하고, 교섭 단체를 조직하기 위한 이들의 노력을 지지하도록 요청한다.

가톨릭 사회교리

가톨릭 사회교리에서는 노동의 문제와 연관하여 '이민'에 대하여 다루고 있는데 그 내용은 다음과 같다.

(1) **발전의 원천으로서의 이민** : 이민은 발전에 장애가 되기보다는 발전의 원천이 될 수 있다. 부자 나라와 가난한 나라 사이에 심각한 불균형이 존재하며 커뮤니케이션의 발전으로 거리가 급격히 가까워진 현대 세계에서, 더 나은 삶을 찾는 이민이 점점 늘고 있는 것은 자연스러운 현상이다.

(2) **이민자들에 대한 잘못된 통념과 이민자들이 주는 이점** : 이민은 지구상에서 혜택을 받지 못하는 지역 출신들이며, 이들의 선진국 유입은 흔히 수십 년 동안의 경제 성장으로 얻어진 질 높은 행복한 삶에 위협이 되는 것으로 여겨지기도 한다. 그러나 대부분의 경우 이민은 현지의 노동력이 부족하거나 현지인들이 기피하는 업종이나 영역의 노동 수요를 채워줌으로써 일자리의 공백을 막아준다.[85]

(3) **이민을 허용한 나라에서 외국인 노동자에 대한 착취를 방지하도록 철저히 관리할 것을 촉구** : 이민을 받아들이는 나라들은 모든 사람에게 차별 없이 보장되어야 할 권리들을 자국인과 동등하게 누리도록 인정하지 않음으로써 외국인 노동자들을 착취하려는 생각이 확산되지 않도록 제도적으로 신중하게 감시하여야 한다. 평등과 공평의 기준에 따른 이민의 규제는 이민이 그들의

인간 존엄을 인정받으면서 사회에 통합될 수 있게 보장하는 데에 없어서는 안될 조건이다.

(4) **이민자들의 권리** : 이민자들은 인간으로 받아들여져야 하며 그들의 가족과 함께 사회생활의 일원이 될 수 있게 도움을 받아야 한다. 이러한 맥락에서 이민 가정들이 재결합할 권리가 존중되고 증진되어야 한다. 이와 동시에 가능한 한 본국에서 일할 기회를 증대시키기 위한 조건들을 촉진하여야 한다.[86]

7 비정규직 노동자

가톨릭 사회교리는 비정규직 노동자를 포함하여, 비공식적 경제 활동의 문제를 파악하고 있다. 비정규직 노동자들 또한 그 존엄성과 권리를 보장받을 수 있어야 한다.

가톨릭 사회교리

가톨릭 사회교리는 개발도상국을 포함한 많은 나라에서 근래에 드러나지 않는 비공식 경제 활동들이 확대되어 왔음에 주목하고 그 대안을 제시하고 있다.

(1) **다양하고 유동적인 직업 세계의 양면성** : 정년이 보장된 안정된 직장으로 여겨지는 고용 노동에서 다양한 유형의 노동 활동의 특성을 가진 일련의 직업들에서 지극히 다양하고 유동적이며 가능성이 풍부한 여러 직업의 세계로 옮겨 가고 있는 것은 경제 성장과 발전에 대한 희망적인 징표지만, 고용 불안 증대, 구조적 실업 지속, 현재의 미진한 사회 보장 제도와 관련된 윤리적 법적 문제들이 제기된다.[87]

(2) **노동계에 있어서 실제적 상황** : 다양한 경제 활동들이 이루어지는 환경에서 겉으로는 고용 기회가 상당히 증가하지만 지역 노동력의 다수가 전문성

이 부족하고 공식 경제 부문이 체계 없이 성장하게 된다. 이에 따라 수많은 사람들이 매우 비참한 노동 조건에서, 노동자의 존엄을 보호하는 법령이 미비한 가운데 일하도록 강요받고 있다. 생산과 임금수준, 생활수준이 매우 낮으며 노동자와 그 가족들에게 최소한의 생계도 보장하지 못하는 경우도 흔하다. 따라서 경쟁과 기술 혁신에 대한 요구와 복잡한 금융의 흐름을 통하여 노동자들의 권리가 지켜져야 한다.[88]

8 도박

도박은 단순한 오락을 넘어 인간 사회에 해악을 미치는 해로운 존재다. 웨슬리는 이 도박이 지니는 술책과 속임수와 같은 문제를 인식하고, 사람들이 스스로 도박에 빠지지 않도록 경계할 것을 촉구한다. 미연합감리교회 또한 복권을 포함하는 모든 종류의 도박이 해악임을 강조하며, 이러한 도박에서 벗어날 수 있도록 교회가 큰 역할을 담당할 것을 촉구한다.

웨슬리 사회원리

(1) **도박의 문제** : 사회에 아주 해로운 또 다른 종류의 부류인 보통 '투전꾼'으로 불리는 …… 무리들은 철모르는 인간들을 붙들어서 그들이 가지고 있는 돈을 모조리 속여 빼앗는 것을 직업으로 삼고 있었습니다. 투전꾼들은 철부지 젊은이들을 빈털터리로 만들어 놓은 뒤에 흔히 그들에게 같은 부정의 비밀을 가르칩니다.[89]

(2) **잘 알려지지 않으면서 사람들을 현혹하는 도박의 문제들** : 있을 수 있는 모든 의심은 다음과 같습니다. "그 자체로서는 해가 없어 보이는 이 오락에 해악이 섞여 있습니까?" 이것을 분명하게 하기 위해서 먼저 항상 이 오락과 함께하고 끊임없이 동반되는 악의적인 거짓말, 여러 다양한 술책과 속임수, 무

시무시한 저주들과 맹세들을 관찰해 봅시다. 그리고 그 오락에서는 영원한 복이신 우리 주 하나님의 이름이 모독 받습니다. 언제 어디서든 이러한 유흥이 이와 같은 엄청난 결과들 없이 알려졌던 적이 있습니까? 이런 추악한 결과들을 목격하지 않고도 이런 유흥에 하루라도 참석한 자는 누구입니까? 이 오락들로부터 그 해악을 제거하는 방법이 발견될 때까지는 비록 다른 나쁜 결과들을 우리가 안 가지고 있어도 오직 이런 나쁜 결과들만으로도 하나님과 현명한 사람들이 그 오락을 혐오하게 만들기는 충분합니다.[90]

(3) 도박의 소유욕 : 그것은 다른 사람과 내기하는 것을 좋아하는 모든 사람들에게 더 많이 해당됩니다. 그리고 일반적으로 다른 사람의 것을 소유하고자 하는 중단되지 않는 매우 강한 욕망을 불러일으킵니다. 그러나 그 오락은 세상에서 모든 승자가 만족하지 못하는 것처럼 심중에 그와 같은 목마름을 남겨 놓기 쉽습니다.[91]

미연합감리교회 사회원리

미연합감리교회는 도박을 금하며 분명한 원칙을 가지고 있다.[92]

(1) 도박은 인류에 대한 위협 : 도박은 사회에 대한 위협이며, 도덕적 사회적 경제적 영적 생활에 있어서 최고의 권익을 심각하게 해치는 것이며, 선한 정부를 파괴하는 것이다.

(2) 도박 중독자들의 치료에 앞장서는 교회 : 신앙과 관심의 행동으로서 기독교인들은 도박을 금해야 하며 도박과 같은 행위로 희생된 사람들을 섬기는 일에 최선을 다해야 한다. 따라서 도박에 중독되어 가는 곳에서 교회는 도박에 중독된 개인들이 치료의 도움을 받도록 격려하여 모든 개인의 에너지가 긍정적이며 건설적인 목표를 향해 나아갈 수 있도록 해야 한다.

(3) 도덕적 권위를 통하여 도박문화를 선도하는 교회 : 교회는 [복권을 포함하여] 오락으로서, 도피로서, 또는 자선 활동이나 정부 활동을 지원하기 위한 국고세입 또는 기금을 마련할 수단으로서 상업적 도박을 이용하는 것을 불필

요하고 바람직스럽지 못한 것으로 만들 수 있는 기준과 인격적 생활양식을 증진시켜야 한다.

9 농업 보호 정책

아무리 사회가 고도 산업사회가 된다고 하더라도 농업은 여전히 중요한 위치를 차지한다. 특히 농업은 인간의 생명과 직결하므로 이를 보호할 수 있는 정책이 필요하다. 미연합감리교회는 다국적기업에 의한 농업 장악을 경계하며 자작농의 권익을 보호할 수 있는 장치를 마련할 것을 촉구한다.

미연합감리교회 사회원리

미연합감리교회는 가족 단위로 경작하는 농장이 오랫동안 자유롭고 민주적인 사회를 위한 중요한 기반으로서 확증되어 왔음에 대하여 주시하고 최근에 이르러, 농업에 관한 모든 측면이 한정된 숫자의 다국적 기업의 수중에 점차 집중되는 것을 포함하여, 다양한 요인으로 인해 전 세계적으로 자작농(independent farmers)의 생존권이 위협을 받고 있는 것에 대하여 우려를 표하고 있다.93)

(1) **전 지구적 정의** : 필요한 대다수의 사람을 위한다는 다국적 기업과 같은 식량 공급의 체계는 식량문제를 소수자의 수중에 집중하게 하므로 이에 대한 각성과 행동을 부르짖는 전 지구적 정의의 문제를 주시하여야 한다.

(2) **양식에 대한 청지기적 사명** : 우리는 농업 관련 사업이 먼저 전 세계의 일용할 양식을 담당하는 청지기직의 책임을 다하는 데 있다고 믿는다.

(3) **정직한 노동의 권익 보호** : 우리는 모든 농민이, 그 농사 규모가 크든 작든 상관없이, 정직한 노동에 대한 공평한 대가를 얻을 권리를 존중하는 책임을 다하는 공동의 시민권에 있어서 스스로 인간의 권리에 대한 존중을 실천하

도록 요청한다.

(4) **세계 식량에 대한 예언자적 위치** : 우리는 우리 교회가 힘을 다하여 식량 공급과 전 세계를 위해 식량을 생산하는 사람들의 문제에 대하여 예언적으로 (prophetically) 말하도록 요청한다.

10 기업의 책임

기업은 단순히 이익만을 추구해서는 안 된다. 웨슬리는 기업이 항상 건강한 정신을 가지고 건전한 경제원칙을 지킬 것을 강조한다. 미연합감리교회 사회 원리는 기업이 그 기업과 관계된 모든 대상들에 대하여 책임(Responsibility)을 질 것을 촉구하며, 가톨릭 사회교리는 인간의 기본적 자유로서 경제 활동을 지지하면서, 반드시 사회의 연대성을 강화하고 공동선을 이룩할 수 있어야 함을 강조한다.

> **웨슬리 사회원리**

(1) **건강한 정신을 가진 기업** : 어떤 경우에 있어서도 우리는 건강한 마음을 지닌 정신을 보존해야 합니다. 그렇기 때문에 우리는 국법을 어기거나 하나님의 율법을 거역하는 죄악된 거래 행위에 종사하거나 이를 계속해서는 안 됩니다. 그와 같은 것은 법으로 보장된 국왕의 관세를 포탈하거나 사취하는 행위까지 필연적으로 포함됩니다.94)

(2) **건전한 경제 원칙을 가진 기업** : 내기나 과대한 청구서 혹은 우리나라의 국법이 금하고 있는 과도한 이자를 청구하거나 취득함으로써 토지나 가옥의 이득을 탈취해서는 안 됩니다. (의약품이 아무리 필요하다 할지라도 또는 법조문이나 그 외의 어떤 다른 경우 때문이라고 할지라도 말입니다.)95)

(3) **사회를 해치는 악성 기업에 대한 경고** : 우리는 이웃의 육체를 해침으로

써 이익을 도모해서는 안 됩니다. 그러므로 우리는 건강을 해치기 쉬운 물건을 어떤 것이라도 팔아서는 안 됩니다. 보통 럼주라고 불리는 불같이 독한 술이나 알코올성이 강한 주류들은 현저하게 그러한 것입니다. …… 보통으로 이것을 파는 사람이나 사려고 하는 사람들은 모두가 독살자들입니다. 그들은 어떤 인정이나 소중히 생각하는 마음도 없이 폐하의 신하들을 도매금으로 살인했습니다. 그들은 양떼를 모는 사람처럼 사람들을 지옥으로 내몰았습니다.[96]

미연합감리교회 사회원리

미연합감리교회는 기업이 그 기업의 주식을 보유한 주주들뿐만 아니라, 그 기업의 노동자와 원료제조업자, 매각인, 고객 그리고 기업 활동이 벌어지는 공동체와 그 기업 활동을 지탱하는 토지와 같은 다른 이해관계자에 대하여도 책임을 져야 한다고 강조하고 있다.[97]

(1) **대중에 대한 기업의 영향력 평가** : 우리는 이 다양한 영역에 있어서 기업이 어떠한 영향을 미치는지에 대한 대중의 알 권리를 지지하는데, 이 알 권리를 통해 사람들은 어떤 기업을 지원할 것인지 결정할 수 있다.

(2) **건강한 기업에 대한 지지** : 우리는 자발적으로 인간의 행복을 증진하고, 환경을 보호할 기준을 마련한 기업들에 대하여 찬사를 보낸다.

가톨릭 사회교리

가톨릭 사회교리는 경제문제에서 개인의 자유가 근본적인 가치이자 양도할 수 없는 권리로서 이를 증진하고 수호하여야 한다고 보면서 기업 영역에서도 이러한 개인의 창조적인 주체성은 필수적인 인간 활동의 요소며, 이는 특히 계획과 혁신 분야에서 드러난다고 보고 있다.

(1) **개인의 경제적 주체성** : 경제 분야에서 자유롭고 책임 있는 주도적 행동은 인간의 속성이 창조적이고 관계적인 주체임을 드러낸다. 이런 체계적이고 창의적인 인간 노동의 역할 그리고 노동의 본질적인 부분인 주도성과 기업가

적 역량이 점점 더 명확해지고 결정적인 것이 된다. 경제 활동은 인간 지성의 표현이며 인간의 요구에 창의적이고 협력적으로 응답할 필요성을 드러낸다. 창의성과 협력은 진정한 의미의 기업 경쟁의 표징이다.[98]

(2) **인간의 경제적 활동에 대한 국가의 제한적 간섭** : 인간의 실제 중요한 재원은 인간 자신이며, 인간은 자신의 지성을 사용하여 땅의 생산적 잠재력과 인간의 욕구를 충족할 다양한 방법을 발견할 수 있다. 국가는 제시된 경제 활동의 유형이나 그 수행 방식이 공동선의 추구와 양립할 수 없는 경우에만 엄격한 제한을 가할 도덕적 의무가 있다.[99]

기업은 그 목표가 있는데 그것은,

(1) **사회의 공동선** : 유용한 재화와 용역을 생산함으로써 사회의 공동선에 이바지할 능력을 갖추어야 한다. 기업 활동에서 경제적 차원은 경제적 목표뿐만 아니라 사회적 도덕적 목표를 달성하기 위한 조건이 되며, 이 목표들은 모두 함께 추구되어야 한다.

(2) **기업의 공익성** : 기업에서 일하는 모든 사람은 그들이 일하는 공동체가 모든 사람에게 유익하여야 하며 일부 사람의 개인적인 이익만을 만족시키는 조직이 되어서는 안 됨을 명심하여야 한다.

(3) **기업의 연대성** : 기업은 자사의 이익에만 관심을 쏟지 않는 연대의 공동체가 되어야 한다. 기업은 노동의 '사회 생태학'을 지향하는 방향으로 나아가며 자연 환경을 보호함으로써 공동선에도 이바지하여야 한다.

(4) **건강한 금융 제도** : 경제 금융 활동에서 정당한 이윤 추구는 용납할 수 있지만, 고리대금업에 의존하는 것은 도덕적으로 비난받아야 한다. 폭리를 추구하며 탐욕스러운 행위로 인류 형제의 굶주림과 죽음을 유발시키는 상인들은 간접적으로 살인을 저지르는 것이며, 그 책임은 그들에게 돌아간다. 특히 부당할 뿐 아니라 나아가 폭리를 추구하는 금융 제도로 고통 받아서는 안 되는 저개발국들의 상황과 관련한 국제 경제 관계에도 이러한 비난은 당연하다.

(5) **기업의 국제적 책임** : 오늘날 기업들은 점점 더 확대되어 가는 경제 환경 안에서 활동하며, 그러한 환경에서 국가의 정부들은 국제 경제와 금융 관계에 영향을 미치는 바른 변화 과정을 통제할 능력에 한계를 보이고 있다. 이러한 상황 때문에 기업들은 과거에 비해 새롭고 더욱 큰 책임을 맡게 된다.100)

11 무역과 투자

현대 경제에 있어서 무역과 투자(Trade and Investment)는 필수적인 요소다. 웨슬리는 무역이 항상 법의 테두리 안에서 이루어질 때 건강한 국가 경제가 이루어짐을 강조한다. 미연합감리교회는 상호 의존적인 국가 관계에 있어서 무역과 투자는 반드시 인격적이며 친환경적이어야 함을 표명한다.

웨슬리 사회원리

(1) **건강한 국가의 초석** : 어떤 경우에 있어서도 우리는 건강한 마음을 지닌 정신을 보존해야 합니다. 그렇기 때문에 우리는 국법을 어기거나 하나님의 율법을 거역하는 죄악된 거래 행위에 종사하거나 이를 계속해서는 안 됩니다. 그와 같은 것은 법으로 보장된 국왕의 관세를 포탈하거나 사취하는 행위까지 필연적으로 포함됩니다.101)

미연합감리교회 사회원리

미연합감리교회는 무역과 투자에 관하여 인간 인격과 연관하여 설명하고 있다.102)

(1) **국제 무역과 투자의 중요성** : 우리는 상호 의존적인 세계에서 국제 무역과 투자가 매우 중요하다는 점을 확증한다.

(2) **무역과 투자의 인격적 특성** : 무역과 투자는 인간 인격이 가지는 존엄성

과 깨끗한 환경 그리고 우리가 공통적으로 지니는 인성을 지지하는 법칙들에 근거해야 한다.

(3) **친환경적인 무역 협정** : 무역 협정은 노동자의 권리와 인간의 권리뿐만 아니라 환경적 기준을 강화하는 절차를 포함해야 한다. 무역 협상에 대한 광범위한 시민의 지지와 참여가 상담과 참여라는 민주적 절차를 통해 보장되어야 한다.

12 세계화

현대 경제는 세계화되고 있다. 가톨릭 사회교리는 경제의 세계화가 기회이자 위기임을 인식하고, 이 세계화의 방향이 연대성과 인권을 보장할 수 있도록, 인간의 공동선을 추구할 것을 촉구한다.

가톨릭 사회교리

가톨릭 사회교리에서는 '세계화'에 대하여 경제화의 새로운 변화임을 강조하고 이것이 기회가 될 수도 있지만 동시에 위험이 될 수 있다고 경계하고 있다. 가톨릭 사회교리는 세계화의 목표와 국제 금융 체계, 국제 공동체의 역할과 연대에 대하여 설명하고 있다.

(1) **기회와 위기로서의 세계화** : 세계화는 잠재적으로 인류 전체에 유익한 결과를 가져다 줄 수 있다. 원거리 통신 분야의 눈부신 발전에 따른 경제와 금융 관계 체계의 성장은 통신비용을 상당히 감소시키는 동시에 새로운 통신기술을 발전시켰으며 상업 무역과 금융 거래가 전 세계로 확대되는 과정을 가속화하였다. 다시 말해 경제 금융의 세계화와 기술 진보의 두 현상은 서로를 강화시켜 왔으며, 현재의 이러한 변천 과정을 매우 빠르게 진행시킨다. 그러나 세계화는 세계 경제 분야의 새로운 기회들을 확인하는 것과 더불어 상업과 금

융 관계의 새로운 차원들과 관련된 위험을 보게 된다. 세계화 과정은 경제 사회 발전의 측면에서 국가들 사이의 불균형을 감소시키기보다는 증가시키는 결과를 가져오고 있다. 실제로 선진국과 개발도상국 사이에서뿐만 아니라 선진국들 사이에서도 불평등이 심화되는 경향을 드러내는 수많은 징후들이 있다. 위에서 설명한 과정 덕분에 가능해진 경제적 부의 증대에는 상대적 빈곤의 증대도 따른다.[103]

(2) **공동선의 추구로서의 세계화** : 공동선의 추구란, 사회적 경제적 진보에서 지금까지 소외되어 왔거나 가장자리에 밀려나 혜택을 받지 못하고 있던 이들을 위하여 지구상의 여러 지역 사이에 부를 재분배하기 위한 새로운 기회들을 이용하는 것을 말한다. "간단히 말하자면 연대를 통한 세계화, 소외 없는 세계화를 보장하는 것이 과제다." 사회교리는 국제 경제 관계의 근간을 이루어야 할 윤리 기준들, 곧 공동선 추구와 재화의 보편적 목적, 무역 관계의 균형, 무역과 국제 협력 정책에서 가난한 사람들의 권리와 요구에 대한 관심의 중요성을 지적하였다. 그렇지 않으면 "빈곤한 민족은 날로 더욱 빈곤해지고 부유한 민족은 날로 더욱 부유해지게 된다."[104]

(3) **세계화 시대의 연대와 인권** : 세계화 시대에 적절히 연대를 이루려면 인권을 수호하여야 한다. 인권과 자유와 평화에 이바지하는 실질적인 국제적 공적 권위에 대한 전망이 아직 완전히 마련되지 않은 상황에서 국제 공동체는 인권을 존중하고 보호하여야 할 의무가 있다. 세계화는 새로운 형태의 식민주의가 되어서는 안 된다. 민족들의 전체적 조화 안에서 삶을 해석하는 열쇠가 되는 문화의 다양성을 존중하여야 한다. 특히 종교적 신앙과 관습을 포함하여 가난한 이들이 가장 소중히 여기는 것들을 그들에게서 **빼앗아서는** 안 된다. 참된 종교적 확신은 인간 자유의 가장 분명한 표현이기 때문이다.[105] 따라서 전(全) 인간과 인류 전체의 발전을 증진하여야 한다." 이러한 임무를 성취하려면, 국제적으로 자원의 고른 분배를 보장하며, 오늘날 민족들을 결정적으로 결합시키고 그들이 하나의 운명으로 연결되어 있음을 느낄 수 있게 하는 경제

적 정치적 문화적 상호 의존 인식에 부응할 수 있는 경제관이 요구된다.106)

(4) **세계화 시대의 연대** : 예전에는 많은 지역에서, 세대 간 연대는 가정에서 자연스럽게 길러지는 태도였으며 공동체의 의무였다. 그러한 연대가 국가 정치 공동체와 나아가 세계 공동체 안에서도 이루어져야 한다. 특히 세대 간 연대를 위해서, 세계 차원의 계획은 재화의 보편적 목적의 원리에 따라야 하는데 이 원리에 따르면, 미래 세대에게 관련 비용을 부담지우는 것은 도덕적으로 부당하며 경제적으로 비생산적이다. 도덕적으로 부당한 까닭은 그것이 책임 회피이기 때문이며, 경제적으로 비생산적인 까닭은 잘못을 바로잡는 것이 예방하는 것보다 훨씬 더 비용이 많이 들기 때문이다.107)

금융 제도가 구조적 기능적으로 더욱 복잡해질수록, 이러한 과정을 규제하고 인류 가족의 공동선을 이룰 목표로 이끌 임무에 더욱 우선순위를 두어야 한다. 국가뿐 아니라 국제 공동체는 적절하고 효과적인 정치적 법적 도구를 통하여 이러한 어려운 과제를 맡도록 명백히 요구받고 있다. 또한 국제기구들은 온 인류 가족의 이해를 평등하게 대변하여야 한다. 또한 이 기구들은 "자신들의 결정에서 나올 결과를 평가하면서, 국제 시장에서 거의 무시되지만 심각하고 절망적인 궁핍에 허덕이고 있어서 발전하기 위해서는 더 많은 도움을 필요로 하는 민족들과 국가들이 있음을 감안해야 한다."108)

5장. 정치 공동체

기독교대한감리회 사회신경과 미연합감리교회 사회원리 그리고 가톨릭 사회교리 모두 정치 공동체에 있어서의 하나님의 주권을 인정한다. 모든 정치의 주권은 하나님께 있다. 기독교대한감리회 사회신경은 정의 사회 구현을 이룩하기 위한 교회의 역할을 강조한다. 가톨릭 사회교리는 모든 정치 공동체는 공동선을 보장해야 함을 강조하고, 정치 공동체의 기본 토대는 인간임을 명시한다. 또한 그리스도인들이 정치 공동체에서 복음에 나타난 사랑의 계명을 항상 지킬 수 있도록 노력할 것을 촉구한다.

관련성구

(1) **예수님은 불의의 권력에 대항하심** : 예수님은 민족의 통치자들이 휘두르는 압제와 전제의 권력을 거부하셨다. (마 10:42)

(2) **예수님은 통치자들의 한계를 아심** : 예수님은 통치자들이 은인인 양 행동하는 것을 경계하셨다. (눅 22:25~26)

(3) **세속의 권력과 하나님 권위의 분리** : 예수님은 세속의 권력을 하나님의 권위로 만들려는 시도를 경계하시고, 세속의 권력과 하나님의 권위를 분리하셨다. (막 12:13~17; 마 22:15~22; 눅 20:20~26)

(4) **정치 권위는 '섬김'에서 시작됨** : 예수님과 같이, 정치 권위체는 "섬기는 자"가 되어야 한다. (막 10:45; 마 20:24~28; 눅 22:24~27)

(5) **정치 권위는 낮은 자의 모습으로부터 시작됨** : 예수님은 높은 자(권력을 가진 자)가 가장 낮은 사람, 모든 사람을 섬기는 사람이 되어야 한다고 가르친다. (막 9:33~35, 10:35~40; 마 20:20~23)

(6) **양심을 따르는 권위** : 합법적인 권위에 대하여 소극적으로 복종하는 것이 아니라 '양심' 때문에 복종하는 것이 하나님이 세우신 질서에 따르는 것이다. (롬 13:5)

(7) **납세의 의무** : 바울은 시민의 납세 의무를 강조하며, 그리스도인이 정치 권위에 대해 가져야 할 관계와 의무를 규정한다. (롬 13:1~7)

(8) **권위의 심판적 성격** : 정당한 권위는 인간을 위하여 하나님을 섬기며, "악을 저지르는 자에게 하나님의 진노를 집행하는 것"이다. (롬 13:4; 딤전 2:1~2; 딛 3:1)

(9) **인간 제도의 질서를 따름** : 베드로는 모든 인간 제도에 복종할 것을 권고한다. 그것이 주님을 생각하는 것이며, 정치권력은 악을 저지르는 자들에게 벌을 주고 선을 행하는 자들에게 상을 베풀 의무가 있다. 이러한 의무를 다하는 정치 권위만이 존경받고 인정받을 수 있다. 하나님은 어리석은 자들의 무지한 입을 막는 올바른 행동을 요구하시기 때문이다. (벧전 2:13~15:17)

(10) **자유의 기회로 하나님을 섬김** : 자유는 악을 행하는 구실이 아니라, 하나님을 섬기는 데 쓰여야 한다. (벧전 2:16)

(11) **합법적인 정치 권위에 복종** : 공정하고 합법적인 정치 권위에 복종하기를 거부하는 것은 "하나님의 질서를 거스르는" 것이다. 이는 궁극적인 권위의 원천이 하나님이기 때문이다. (롬 13:1~2)

(12) **국법에 우선하는 하나님의 뜻** : 우리는 자신의 행위에 대한 도덕적 책임을 벗어날 수 없으므로, 비록 국법이 인정하더라도 하나님의 뜻에 위배되는 관습을 거부해야 할 양심의 의무가 있다. (롬 2:6, 14:12)

기독교대한감리회 사회신경

기독교대한감리회는 사회신경 9조에서 정치 공동체의 특성을 다음과 같이 설명하고 있다.[1]

(1) **그리스도의 유일성과 정의 사회 실현** : 우리는 예수 그리스도가 우리의

유일한 구주임을 믿는다.

(2) **정의로운 사회 건설을 위한 타 종교와의 연대** : 또한 우리는 오늘의 현실 속에서 정의로운 사회 건설을 위해서는 타 종교와 공동 노력한다.

미연합감리교회 사회원리

미연합감리교회는 164조에서 정치 공동체의 기본 정신에 대하여 강조하고 있다.[2]

(1) **국가의 충성에 우선하는 하나님 나라에 대한 헌신** : 하나님에 대한 우리의 헌신은 그 어떤 국가에 대한 충성보다 우선되어야 하는 것이지만, 우리는 사회의 질서를 위한 중요한 매개물로서 국가가 중대한 기능을 가지고 있음을 인정한다.

(2) **사회와 정치는 하나님의 주권 아래 있다** : 우리는 우리의 사회적 정치적 생활에 대하여 우리 자신을 하나님께서 책임지신다는 것을 알기 때문에, 국가와 관련하여 아래와 같은 여러 항목들에 대하여 선언한다.

가톨릭 사회교리

가톨릭 사회교리는 정치 공동체의 기본 과제로 '공동선'에 대하여 강조하고 있다.

(1) **정치 공동체의 기본 과제** : 공동선을 달성하여야 할 책임은 개개인뿐 아니라 국가에도 있다. 공동선은 정치권력의 존재이유이기 때문이다. 실제로 국가는 전 국민이 공동선을 달성하는 데 이바지할 수 있도록 시민사회의 공동선의 표현인 시민사회의 결속, 일치, 질서를 보장하여야 한다.[3]

(2) **공동선의 보장** : 공동선을 보장하기 위하여, 각국 정부는 각 분야마다 다른 이익들을 정의의 요구와 조화시켜야 하는 각별한 의무가 있다. 공권력은 집단의 특수한 이익과 개인의 특수한 이익을 올바로 조정하는 일을 잘 수행하여야 한다.[4]

(3) **공동선의 궁극적 가치** : 공동선은 인간의 궁극적인 목적을 달성하고 피조물 전체의 보편적 공동선을 실현하는 것일 때에야 비로소 가치가 있다.5)

가톨릭 사회교리는 정치 공동체의 토대와 목적으로 인간을 중시하고 있으며 이것을 통하여 유기적인 민족 공동체를 형성하고 나아가 성숙한 시민사회에 대하여 그 대안을 제시하고 있다.

(1) **정치 공동체의 토대인 인간** : 정치생활의 토대와 목적은 인간이다. 인류의 고유한 실재인 정치 공동체는 다른 방법으로는 이룰 수 없는 목적, 곧 진리와 선을 지향하는 인간의 자연스러운 성향에 이끌려 공동선 달성을 위하여 확고히 협력하도록 요청받는 구성원 각자의 온전한 성장을 이루기 위하여 존재한다.6)

(2) **정치 공동체와 민족** : 민족의 근본 특징은 삶과 가치의 공유며, 이는 영적 도덕적 차원에서 친교의 근원이 된다. '민족'이라는 말은 무형의 다수, 조종당하고 착취당하는 수동적인 대중을 뜻하는 것이 아니라, 각자가 "고유한 위치에서 자기 나름의 방식"으로 공공의 문제들에 대한 자신만의 의견을 형성하고, 자유롭게 정치적 견해를 표명하며 그것이 공동선에 긍정적인 결과를 맺도록 하는 개인들의 집단이다. 민족은 "그것을 구성하는 사람들의 충만한 삶 안에 존재하며, 이들 각자는 자신의 책임과 신념을 잘 알고 있는 인간이다." 정치 공동체에 속한 사람들은 그들끼리 한 민족으로 유기적으로 결합되어 있지만 개인적 삶의 차원에서 추구할 목적에 대하여 억압할 수 없는 자율을 유지한다.7)

(3) **복음과 정치 공동체** : 복음의 사랑의 계명은 그리스도인들에게 정치생활의 가장 심오한 의미를 일깨운다. 참으로 인간다운 정치생활을 위해서는 "정의와 사랑 그리고 공동선을 위한 봉사 정신을 길러 주고 정치 공동체의 진정한 성격과 공권력의 목적, 그 바른 행사와 한계 등에 관한 기본 신념을 북돋워 주는 것보다 더 나은 것은 아무것도 없다." 믿는 이들이 내세워야 할 목표

는 사람들 사이에 공동체 관계를 맺는 것이다. 정치 사회에 대한 그리스도교의 관점은, 사회생활을 구성하기 위한 전형이자 일상생활의 한 양식인 공동체의 가치를 최우선에 둔다.8)

1 평화통일

기독교대한감리회 사회신경은 민족 분단의 현실은 비극이며, 조속히 평화통일을 이룰 것을 촉구하고 있다. 웨슬리는 사랑의 본질이 연합임을 강조한다. 따라서 교회는 남과 북이 사랑으로서 화해할 수 있도록 중재자로서의 역할을 감당해야 한다.

웨슬리 사회원리

(1) **사랑의 본질은 연합이다** : 사랑의 본질은 우리 모두를 연합하게 하는 것이며 더 많이 사랑할수록 더 연합하게 되는 것입니다. …… 단지 우리의 사랑이 식어가게 될 때에 우리의 형제들로부터의 분리를 생각하게 되는 것입니다.9)

기독교대한감리회 사회신경

기독교대한감리회는 사회신경 10조에서 평화적 통일에 대한 입장을 밝히고 있다.10)

(1) **평화적 통일** : 우리는 반만년의 역사를 가진 하나의 민족이 여러 가지 국내외적 문제로 분단되어 온 비극을 뼈아프게 느끼며 이를 극복하기 위해 민족의 동질성 회복과 화해를 통한 민족, 민주, 자주, 평화의 원칙 아래 조속히 통일되도록 총력을 기울인다.

자유와 인권

자유와 인권은 모든 인간이 누려야 할 권리다. 웨슬리는 인간이 모두 하나님의 형상을 지녔으므로 자유와 인권을 소유한다는 점을 분명히 인정하고, 노예 제도에 대하여 철저히 반대했다. 미연합감리교회 사회원리도 인간의 자유와 인권을 억압하는 노예 제도를 악으로 규정하고 있으며, 가톨릭 사회교리는 더 나아가 자유가 인간의 존엄성의 표징이며 기본적 권리라는 신학적 사회윤리적 입장을 고수한다.

(**웨슬리 사회원리**)

(1) **인간 형상의 원리** : 인간이 지니고 있는 형상이 무엇인지를 더욱 분명히 밝혀 주는 것은 아담이 본래 즐겼던 자유입니다. 완전한 자유는 그의 본성이 심어져 있었습니다. 인간은 그의 첫 번째 신분을 유지하든지 바꾸든지 마음대로 할 수 있게끔 창조되었습니다. 그가 하고 싶은 대로 하도록 맡겨졌습니다. 모든 일에서 그 자신의 선택이 그의 운명을 결정하게 되어 있었습니다.[11]

(2) **하나님의 축복인 자유** : 자유는 미래에 우리가 누리게 될 영원한 기쁨에 없어서는 안 되는 것이며 현재는 우리를 모든 고통에서 해방시키는 자유인 것입니다. 또한 그 자유는 훗날 하나님의 우편에서 영원무궁토록 흘러나오게 될 영원한 행복에 대한 서막으로서 우리가 어느 정도 누리고 있는 현재적 행복인 것입니다.[12]

(3) **피조물의 권리, 자유** : 마지막으로 사람은 자유 혹은 선택의 자유를 받았는데 이 자유 없이는 다른 모든 것이 헛것이 되며 흙 한줌 혹은 대리석 한 조각이 창조주 하나님을 섬길 수 없듯이 사람이 하나님을 섬기는 것은 불가능하게 될 것입니다. 사람은 또한 자유 없이는 모든 무감각한 피조물과 마찬가지로 선행도 악행도 할 수 없게 될 것입니다. 바로 이와 같이 스스로 움직이는 능력, 이해력, 의지력 그리고 자유 속에 하나님이 주신 자연적인 형상이 존재하는

것입니다.13)

(4) **하나님의 주권** : 하나님이 우리를 만드셨으며, 우리가 우리 자신을 만든 것이 아닙니다. 그리고 그분은 자신이 손수 만든 것을 멸시하실 수 없습니다. 우리는 그분의 자녀입니다.14)

(5) **하나님의 사랑** : 하나님은 모든 사람을 사랑하고 하나님의 자비는 모든 피조물에 미칩니다.15)

(6) **종교와 양심의 자유** : 우리 자신의 종교를 선택할 수 있는 자유, 우리 자신의 양심에 따라, 우리가 가지고 있는 최선의 빛에 따라 하나님을 예배할 수 있는 자유다. 인간으로서, 살아있는 모든 사람은 이성적 피조물로서 자유에 대한 권리가 있다. 창조주가 인간에게 이해를 부여해 주셨을 때 이 권리도 함께 주셨다. 모든 사람은 하나님께 대하여 자신이 한 일을 알려 드려야 하기 때문에 모든 사람은 자기 자신을 위하여 자신을 판단할 수 있어야 한다. 결과적으로 이것은 파기할 수 없는 권리며, 그것은 인간성으로부터 분리할 수 없는 것이다. 그리고 하나님께서는 어떤 사람도 혹은 다수의 사람도 피부 색깔이나 아니면 다른 어떤 구실로 사람에게서 자녀를 빼앗을 권리를 결코 주신 적이 없으시다.16)

(7) **인간의 자유와 노예 제도에 대한 반대** : 그들(흑인)을 팔려고 해안에 도착하여 (배에서) 데려오면, 먼저 의사들은 그들의 건강을 철저히 점검했다. 그때는 남녀 구별 없이 모두 옷을 벗도록 했다. 점검에 통과한 사람은 한 편에 모았다. 그렇게 하는 동안 회사의 문장과 이름을 새긴 불타는 철인을 불 속에 넣어 두었다가 그들의 가슴에 지져 표식을 남겼다. 그들이 다시 배에 오르기 전에 주인들은 그들이 등에 지고 있던 모든 것을 벗겨 버렸다. 그래서 그들이 배에 오를 때에는 남녀 할 것 없이 완전히 벗은 몸으로 오르게 했다. 일반적으로 한 배에 수백 명을 타게 하는 것이 보통이었다. 그들을 작은 방에 집어넣을 수 있을 만큼 가득 채웠다. 그들이 금세 더위와 목마름과 온갖 종류의 악취들 사이에서 어떤 환경 조건에 처하게 될지 쉽게 알 수 있을 것이다. 그리하여 항해

하는 도중에 살아남는 사람보다 죽어 나가는 사람이 더 많다는 것은 별로 놀랄 일이 아니었다.17)

(8) **피조물의 고통과 하나님의 구원에 대한 갈망** : 배가 그 목적지 항구에 도착하면, 흑인들은 다시 벗겨진 채로 그들의 모든 무리의 눈앞에 서게 된다. 그리고 그들을 살 사람들에게서 점검을 받는다. 그 다음에 그들은 여러 주인의 농장으로 갈라지게 된다. 그리고는 다시는 서로 보지 못하게 되는 것이다. 여기서 당신은 채찍질을 하는 사람들이 그들을 곧 강제로 떼어놓으려 할 때 엄마들이 딸들을 부둥켜안고는 알몸으로 드러난 젖가슴을 눈물로 적시고, 또 딸들은 부모에게 매달려 울부짖는 것을 보게 될 것이다. 그 어떤 형편이 이들이 겪어야만 했던 것보다 더 비참할 수 있겠는가? 그들의 나라와 친구들과 그리고 모든 관계들과, 생활의 모든 평안함으로부터 추방되어, 그들은 짐승들처럼 간신히 생존하는 상태로 한번에 격하되어 버렸다. …… 창조주께서 이 세상에서 가장 고상한 피조물이 이와 같은 생활을 하도록 의도하셨겠는가?18)

(9) **노예 소유의 부정의** : 그것(인간의 법)이 어둠을 밝게 할 수 있으며, 혹은 악을 선으로 바꿀 수 있다는 것인가? …… 만 가지 법률이 있다고 할지라도 정의와 부정, 잔인함과 자비 사이의 본질적 차이는 그대로 남아 있는 법이다. …… 우리에게 아무 잘못된 일도 하지 않은 그런 사람들에게 가장 잔인한 악을 가하는 것이 정의란 말인가? …… 앙골라인들은 영국인과 같은 생래적 권리를 가지고 (있지 않은가), 그리고 어디에다 더 놓은 가치를 부여할 것인가? …… 나는 노예를 소유하는 것은 생래적 정의로서 모순이 없다는 것을 절대적으로 거부한다.19)

(10) **사람에 대한 인류애의 요구** : 당신이 남자입니까? 그렇다면 당신은 인간의 마음을 가져야 합니다. …… 거기에는 동정이라는 원칙이 없습니까? 당신은 다른 사람의 고통을 전혀 느끼지 않습니까? …… 당신이 고통에 싸여 괴로워하는 사람(피조물)들을 배 안에 밀어 넣을 때나, 혹은 당신이 그들의 가련하게 토막난 시체들을 바다에 던져 버릴 때, 당신에게 동정이라는 것은 전혀

없습니까? …… 만약 당신이 그런 것을 가지고 있지 (않다면), 당신의 악의 분량이 가득 찰 때까지 그대로 나아가시오. 그러면 위대하신 하나님께서 당신이 그들을 다루었던 것처럼 당신을 다루실 것입니다. …… 그리고 "그날에 소돔과 고모라가 너희보다 견디기 쉬울 것이다!" 그러나 만약 당신의 마음에 조금이라도 측은한 마음이 생기게 되면, 그것은 사랑의 하나님으로부터 오는 부르심이란 것을 아시오. 그리고 "오늘날, 만약 너희가 주의 음성을 들으면, 너희 마음을 강퍅케 하지 말라." 하나님께서 당신을 도우시는 분이 되어서, 오늘 당신의 생활에서 도망쳐 나오도록 결정하십시오. 돈을 생각하지 마십시오! …… 당신이 잃은 것이 그 무엇이든, 당신의 영혼을 잃은 것은 아닙니다. 그 어느 것도 영혼을 잃는 것과 비견할 수 없는 것입니다. 그 잔혹한 무역거래를 당장 그만 두십시오.[20]

(11) **죄악의 연대성과 악행 금지** : 아프리카 악인으로 하여금 그들의 동족을 팔도록 꾄 사람이 바로 당신입니다. 그리고 훔치고, 약탈하고, 수없이 많은 아이들과 남녀를 죽이도록 영국 악인이 그 사람에게 돈을 주어서 된 일입니다. 그래서 (영국 투자가나) 혹은 아프리카인들이 이 사건에 개입하였던 것은 모두 당신의 행위요 행동입니다. 그런데도 당신의 양심은 이런 것과 잘 화해할 수 있습니까? …… 황금이 당신의 눈을 완전히 멀게 하고 당신의 마음을 그렇게 바보스럽게 만들었는지요? 당신이 자비를 받으려면 당신 자신이 우선 자비로우십시오![21]

(12) **노예 제도에 대한 하나님의 심판** : 이제 상인에게 지불한 당신의 돈이 그를 통하여 선장과 아프리카 백성들에게 주어졌습니다. 그러므로 당신은 유죄입니다. 그렇습니다. 이 모든 사기와 강탈과 살인들에 대해서 당신이 원칙적으로 유죄인 것입니다. 당신이 모든 고요했던 것을 소용돌이 속으로 집어넣은 원천인 셈입니다. 그들은 당신 없이는 한 발자국도 움직일 수 없는 것입니다. 그러므로 이 모든 불쌍한 사람들의 피는 …… 당신의 머리 위에 놓일 것입니다. "네 아우의 피가"(왜냐하면 당신이 믿든 안 믿든, 그를 지으신 하나님의 안목에

서 그는 당신의 형제입니다.) "땅에서부터", 노예선으로부터, 그리고 바다로부터 "너를 고소하며 부르짖는다."22)

(13) **모든 인간의 평등한 인권** : 아마 당신은 "나는 어떤 흑인도 사지 않았습니다. 나는 선친이 남겨 놓은 사람들만 쓰고 있습니다."라고 말할 것입니다. 그 정도는 좋은 편입니다. 그러나 그것이 당신의 양심을 만족시킬 만큼 충분합니까? 당신의 선친이나 당신이나 살아있는 어떤 사람이라도 다른 사람을 노예로 부릴 권리를 가지고 있습니까? …… 어떤 아이라도 노예로 태어났다는 것은 전혀 있을 수 없는 일입니다. 자유는 그가 생명을 부여받는 그 순간부터 모든 인간이 가지는 권리인 것입니다. 그리고 어떤 인간의 법이라도 자연법적으로 획득한 권리를 빼앗을 수 없는 것입니다. 그러므로 만약 당신이 정의에 대한 어떤 작은 관심이라도 가지고 있다면(이것은 자비나 하나님의 계시된 법을 말하는 것이 아니다.), 그들 모두에게 주어야 할 보수를 지불해야 합니다. 자유가 그들의 보수라면 인류의 모든 자녀들, 인간 본성을 가진 모든 사람들에게 자유를 주십시오. 어느 누구도 본인의 행위나 행동으로, 본인의 자발적인 선택이 아니라면 당신을 주인으로 섬기게 하지 마십시오. 모든 채찍과 착고와 강제를 버리십시오! …… 당신이 가능한 한 모든 사람들에게 이렇게 변함없이 해 보십시오. 그러면 그도 당신에게 그렇게 하는 것을 보게 될 것입니다.23)

(14) **자유를 부르짖는 기도** : 오, 사랑의 하나님, 모든 사람을 사랑하시며, 그들의 모든 일에 자비로우신 하나님, …… 이 땅 위의 모든 나라를 한 피로 혼합시켜 놓으신 하나님, 이 땅 위에 배설물과 같이 짓밟히고 버림받은 사람을 불쌍히 여겨 주소서! 일어나셔서, 도움을 받지 못하는 사람과 그들의 피를 물처럼 땅 위에 흘리고 있는 사람들을 도와주옵소서! 이러한 인간들도 하나님의 손으로 빚은 인간이 아니오며, 성자의 보혈로 사신 인간이 아니옵니까? 그들로 하여금 그 포로된 땅에서 하나님을 향하여 울부짖게 하소서! 그리고 그들의 호소가 하나님 앞에 이르게 하시며, 그것이 하나님의 귀에 들리게 하소서! 그들을 잡아온 사람들로 하여금 그들을 동정하게 하옵소서! …… 오 하나님이

시여, 그들을 서로 떼어 놓는 모든 착고를 깨뜨려 주소서! …… 만인의 구속자이시여, 그들을 자유롭게 하시고, 그들로 하여금 진정 자유하게 하옵소서![24)

미연합감리교회 사회원리

(1) **노예 제도 반대** : 미연합감리교회는 노예 제도를 수치스러운 악으로 간주하며 모든 형태의 노예 제도는 완전히 금지되어야 하고 어떠한 식으로든지 교회에서 용인될 수 없음을 천명하고 있다.[25)

가톨릭 사회교리

가톨릭 사회교리는 '자유'에 대한 신학적이고 사회윤리적인 입장을 정리하고 있다. 우선 '자유'에 대한 기본 이해는 다음과 같다.[26)

(1) **자유는 존엄성의 표징** : 자유는 하나님의 모습을 닮은 인간 존재의 탁월한 표징이고, 따라서 모든 인간이 지닌 최상의 존엄성의 표징이다.

(2) **자유는 인간의 권리** : 자유는 사람들 사이의 관계에서 행사된다. 하나님의 모습대로 창조된 인간은 누구나 자유롭고 책임 있는 존재로 인정받을 타고난 권리를 지니고 있다. 모든 사람은 각자의 이러한 권리를 존중할 의무를 지니고 있다.

(3) **종교의 자유** : 자유를 행사할 권리는 인간의 존엄성과 분리될 수 없으며 도덕적 종교적인 문제에 대해서는 특히 그러하다.

(4) **자유의 사회적 특성** : 자유를 순전히 개인주의적 관점에서 생각한다거나 개인의 자율성을 멋대로 무절제하게 행사하여 자유를 축소함으로써 자유의 의미를 제한해서는 안 된다. 모든 인간의 독자성의 표현인 자유의 가치는 사회의 모든 구성원이 각자 개인적 소명을 완수할 수 있을 때 존중된다.

(5) **자유의 진리적 세계관과 연대성** : 자유는 관계의 단절과 전적인 자기만족에서 성취되는 것이 결코 아니다. 오직 진리와 정의로 다스려지는 상호 유대가 사람들을 서로서로 이어 주는 그곳에, 자유는 참으로 존재한다. 사회의

모든 구성원이 진리를 추구하고, 자신의 종교적 문화적 정치적 생각과 견해를 표현하고, 자기의 생활 신분을 선택하고, 자신의 직업 분야를 될 수 있는 대로 자기가 결정하며, 경제적 사회적 정치적 주도권을 추구하도록 요구받고 있다.

(6) **공동선을 지향하는 자유** : 자유가 사회적으로 온갖 다양한 차원에서 수호될 때 자유에 대한 이해는 더욱 깊어지고 폭넓어진다. 충만한 자유는 보편적 공동선의 맥락 안에서 진정한 선을 위하여 개인이 스스로를 통제하는 능력이다.

가톨릭 사회교리는 제2차 바티칸 공의회의 '종교 자유에 관한 선언'의 '인간 존엄성(Dignitatis Humanae)'이란 부제를 통하여 '종교문제의 시민적 사회적 자유에 대한 개인과 단체의 권리'를 선언하려는 의도에 대하여 설명하고 있다. 인간의 기본권인 종교의 자유에 대하여 다음과 같이 정리하고 있다.

(1) **자유 앞에는 어떤 장애물도 없다** : 하나님께서 원하시고 인간 본성 안에 새겨져 있는 자유가 실천되기 위해서는 어떠한 장애물도 그 길을 가로 막지 말아야 한다.

(2) **종교의 자유** : 진리는 오로지 진리 그 자체의 힘으로 드러날 뿐이며 인간의 존엄과 하나님을 추구하는 본성은 모든 사람이 종교문제에서 어떠한 구속도 받지 않을 것을 요구한다.

(3) **사회법에 우선하는 종교의 자유** : 종교의 자유는 오류를 지지하라는 도덕적 허락도 아니고, 오류를 범할 수 있는 권리도 아니다.

(4) **개인의 양심에 따르는 자유** : 사회와 국가는 개인이 자기 양심에 어긋나는 행동을 하도록 강요하지 말아야 한다.

(5) **사회적 연대성의 양심과 종교의 자유** : 양심과 종교의 자유는 인간에게는 개인적으로도 사회적으로도 연관되는 것이다. 종교 자유에 대한 권리는 법적 제도 안에서 인정을 받아 국민의 권리가 되어야 한다. 그러나 그 권리가 그 자체로 무제한의 권리는 아니다.

(6) **공동선의 요구에 부합하는 종교의 자유** : 종교 자유의 행사에 대한 정당한 제한은 사회적 상황에 맞춰 정치적 신중성을 가지고 공동선의 요구에 따라 결정되어야 하며, 객관적 도덕 질서에 부합하는 법률 규범을 통하여 국가 권위의 승인을 받아야 한다. 그러한 규범들은 모든 국민의 화합에 필요한 실질적인 권리 보호를 위하여 요청되는 것이며, 또 참된 정의 안에서 살아가는 공존 질서인 완벽한 치안 유지를 위하여 요청되는 것이고, 또 마땅히 수호하여야 할 공공 도덕을 위하여 요청되는 것이다.

(7) **종교 공동체 간의 연대감** : 종교 공동체는 그 국민과 맺고 있는 역사적 문화적 유대 때문에 국가의 특별한 인정을 받아야 한다. 그러한 인정이 결코 국가나 사회 질서 안에서 타종교 집단에 대한 차별을 가져와서는 안 된다.27)

3 정치적 책임

정치 체제의 힘은 그 시민들의 충실하고 자발적인 참여에 의존하며, 모든 시민은 자신의 선택에 대한 책임을 져야 한다. 따라서 미연합감리교회는 모든 개인이 국가에 대하여 이러한 윤리적 영향력을 발휘하도록 교회가 도울 책임이 있음을 강조한다. 가톨릭 사회교리는 공동선을 위하여 정치 권위가 불가피하며, 정치 권위의 주체는 시민임을 강조한다. 따라서 모든 정치 권위는 도덕률에 의거해야 한다.

미연합감리교회 사회원리

(1) **교회의 사회에 대한 윤리적 영향력** : 미연합감리교회는 정치 체제의 힘이 그 시민들의 충실하고 자발적인 참여에 의존해야 함을 주장하고 있다. 따라서 교회는 끊임없이 국가에 대하여 강한 윤리적 영향력을 발휘해야 하고, 공정한 정책과 프로그램을 지지하고 불공정한 정책과 프로그램에 대해서는

반대를 할 수 있어야 한다.[28)

가톨릭 사회교리

가톨릭 사회교리는 정치 권위의 문제에 대하여 교회의 입장을 표명하고 있다.

(1) **정치 권위의 필요성** : 하나님께서는 인간을 본성상 사회적 존재로 만드셨고, 또한 모든 사회는 타인을 통치하는 자가 공동선을 향해 그들을 효과적으로 이끌지 않으면 유지될 수 없으므로, 문명화한 모든 공동체에는 통치 권위가 불가피하다

(2) **자연법의 권위** : 이런 권위는 사회 그 자체와 마찬가지로 자연에서 나오는 것이며, 따라서 그 권위의 주인은 하나님이시다. 그러므로 정치 권위는 그 권위에 부여된 임무 때문에 필수적이다.[29) 권위는 본질적인 인간적 도덕적 가치들을 인정하고 존중하며 증진하여야 한다. 이 가치들은 "인간 존재의 진리에서 흘러나오며, 인격의 존엄성을 표현하고 보호한다. 이 가치들은 개인적인 것도 아니고, 다수의 것도 아니며, 국가가 만들어 내거나 변경하거나 파괴할 수 없는 것이고, 오직 인정하고 존중하고 증진해야만 하는 것이다." 이러한 가치들은 일시적이고 가변적인 "다수의" 의견에 토대를 두는 것이 아니라, 인간의 마음에 새겨진 자연법인(롬 2:15 참조) 객관적 도덕률의 요소이자 국법 자체의 규범적 준거로 인정받고 존중받으며 증진되어야 한다.[30)

(3) **정치 권위의 목표인 공동선** : 정치 권위는 바로 그 공동체 안에서든 국가를 대표하는 기관에서든 언제나 도덕 질서의 한계 안에서 정당하게 제정되었거나 제정될 법질서에 따라, 참으로 역동적인 개념으로 이해되는 공동선을 위하여 이루어져야 한다. 그러할 때에 국민들은 양심에 따라 복종하여야 할 의무를 지닌다.[31) 도덕 질서에 따라 행동하는 권위에 복종하기를 거부하는 사람은 누구든 "하나님의 질서를 거스르는"(롬 13:2) 것이다. 마찬가지로 인간 본성에 토대를 두고 있으며 하나님께서 예정하신 질서에 속하는 공공 권위가 공동

선을 추구하지 않는다면 자신의 고유한 목적을 저버리고 따라서 스스로 정당성을 부인하는 것이다.32)

(4) **정치 권위의 주체** : 정치 권위의 주체는 주권을 지닌 이들로 간주되는 국민 전체다. 다양한 형태로, 국민은 자신들이 자유롭게 선출한 대표들에게 주권의 행사를 위임하지만, 통치 임무를 맡은 이들의 활동을 평가하고 그들이 충분히 역할을 수행하지 못할 경우 바꿈으로써 이러한 주권을 주장할 수 있는 특권은 보존된다.33)

(5) **정치 권위의 도덕적 힘** : 권위는 도덕률에 따라야 한다. 권위가 지니는 모든 존엄은 도덕 질서 안에서 행사됨으로써 비롯되며, 그 질서의 첫째 원리와 궁극적 목표는 하나님이시다.34) 의무를 지우고 그 도덕적 정당성을 부여할 수 있는 권위의 힘은 이러한 도덕 질서에서 비롯되는 것이지 독단적인 의지나 권력욕에서 비롯되는 것이 아니다.

(6) **권위의 공정한 법** : 권위는 공정한 법, 말하자면 인간의 존엄과 올바른 이성의 요구에 부응하는 법을 실행하여야 한다. 인간의 법은 그것이 올바른 이성에 부합하며 따라서 영원한 법에서 비롯되는 한, 법이다. 그러나 이성에 어긋나는 법은 부당한 법이라 할 수 있다. 그런 경우, 그것은 더 이상 법이 아니며 하나의 폭력 행위에 불과하다. 이성에 따라 다스리는 권위는 국민을 타인에게 종속된 관계로 두기보다는 도덕 질서에 대한 종속된, 따라서 그 궁극적 원천이신 하나님께 종속된 관계에 둔다.35)

가톨릭 사회교리는 정치적 권위의 이념으로 형성된 '민주주의'의 목적과 이념에 대하여 교회의 입장을 설명하고 있다.

(1) **민주주의의 평가** : 민주주의는 단지 일련의 규범들을 형식적으로 준수한 결과가 아니라, 모든 인간의 존엄, 인권 존중, 정치생활의 목적이며 통치 기준인 공동선에 대한 투신과 같이 민주주의 발전에 영감을 주는 가치들을 확신 있게 수용한 열매다.36) 교회는 민주주의를 높이 평가하는데, 이 체제는 확실

히 시민들에게 정치적 결정에 참여할 중요한 권한을 부여하며, 피지배자들에게는 지배자들을 선택하거나 통제하고 필요한 경우에는 평화적으로 대치할 가능성을 보장해 준다.

(2) **민주주의의 목적** : 진정한 민주주의는 법치 국가에서만 존재할 수 있으며, 올바른 인간관의 기초 위에 성립된다. 민주주의는 참된 이상에 대한 교육과 양성을 통한 개인의 향상을 위해서나 참여와 공동 책임 구조의 설립을 통한 사회 주체성의 향상을 위해서도 필요조건들이 채워지기를 요구한다.[37]

(3) **민주주의의 적** : 가톨릭 사회교리는 윤리 상대주의를 현대 민주주의의 가장 큰 위협 가운데 하나로 본다. 윤리 상대주의는 올바른 가치 서열의 토대를 세우기 위한 객관적이고 보편적인 기준은 없다고 주장하기 때문이다. 따라서 불가지론과 회의적 상대주의 그리고 원칙 없는 민주주의는 배격되어야 한다.[38]

(4) **민주주의와 국가의 권력 분립 원칙** : 사회교리는 국가의 권력 분립 원칙의 타당성을 인정한다. 각 권력은 같은 목적에 봉사하는 다른 기능들과 다른 권력들로 균형이 유지되는 것이 바람직하다. 이것은 개인들의 독단적 의사가 아니라 법이 다스리는 '법치'의 원리다.[39]

(5) **민주주의 정치 권위** : 민주주의 제도에서 정치 권위는 국민에 대한 책임이 있다. 특히 선출된 공직자들은, 각자의 특정 영역(입법, 통치, 견제와 균형 제도 확립)에서, 국민생활이 전반적으로 순조롭게 진행되도록 하는 데에 이바지하는 것들을 모색하고 달성하도록 노력하여야 한다.[40]

(6) **정치적 대표성과 도덕성** : 책임 있는 권위란 봉사의 정신으로 권력을 행사할 수 있게 하는 덕목들(인내, 겸손, 온건, 애덕, 함께하려는 노력)에 따라 행사되는 권위, 명예나 사사로운 이익이 아니라 공동선을 활동의 참된 목표로 받아들일 수 있는 사람들이 행사하는 권위를 의미한다.[41]

(7) **민주주의의 적** : 민주주의 제도의 가장 심각한 결함 가운데 하나는 도덕 원칙과 사회 정의 규범을 한꺼번에 짓밟는 정치적인 부패다. 정치적 부패는

국가의 올바른 통치를 위협하며, 통치자와 피통치자의 관계에 부정적인 영향을 미친다.[42]

(8) **민주주의와 봉사** : 국가의 도구인 공공 행정기관은 국가나 지역, 공동체 등 모든 차원에서 국민들에게 봉사하도록 되어 있다. 국민들에게 봉사하는 국가는 국민의 자산을 보호하는 관리자이므로, 이 자신을 공공선을 위하여 관리하여야 한다. 정당들은 폭넓은 참여를 촉진하고 공공의 책임이 모든 사람에게 미치게 할 임무가 있다. 정당들은 시민사회의 열망을 간파하고, 그 열망들이 공동선을 지향하도록 하며, 국민들이 정치적 선택을 내리는 데에 기여할 수 있는 실질적 가능성을 제공하도록 요구받는다.[43]

(9) **민주정치 참여의 도구** : 국민들이 정치에 참여할 수 있는 도구는 정치적 결정에 직접 참여할 수 있게 하는 형태인 '국민 투표'다. 사실상 대표 제도는 사회생활에서 지극히 중요한 결정에 대하여 국민들에게 직접 물어볼 수 있는 가능성을 배제하지 않고 있다.[44]

4 교회와 정부

교회와 정부는 상호 연대성에 기반한 관계를 유지해야 한다. 교회와 국가가 어느 한쪽에 종속되어서는 안 된다. 웨슬리는 교회와 정부 사이의 연대성을 강조하며, 사회 공동체에서 정부와 교회가 모두 하나로서 노력할 것을 촉구한다. 미연합감리교회는 종교의 자유를 보장하는 교회와 정부의 분리를 지지하며, 교회와 정부가 각각 주체성을 가지고 있음을 지지하며, 각각에 따르는 역할에 충실할 것을 당부한다. 가톨릭 사회교리는 교회와 정부가 연대성과 보조성의 원리에 입각한 상호 작용을 강조하며, 모든 정치적 권위의 주체는 예수 그리스도임을 명시한다.

(1) **우주적 교회로서의 교회와 정부** : 이 거대한 형체인 우주적인 교회의 한 부분으로 한 왕국이나 국가에 살고 있는 부분을 프랑스 교회와 영국 교회와 스코틀랜드 교회처럼 '국가' 교회라고 부르는 것이 타당합니다.[45]

(2) **교회와 국가의 연대성** : 영국 교회는 영국에 있는 사람들의 '몸'이며 그 사람들 속에서 '영도 하나요, 소망도 하나요, 주도 하나요, 믿음도 하나'인 것이 교회며 또한 '세례도 하나요' '하나님 우리 모두의 아버지'인 것이 교회입니다. 이것만이 사도의 신조에 따른 영국 교회입니다.[46]

(3) **평화의 사도 교회** : 그리스도 교회의 진정한 회원들은 모든 가능한 부지런함, 돌보는 마음, 수고함 또한 지치지 않는 인내심을 가집니다. 그리고 성령의 화평의 결속으로 일치시키심을 유지하고 겸손과 온유함과 긴 고난과 서로 참음과 사랑의 신성함 같은 정신을 보존하기 위해 노력합니다. 그 신성한 결합에 의해 이 모든 것을 함께 붙이고 엮어서 하나님의 평화가 우리의 마음을 채우도록 하기 위해 노력합니다. 그러므로 우리는 그리스도의 몸인 그 교회의 살아있는 일원이 될 수 있으며 또한 일원으로 계속 남아 있을 수 있는 것입니다.[47]

미연합감리교회 사회원리

미연합감리교회는 오랜 기간 동안 교회와 정부의 분리(separation)를 지지해 왔으며 전(全) 세계의 일부 지역에서 이러한 정교(政敎) 분리는 종교적 표현의 다양성과 각 개인의 양심에 따라 하나님을 예배할 수 있는 자유를 보장해 왔음을 강조하고 있다.[48]

(1) **교회와 정부의 상호관계** : 교회와 정부의 분리는 교회와 정부가 근본적으로 결합된 것이 아님을 의미하는 것이지만, 둘 사이의 상호 작용이 있을 수 있다는 것은 분명하게 인정한다.

(2) **종교의 자유를 허용하는 정부** : 정부는 무신론을 포함하는 특정한 종교적 신념을 증진시키기 위해 그 정치적 권위를 사용하지 말아야 하고, 공립학교에서 예배와 기도를 강요해서는 안 되며, 학생들이 자유롭게 각자의 종교적 확신에 따라 행동할 수 있도록 해야 한다.

(3) **종교와 정부의 주체성** : 우리는 정부가 교회를 통치하려고 시도할 수 없는 것과 교회가 정부를 지배할 수 없다는 것을 믿는다. 종교에 있어서의 자유가 가능하게 하는 교회와 정부 사이의 바람직하고 적극적인 분리가 공적 생활에 있어서 모든 종교적 표현을 폐지하는 식으로 왜곡되어서는 안 된다.

(4) **인간의 권리에 대한 책임이 있는 정부** : 우리는 국가와 정부가 자유롭고 공정하게 선거하며, 연설과 종교, 집회, 통신 매체에 대한 자유와 보복에 대한 두려움 없이 불만사항에 대한 보상을 청원할 수 있는 자유, 사생활에 대한 권리 그리고 적절한 의식주, 교육, 건강관리에 대한 권리를 보장하는 데에 이르기까지 인간의 권리를 보호할 책임이 있음을 믿는다.

(5) **민주선거를 통한 국가 지도자의 선출** : 모든 국가의 형태와 모든 국가 지도자들은 모든 성인 시민들에게 보장된 투표권의 행사를 통하여 선출되어야 한다.

(6) **권력 남용에 대한 경고** : 우리는 강력한 권력을 지닌 정부가 자신의 정치적 반대자에 대하여 국내적으로 감시하고 위협하는 것과 민선 관직과 관선 관직을 다른 용도로 오용하는 모든 형태를 강하게 거부한다.

(7) **정치적 소수자에 대한 교회의 배려** : 정치적 상대자 또는 정부에 동조하지 않는 다른 사람들을 괴롭히고 제거하기 위해 구류와 투옥의 방법을 사용하는 것은 인간의 기본적 권리에 위배되는 것이다. 나아가 어떤 목적으로도 사람을 학대하거나 고문하는 것은 기독교의 가르침을 위반하는 것이며, 그러한 일이 일어나는 곳마다, 그것이 일어날 때마다 기독교인들과 교회는 이를 경멸하고 이에 반대해야 한다.

가톨릭 사회교리

가톨릭 사회교리는 국가와 정부의 권위에 대하여 다음과 같이 설명하고 있다.

(1) **국가의 의무** : 국가와 다른 여러 공공 당국의 활동은 보조성의 원리에 따라야 하며, 자유로운 경제 활동은 우호적인 환경을 조성하여야 한다. 또한 연대성의 원리로 충만하여야 하며, 약자를 보호하기 위하여 당사자들의 자율성에 제한을 두어야 한다.[49]

(2) **국가와 경제** : 경제문제에서 국가의 근본적인 의무는 경제문제를 조절하기 위한 적절한 법적 틀을 마련하는 것이다. 이는 "어느 한 쪽이 다른 한 쪽을 실질적인 종속 상태로 만들 만큼 강력해지지 않도록 쌍방 간의 일정한 평등을 요구하는 경제 자유의 기본 조건"을 보장하기 위해서다. 경제 활동은 통화 안정과 효과적인 공공 서비스 외에도 개인의 자유와 사유 재산에 대한 보증을 전제로 한다." 이러한 의무를 수행하기 위해서, 국가는 적절한 법을 채택하는 동시에, 국가가 다양한 시장 활동에 함부로 연루되지 않는 방향으로 경제 정책들과 사회 정책들을 이끌어야 한다.[50]

(3) **국가와 시장** : 시장과 국가는 서로 보완하며 조화롭게 활동할 필요가 있다. 실제로 자유 시장은, 국가가 경제 발전의 윤곽을 정하고 이끌어 갈 수 있는 체계를 갖출 때에만 전체 국민에게 유익한 영향을 미칠 수 있다. 국가는 공정하고 투명한 법규의 준수를 장려하고, 시장이 목적한 효율성을 이룰 수 없을 경우와 재분배 원칙의 실천과 관련된 경우에, 정말 필요한 기간 동안만 직접 개입한다.[51]

(4) **국가와 국민의 경제 활동** : 국가는 모든 국민의 생산 활동 참여를 촉진하는 경제 정책들을 시행함으로써 국민과 기업들에게 공동선을 증진하도록 장려할 수 있다. 보조성의 원리를 존중하기 위하여, 공공 당국은 기업에 부당한 영향을 미칠 수 있는 모든 간섭을 피하면서 국민 개개인의 주도적 역량과 자

율성, 책임을 발전시키는 데에 도움이 되는 여건을 모색하여야 한다.[52]

가톨릭 사회교리는 성서 이해에 근거하여 예수 그리스도와 정치적 권위에 대하여 그 입장을 밝히고 있다 :

(1) **정치적 권위의 인정** : 예수님께서는 민족의 통치자들이 휘두르는 압제와 전제의 권력을 거부하시고(마 10:42 참조), 은인으로 행세하는 그들을 거부하시지만(눅 22:25 참조), 그 시대의 권위들을 직접 반대하시지는 않았다.

(2) **하나님의 주권** : 가이사에게 바칠 세금에 대하여 말씀하시면서(막 12:13~17; 마 22:15~22; 눅 20:20~26 참조), 예수님께서는 우리에게 하나님의 것은 하나님께 바쳐야 한다고 단언하신다. 이것은 세속의 권력을 하나님의 권력, 절대 권력으로 만들려는 모든 시도에 대한 암묵적인 단죄다.

(3) **정치적 메시아에 대한 경고** : 약속된 메시아인 예수님께서는 만민의 예속을 특징으로 하는 정치적 메시아주의의 유혹에 맞서 싸우시어 이를 물리치셨다(마 4:8~11; 눅 4:5~8 참조). 예수님께서는 "섬기러 왔고 목숨을 바치러"(막 10:45; 마 20:24~28; 눅 22:24~27 참조) 오신 사람의 아들이시다. 제자들이 누가 제일 높은 사람인지를 두고 서로 논쟁을 하자, 예수님께서는 그들에게 가장 낮은 사람, 모든 사람을 섬기는 사람이 되어야 한다고 가르치시며(막 9:33~35 참조), 예수님의 오른편에 앉고 싶어 하는 세베대의 두 아들 야고보와 요한에게 십자가의 길을 보여 주신다(막 10:35~40; 마 20:20~23 참조).

(4) **정치적 권위에 대한 복종** : 소극적 복종이 아닌 양심 때문에(롬 13:5) 합법적인 권위들에게 복종하는 것은 하나님께서 세우신 질서에 따르는 것이다. 바울은 그리스도인이 권위에 대하여 가져야 할 관계와 의무를 규정하며(롬 13:1~7 참조), 시민의 납세 의무를 강조하였다 (롬 13:7). 바울은 그리스도인들에게 권위와 맺은 관계까지 포함하여 "모든 사람에게 좋은 일을 해 줄 뜻을 품도록"(롬 12:17) 권장할 만큼 모든 권위를 정당화하려는 것은 아니다. 인간을 위하여 하나님을 섬기며(롬 13:4; 딤전 2:1~2; 딛 3:1 참조) "악을 저지르는 자에게

하나님의 진노를 집행하는"(롬 13:4) 권위일 때에만 정당하다. 베드로는 그리스도인들에게 "모든 인간 제도에 복종하도록" 권고한다. "그것은 주님을 생각하는 것"(벧전 2:13)이기 때문이다. 왕과 통치자는 "악을 저지르는 자들에게 벌을 주고 선을 행하는 이들에게 상을 주고"(벧전 2:17) 인정받아야 한다. 하나님께서 "어리석은 자들의 무지한 입을 막는"(벧전 2:15) 올바른 행동을 요구하시기 때문이다. 자유는 악을 행하는 구실이 아니라 하나님을 섬기는 데에 쓰여야 한다(벧전 2:16 참조). 공동선을 보장하면서 정의가 존중받도록 하는 것은 권위에 대한 자유롭고 책임 있는 순종과 관련된다.53)

(5) **인간 권위의 한계** : 인간의 권위는 하나님께서 바라시는 한계를 벗어날 때, 스스로를 신격화하여 절대적인 복종을 요구한다. 그리하여 "성도들의 피와 예수님의 증인들의 피에 취해 있는"(계 17:6) 오만한 박해자의 권력을 상징하는 묵시록의 짐승이 된다. 이 짐승을 섬기는 "거짓 예언자"(묵시 19:20)는 사람들을 꾀어 이 짐승을 섬기게 한다. 이러한 모습은, 사탄이 거짓으로 인간의 마음에 슬며시 들어와 인간을 꾈 때 쓰는 덫을 예언적으로 암시한다. 그러나 승리의 양이신 그리스도께서는, 인간 역사에 걸쳐서 스스로를 절대 권력으로 높이려는 모든 권력을 물리치신다.54)

(6) **권위의 주권자 그리스도** : 하나님 나라는 지금 이 시대도 포함하여, 모든 것이 하나님께 돌아가고 인간 역사가 최후의 심판으로 완성될 때에야 끝이 날 것이다(고전 15:20~28 참조). 그리스도께서는, 끊임없이 지배욕의 유혹을 받는 인간에게 권위의 참되고 완전한 의미는 봉사에 있음을 드러내신다. 교회는 죽음을 물리쳐 이기신 그리스도께서 몸소 구원하신 온 세상을 다스리신다고 선포한다. 그러므로 인간은 하나님 섭리의 봉사자로서 행동해야 한다.55)

5 정보의 자유

모든 국가의 시민들은 정보를 제공받을 수 있는 권리가 있으며, 알 권리가 있다. 웨슬리 또한 정보의 자유를 억제하는 위험성에 대하여 경고하고 있으며, 미연합감리교회는 정보의 자유(Freedom of Information)와 알 권리를 정부가 공정하게 제공할 것을 촉구한다.

웨슬리 사회원리

(1) **출판의 자유와 종교적인 자유의 신장**: 출판의 자유뿐 아니라 — 우리 군주나 영국 사람들의 기분에 정확히 맞지 않는 한 어느 누구도 한 페이지 또는 한 줄의 인쇄도 할 수 없는 — 언어의 자유도 없습니다. 그들의 '혀'는 '그들 자신의 것'이 아닙니다. 어느 누구도 조지 왕에 대해 그리고 그들에 세운 신상에 대해 호의적이든 비호의적이든 간에 한 말도 입 밖으로 내서는 안 됩니다. 새롭고, 비합법적이며 비입헌적인 정부는 전혀 우리 조상에게는 없던 것입니다. 여기에는 종교적인 자유도 없습니다.56)

미연합감리교회 사회원리

(1) **정보의 자유**: 미연합감리교회는 모든 국가의 시민들은 그 정부와 정부 정책에 대하여 필요한 모든 정보를 제공받을 수 있어야 함을 주장한다.

(2) **국민의 알권리를 최우선 하는 자유**: 정부가 사람들과 집단에 반하는 불법적이며 불합리한 행동을 취하는 것은 정당화될 수 없으며, 비록 그것이 국가 안보의 문제라고 하더라도 그것을 비밀로 할 수 없다고 보고 있다.57)

6 교육

교육은 백년지대계로서, 한 사회와 국가의 유지와 발전에 있어서 매우 중요하다. 웨슬리는 어린이 교육을 인간의 본성을 완성하기 위해 반드시 필요한 것으로 보고, 교육의 역할을 강조했다. 기독교대한감리회는 사회신경에서 자유와 평등의 사회 안에서 올바른 인간 교육에 대하여 강조하고 있다. 미연합감리교회 사회원리는 모든 인간이 교육받을 권리가 있음을 인정하고, 이를 위하여 정부와 신앙공동체의 책임이 있음을 강조한다.

웨슬리 사회원리

(1) **어린이 눈높이 교육** : 어린아이들이 이해할 수 있는 말 그리고 그들이 사용하는 말들을 사용해야 합니다. 그들이 이미 갖고 있는 몇 안 되는 개념들을 조심스럽게 관찰하고, 그것들을 여러분이 그들에게 말하는 것과 접목시킬 수 있도록 노력하십시오.[58]

(2) **교육의 목적** : 교육의 유일한 목적은 우리의 이성적 본성을 적절한 상태로 회복시키는 것입니다. 따라서 교육은 근원적인 완전성의 상실을 보충하기 위해 간접적으로 차용된 이성으로 여겨져야 합니다. 그리고 의술이 건강을 회복시키는 예술로 여겨지듯이, 교육은 사람에게 이성적 완전성을 회복시키는 예술로 고려되어야 한다는 것이지요.[59]

(3) **기독교의 영성과 헌신** : 모든 기독교 학교에서 자녀들이 그들의 삶을 기독교 영성에서 그리고 금욕, 겸손, 절제와 기독교가 요구하는 헌신으로 시작하도록 교육시키는 것은 다른 어떤 것보다도 더욱, 아니 백배나 더욱 고려되어야 한다고 최소한 생각해야 될 것입니다.[60]

기독교대한감리회 사회신경

(7조) **인간화와 도덕성 회복** : 우리는 올바른 인간교육, 건전한 생활, 절제운

동(금주, 금연 등)을 통하여 새로운 가치관의 형성과 도덕성 회복을 위해 앞장 선다.

미연합감리교회 사회원리

미연합감리교회는 교육에 대하여 다음과 같은 사회원리를 가지고 있다.[61]

(1) **교육의 권리** : 우리는 모든 사람이 교육을 받을 권리를 가짐을 믿는다.

(2) **신앙 공동체와 정부의 책임** : 우리는 또한 가족의 다른 구성원들과 신앙 공동체 그리고 정부가 젊은이들이 교육을 받을 수 있도록 하는 책임이 있음을 믿는다.

(3) **교육 과정의 참여와 선택권** : 사회에서 이러한 교육의 기능은 모든 사람이 무료로 초등, 중등 공립학교에 갈 수 있고, 중등학교 이후의 고등 교육에 대하여 선택권을 주는 공공 정책을 통해 가장 바람직하게 이행될 수 있다.

(4) **교육의 권리는 재정적 조건에 상위** : 재정적 장벽이 사람들로 하여금 더욱 양질의 교육을 제공하는 교회와 관계된 제도와 다른 독립적인 제도에 접근하지 못하게 해서는 안 된다.

(5) **교육의 권리와 공공 정책** : 우리는 공립 또는 사립 단과대학과 종합대학에 입학할 수 있는 권리가 있음을 확증하며, 교육을 제공하고 교육을 받을 수 있는 선택권을 보장하고, 교회와 정부 사이의 관계를 비헌법적으로 어지럽히지 않는 공공 정책을 인정한다.

7 시민의 복종과 불복종

모든 정부는 하나님의 판단에 종속되어 있으며 하나님과 인류를 섬기는 종이어야 한다. 따라서 미연합감리교회 사회원리는 모든 개인은 법을 존중할 의무가 있으면서도, 그 법이 불공정한 경우에는 거부할 수 있는 권리가 있음을 인정한다. 가톨릭 사회교리에서도 인간의 기본권을 유린하는 경우에 있어서 법에 대한 거부권을 인정한다.

미연합감리교회 사회원리

미연합감리교회는 정부의 권위에 대한 시민의 복종과 불복종에 대하여 다음과 같은 입장을 가지고 있다.[62]

(1) **정부와 법의 목적** : 정부와 법은 하나님과 모든 인류를 섬기는 종이어야 한다.

(2) **법을 지켜야 할 시민의 의무** : 시민들은 정부의 정연하고 공정한 과정을 통해 정식으로 채택된 법으로 살아갈 의무가 있다.

(3) **하나님의 판단에 종속된 정부** : 그러나 모든 개인들과 마찬가지로, 정부 또한 하나님의 판단(judgement)에 종속된다.

(4) **양심에 위배되고 불공정한 법에 대하여 불복종할 권리** : 그러므로 우리는 양심을 억압하는 행위가 있을 때에, 모든 합법적인 조사를 다한 후에, 이를 거부할 권리가 있음과, 불공정하며 차별적인 방향으로 강화된 법에 대하여 저항하거나 불복종할 권리가 있음을 인정한다.

(5) **법에 대한 존중의 필요성** : 불복종할 권리를 가지고 있음에도 폭력을 억제하고, 기꺼이 법을 불순종한 데 대한 대가를 받아들임으로써 법을 존중하는 모습이 나타나야만 한다.

(6) **낙태 딜레마에 있는 사람들에 대한 폭력적 대응 반대** : 우리는 어떠한 환경에서도, 낙태 딜레마(abortion dilemma)에 빠진 사람들에 대하여 어떤 형태로든지 폭력적으로 대응하고 행동하는 것을 고무하거나 그러한 행동을 묵인해서는 안 된다.

(7) **모든 사람에게 정의와 평등의 기회를 제공하려는 모든 노력 지지** : 우리는 대중을 위해 봉사하는 데 있어 정당한 권위를 지닌 사람들을 위해 기도하고, 모든 사람들에게 정의와 평등한 기회를 제공하려는 그들의 노력을 지지

한다.

(8) **양심적 자세로 인해 고통받는 이들에 대한 교회의 지지 촉구** : 우리는 비폭력적 신념과 실천으로 대표되는 양심적 자세 때문에 고통 받는 이들을 교회가 지지해야 할 의무가 있음을 단언한다.

(9) **비폭력적 실천으로 인해 합법적으로 위험에 빠진 시민들의 권리 보장 촉구** : 우리는 정부가 시민권과 정치권에 대한 '국제 규약(the International Covenant on Civil and Political Rights)'에 정의된 대로, 비폭력적 실천으로 인해 합법적으로 위험에 빠진 시민들의 권리가 보장되기를 촉구한다.

가톨릭 사회교리

가톨릭 사회교리는 자연법이 실정법의 토대며 실정법을 제한한다는 것을 인정하고 있다. 즉 권위가 자연법의 근본 원리를 심각하게 또는 반복적으로 침해한다면 그러한 권위에 대한 저항은 정당하다는 것을 인정한다는 뜻이다. 토마스 아퀴나스는 "정의의 질서가 요구하는 한 인간은 복종할 의무가 있다."고 쓰고 있다. 그러므로 자연법은 저항권의 기초다.

권위에 대한 저항은, 그 목적이 예를 들면 특정 법률의 수정과 같은 부분적인 변화를 이루는 것이든, 아니면 근본적인 상황 변화를 위하여 투쟁하는 것이든, 사물을 바라보는 다양한 방식의 정당성을 입증하는 것이다. 정치권력의 억압에 대한 저항은 아래의 조건들이 다 함께 충족되는 경우가 아니라면 무기 사용을 정당화하지 못한다.

(1) 기본권이 확실하고 심각하게 그리고 오랫동안 침해를 받을 때,

(2) 다른 수단을 모두 사용하고 난 후에,

(3) 더 심한 무질서를 유발할 우려가 없을 때,

(4) 성공할 수 있다는 희망이 보일 때,

(5) 아무리 생각해 보아도 더 나은 해결책이 없을 것이라는 판단이 설 경우다.

무력에 대한 의존은 인간의 기본권을 유린하고 국가의 공동선을 극도로 해치는, 장기간의 명백한 폭군적 압제를 종식하기 위한 극단적인 처방으로 여겨진다. 오늘날 폭력 의존에 따르는 위험의 심각성을 생각할 때, 어떤 경우에서든 도덕 원칙에 더욱 부합하고 성공에 대한 확실한 전망을 가진 방법인 소극적 저항을 실천하는 것이 더욱 바람직하다.(63)

8 시민사회

가톨릭 사회교리는 '시민사회'의 가치와 중요성을 보여 주는데, 국가와 시장과는 구분되는 '제3부문'으로서 시민사회는 국민들이 국가에 적극적으로 참여할 새로운 영역을 창출하며, 전체 사회의 보조적 주체로서 연대성과 화합을 이룩하는 데에 중요한 역할을 담당한다.

(가톨릭 사회교리)

가톨릭 사회교리는 '시민사회'의 가치와 그 중요성에 대하여 다음과 같은 사회교리를 소개하고 있다.

(1) **시민사회의 활동** : 특히 국가나 시장과 구분되어 '제3부문'이라고 알려진 민간사회 부문의 자원봉사단체들과 협력 활동들은 개인이 자신을 충만히 표현할 수 있는 가능성을 찾음으로써 개인의 사회적 차원을 발전시킬 수 있는 가장 적절한 길이다. 국가 통제 영역을 초월한 사회 활동의 점진적 확대는 국가의 기능을 통합하면서, 국민들이 적극적으로 참여하고 직접 활동할 수 있는 새로운 영역을 창출한다.(64)

(2) **시민사회에 대한 정치 공동체의 역할** : 시민사회는 정치 경제 영역에서 비교적 독립되어 있는 문화적 단체적 자원과 관계의 총체다. 정치 공동체는 그것의 모태인 시민사회에 봉사하기 위해 만들어진다. 인간을 초월자에게 열

려 있는 자율적이고 관계적인 존재로 이해하는 교회는, 특히 이러한 인간관을 통하여 정치 공동체와 시민사회를 구분하는 데에 기여해 왔다. 이러한 관점은 시민사회를 국가 영역 안에 흡수하려는 전체주의적인 정치 이념들과 개인주의적인 정치 이념들의 도전을 받는다. 사회 다원주의를 위한 교회의 노력은 공동선과 민주주의를 더욱 적합한 방식으로, 곧 연대와 보조성, 정의의 원리에 따라 달성하는 것을 목적으로 한다.[65]

(3) **정치 공동체와 시민사회의 차이점** : 정치 공동체와 시민사회는 서로 연결되어 있고 상호 의존하고 있지만 목적의 서열은 같지 않다. 정치 공동체는 근본적으로 시민단체에 봉사하며, 결과적으로는 시민단체의 구성원인 개인과 집단에게 봉사한다. 따라서 시민단체를 정치 공동체의 연장선이나 가변적 구성 요소로 여겨서는 안 된다. 오히려 정치 공동체는 시민사회 안에서 그 정당성을 찾으므로 시민사회가 정치 공동체에 우선한다고 할 수 있다.[66]

(4) **보조성의 원리** : 일반적으로 이러한 단체들은 결성의 계약을 토대로 설립되며, 가입한 회원들 사이에 공통된 사고방식을 드러낸다. 국가는 이들 단체들의 본성을 존중하고, 그 다양한 특성들을 적절히 활용하면서 '보조적인' 주체의 존엄과 자율적 책임을 존중하고 증진하도록 요구하는 보조성의 근본 원리를 실천하여야 한다.[67] 또한 국가는 사회 주체들이 각종 활동에 자유롭게 참여할 수 있도록 적절한 법적 틀을 마련해 주어야 하며, 보조성의 원리와 관련하여 필요할 때 언제든 개입할 준비가 되어 있어야 한다. 자유롭게 결성된 단체들과 민주주의 생활의 상호 작용이 공동선을 지향하도록 하기 위해서다. 시민사회는 사실 다양한 모습을 하고 있고 규정된 틀에 얽매여 있지 않아, 자체적 모호성과 모순이 없지 않다. 또한 시민사회는 서로 다른 이익단체들이 충돌하는 장이어서, 강자가 약자를 누를 위험이 있다.

(5) **연대와 화합의 기능** : 완전 조직되지 않은 형태라 하더라도 협력은 현대 사회에 팽배한 무한 경쟁과 대립적 사고에 맞설 가장 효과적인 대응책의 하나로 드러난다. 협력과 연대의 분위기에서 맺어지는 관계는 이념의 분열을 극복

하고, 사람들을 분열시키기보다는 일치시키는 것을 추구하도록 재촉한다.[68] 중간 단체들로 조직되는 시민사회는 국가와 시장에 대하여 협력과 효과적인 보완관계를 유지함으로써 공동선을 달성하는 데에 이바지할 수 있으며, 그럼으로써 적절한 경제 민주주의의 발전을 촉진한다.[69]

9 사형 제도

사형 제도의 필요성에 대한 논쟁은 현재도 계속되고 있다. 우리나라에서도 사형 제도와 관련된 논쟁이 끊이지 않는 가운데, 미연합감리교회는 사형 제도에 대하여 철저히 반대 입장을 표명하며, 사형 대신 범죄자의 회복적 정의에 일치하는 다른 형벌을 도입할 것을 주장한다. 반면 가톨릭은 사형 제도에 대한 분명한 입장은 유보하고 있지만 공동선을 위하여 사형 제도를 폐지하는 도덕의식에 대하여 그 입장을 표명하고 있다.

미연합감리교회 사회원리

미연합감리교회는 사형 제도에 대한 반대의 입장을 천명하고 있다.[70]

(1) **사형 제도는 그리스도의 능력을 거부하는 것이다** : 우리는 사형 제도가 모든 인류를 구원하고, 회복시키시며, 변화시키려는 그리스도의 능력을 거부하는 것임을 믿는다. 연합감리교회는 전 세계에 걸쳐 일어나는 범죄에 대하여 그리고 살인 당한 사람들의 생명의 가치에 대하여 깊은 관심을 가지고 있다.

(2) **사형은 한 사람의 변화 가능성을 없애버린다** : 우리는 모든 인간 생명이 거룩하고 하나님께서 창조하신 것을 믿으며, 그럼으로써 우리는 모든 인간의 생명이 중요하고 상처받기 쉬운 것임을 깨달아야만 한다. 정부가 극형으로서 사형을 채택할 때에, 사형을 선고 받은 사람들의 생명의 가치가 피폐해지게 되고, 그 사람의 삶에 있어서 변화될 수 있는 모든 가능성이 사라져 버리게 된

다.

(3) **예수 그리스도의 화해의 은사를 통해, 모든 생명에 새로운 존엄성과 신성성이 부여된다** : 우리는 예수 그리스도의 부활을 믿으며, 회개를 통해 그리스도께서 화해하게 하실 가능성이 나타날 것을 믿는다. 이러한 화해의 은사는 모든 사람들에게 예외 없이 주어지며 모든 생명에 새로운 존엄성과 신성성을 부여한다.

(4) **이러한 이유로 우리는 극형인 사형 제도를 반대하고 모든 범죄자 처벌법에서 사형을 제거할 것을 촉구한다.**

가톨릭 사회교리

가톨릭 사회교리는 사형 제도에 대한 분명한 입장은 유보하고 있지만 공동선을 위하여 사형 제도를 폐지하는 도덕의식에 대하여 그 입장을 표명하고 있다.

(1) **공적으로 사형 제도를 반대하는 징후가 커지는 것은 희망의 징표** : 교회는 "사회적 측면에서 보아 사형을 일종의 '정당방위'라고 하는 경우에조차도, 공적으로 사형 제도를 반대하는 징후가 커지는 것"을 희망의 징표로 보고 있다. "실제로 현대 사회에는 범죄자들의 갱생 기회를 결정적으로 박탈하지 않고도 그들이 해를 끼칠 수 없게 함으로써 범죄를 효과적으로 억제할 수 있는 수단들이 있다."

(2) **사형이 인간 생명을 보호할 유일한 방법이 아니라면, 피를 흘리지 않는 방법이 우선되어야 한다** : 반면에 교회의 전통적 가르침, 범인의 정체와 책임이 완전히 밝혀졌다고 추정되는 경우, "불의한 공격자에게서 인간 생명을 효과적으로 보호하는 유일하고 가능한 방법이 사형뿐이라면" 사형을 배제하지 않는다. 그러나 억류와 형벌 같은 피를 흘리지 않는 방법이 "공동선의 실제 조건에 더 잘 부합하고 인간의 품위에 더욱 적합"하므로 이러한 방법들이 우선되어야 한다.

(3) **범죄자를 사형해야 할 경우가 극히 드물어지고 있다** : 사형 제도를 폐지하거나 그 집행을 중지하는 법을 채택하는 국가들이 점점 늘어나고 있다는 것은 절대 필요한 경우가 아니면 범죄자를 사형해야 할 경우가 "실제로 전혀 없다고는 할 수 없지만 극히 드물다."는 사실을 입증해 준다.

(4) **사형 제도 반대는 도덕의식의 증대를 보여 준다** : 여론이 점점 사형 제도에 반대하고, 사형 제도 폐지와 집행 중지를 위한 여러 규정들이 만들어지는 것은 도덕의식의 증대를 가시적으로 보여 준다.[71]

10 범죄자와 회복적 정의

범죄자도 인간이며, 사회적으로 재활될 권리를 가지고 있다. 웨슬리는 감옥에 갇힌 사람들을 찾아가는 자비의 행위를 강조해 왔다. 미연합감리교회는 현행법 집행에 있어서의 오류를 인정하며, 범죄자나 범죄피해자 모두 회복될 수 있는 체제를 지지하며, 보복적 정의가 아닌 책임적 정의로서의 회복적 정의를 지지한다. 가톨릭 사회교리는 형벌을 부과하는 데 있어서 공동선의 목적과 합법적 공권력의 역할을 강조한다.

웨슬리 사회원리

(1) **감옥에 갇힌 자를 찾아가는 일 또한 선행이다** : 그러면 성결에 필요하다고 주장하는 선행은 무엇입니까? …… 자비에 속하는 모든 일들입니다. 그 일들이 육에 관계되든 영에 속하든지 간에 굶주린 자를 먹이며, 헐벗은 자를 입히고, 나그네를 대접하며, 감옥에 갇힌 자나 병든 자나 여러 가지로 어려움에 놓인 자들을 찾아보는 일들입니다. 또한 무식한 자를 가르치려고 애쓰며, 어리석은 죄인을 각성시키고…….[72]

(2) **감옥에 갇힌 사람을 돌보는 일은 자비의 행위다** : 당신은 주님의 본을 따

라 제사보다도 자비를 먼저 생각합니까? 당신은 부지런히 주린 자에게 먹을 것을 주고, 벗은 자에게 옷을 입히고, 병든 자와 옥에 갇힌 자들을 방문합니까?(마 25:35~36)[73]

미연합감리교회 사회원리

미연합감리교회는 범죄자에 대한 법 집행 문제뿐만이 아니라 재활에 대하여 그 입장을 밝히고 있다.[74]

(1) **법 집행 절차와 법정의 존재이유** : 모든 사람들의 개인적 권리와 재산권이 침해되는 것을 막기 위하여 법 집행 절차와 법정을 만들었다.

(2) **범죄자의 재활 기회 제공을 위한 제도로서 광범위한 선택사항 제시** : 범죄자에 대한 판결에 있어서 광범위한 선택사항을 제시함으로써 우리는 사회가 자행하는 불법행위를 드러내주고, 위험한 범죄자의 권리를 박탈하고, 범죄를 억제하고 범죄자가 재활할 수 있는 기회를 제공할 수 있다.

(3) **인간의 기본적 자유를 존중하는 정부 차원의 조치 지지** : 우리는 범죄를 줄이고 억제하기 위하여 인간의 기본적 자유에 대한 존중과 일치하는 정부 차원에서의 조치를 지지한다.

(4) **법 집행 절차의 오용 반대** : 우리는 권력을 지닌 사람들과 인종적 외모적으로 다르고, 생활양식이 다르며 경제 상황 또는 신념이 다른 사람들에게 보복하거나 그들을 박해하고 학대하기 위한 목적으로 이용되는 것을 포함하여, 이러한 법 집행 절차가 오용하는 모든 것을 거부한다.

(5) **사회 내의 소수자의 정의를 빼앗는 법 집행 거부** : 우리는 모든 비영어권 국가의 사람들과 장애인들로부터 정의를 빼앗아버리는 모든 경솔하며, 냉담하고, 차별적으로 하는 법 집행을 거부한다.

(6) **법 집행 당국과 공동체 사이의 긍정적 상호 작용 촉구** : 나아가 우리는 범죄를 초래하는 사회적 조건을 제거하기 위해 고안된 조치들을 지지하고, 법을 집행하는 관료들과 공동체의 구성원들 사이에 최대한 긍정적인 상호 작용

을 계속 이어가도록 촉구한다.

(7) **범죄 피해자, 가해자, 법 집행자와 공동체 모두 보호받고 회복될 새로운 체계 촉구** : 길을 잃고 상처 받기 쉬운 사람들을 구원하기 위해 이 땅에 오신 그리스도의 사랑 안에서, 우리는 범죄 피해자와 가해자, 범죄 정의를 집행하는 집행자들과 공동체 모두가 보호받고 회복될 수 있는 완전히 새로운 체계를 만들 것을 촉구한다.

(8) **성서적 권위로 나타난 회복적 정의** : 회복적 정의(restorative justice)는 성서적 권위로부터 나타난 것으로 하나님과 자기 자신 그리고 공동체와의 올바른 관계를 강조한다. 그러한 관계가 범죄에 의해 위배되고 깨지게 될 때, 그러한 상태를 올바르게 회복시킬 수 있는 기회가 생성된다.

(9) **회복적 정의는 보복적이 아니며, 범죄자가 직접 책임을 지도록 기회를 준다** : 전 세계 대부분의 범죄 정의 체계는 보복적이다. 이러한 보복적 정의 체계는 관계를 깨뜨린 그러한 상태에 대하여 범죄자들이 책임을 지고 처벌로써 그 책임을 대신하도록 한다. 그와 대조적으로 회복적 정의는 범죄자들이 피해를 당한 피해자들과 분열된 공동체에 대하여 직접 책임을 지도록 한다.

(10) **회복적 정의는 범죄와 관계된 모든 사람의 치유를 추구** : 하나님의 변화시키는 능력을 통해, 회복적 정의는 그 피해를 고치고, 잘못된 것을 바르게 하며, 피해자와 범죄자, 그 가족과 공동체 모두를 포함하여, 그 범죄에 연관된 모든 사람들을 치유하는 것을 추구한다.

(11) **치유와 조직적 변화의 주체로서 교회** : 교회는 치유와 조직적 변화의 주체가 됨으로써 제자직으로 부르시는 부름에 응답할 때에 비로소 변화될 것이다.

(가톨릭 사회교리)

가톨릭 사회교리는 '형벌의 부과'에 대하여 공동선의 보호와 합법적인 공권력의 역할을 강조하고 있다.

(1) **공동선의 보호를 위한 법의 역할** : 공동선을 보호하려면, 합법적인 공권력이 범죄의 경중에 따라 형벌을 부과할 권리와 의무를 행사하여야 한다. 국가는 인권과 시민생활의 근본 규범을 해치는 행위를 막고, 범죄 행위로 야기되는 무질서를 형벌 제도를 통하여 바로잡아야 할 이중의 책임이 있다. 법치국가에서 형벌을 부과할 권한은 바로 법원에 있다. 입법권, 행정권, 사법권 사이의 올바른 관계를 규정하면서 현대 국가의 헌법은 사법권에 법의 영역에서 필요한 독립성을 보장하고 있다.75)

(2) **형벌의 목적** : 형벌은 국가 질서를 수호하고 개인의 안전을 보장하는 목적으로만 쓰이지는 않는다. 형벌은 범죄자가 기꺼이 그것을 받아들일 때 도덕적으로 속죄의 가치를 지니는 교정 도구가 되기도 한다.

(3) **교정의 역할** : 교정에는 두 가지 목적이 있다. 한편으로는 유죄를 선고받은 사람의 사회 복귀를 도와주는 것이고, 다른 한편으로는 범죄 행위로 붕괴된 사회관계에 일치를 회복할 수 있는 정의, 곧 화해를 가져다주는 정의를 촉진하는 것이다.

(4) **교정 목회의 중요성** : 이러한 면에서 교정 목회자들이 수행하여야 하는 활동은 명백히 종교적인 차원에서뿐만 아니라 수감자들의 존엄성 수호 차원에서도 매우 중요하다. 불행히도 죄수들의 복역 조건이 언제나 그들의 존엄성 존중에 도움이 되는 것은 아니며, 감옥은 흔히 새로운 범죄의 온상이 되기도 한다. 그러나 형벌기관의 환경은 사회문제에 대한 그리스도교의 관심을 다시 한 번 증언할 수 있는 탁월한 장이 될 수도 있다. "너희는, 내가 …… 감옥에 갇혀 있을 때에 찾아 주었다"(마 25:35~36).76)

(5) **고문 사용 금지** : 형벌의 집행은 인간의 존엄과 권리를 온전히 존중하면서 이루어져야 한다. 이는 곧 피해자의 권리뿐만 아니라 가해자의 권리도 보장할 것을 의미한다. 범죄가 먼저 입증되지 않으면 형벌을 내릴 수 없는 사법 원칙을 명심하여야 한다. 또한 수사를 할 때는 중범죄의 경우에도 고문 사용 금지 규정을 엄격히 준수하여야 한다. 그리스도의 제자는 고문에 의존하는 것

을 거부한다. 고문은 어떤 이유로도 정당화될 수 없으며, 고문 희생자의 인간 존엄만큼이나 고문자의 인간 존엄도 떨어뜨리는 것이다.[77]

(6) **개인의 인권 보호** : 재판을 위해 중요한 정보를 얻어 내려는 목적으로 구금을 하는 것도 금지된다. 또한 재판이 지나치게 길어지면 국민들이 견디기 힘들고 실질적인 불의로 이어질 수 있으므로, 재판은 신속히 이루어지도록 보장되어야 한다. 또한 법원 관리들은 특히 조사를 할 때에 올바른 판단력을 행사하여, 비밀을 보장받을 피고의 권리와 무죄 추정 원칙을 침해하지 않도록 하여야 한다. 재판관도 실수를 할 수 있으므로, 재판 오류의 희생자들에 대한 적절한 보상을 법으로 규정하는 것이 좋다.[78]

11 전쟁과 군복무

세계 공동체는 기본적으로 전쟁의 비정당성을 인정하면서도, 어쩔 수 없이 안보문제에 처해 있으며, 따라서 군복무는 현대 국가에 있어서 필수적인 요소로 받아들여지고 있다. 그러나 기독교적 양심은 항상 폭력과 전쟁을 거부해 왔다. 미연합감리교회 사회원리는 군복무의 문제에 있어서 평화주의 원칙을 지킬 것을 강조하고 있다.[79]

(미연합감리교회 사회원리)

미연합감리교회는 군복무에 대한 평화주의 원칙을 강조하고 있다.

(1) **전쟁을 거부하고, 국가 간 분쟁의 평화적 해결 촉구** : 우리는 전쟁을 거부하고 국가들 간의 모든 분쟁을 평화적으로 해결할 것을 촉구한다. 처음부터 기독교적 양심은 폭력과 전쟁의 가혹한 현실에 대하여 분투해 왔는데, 이러한 폭력과 전쟁이라는 악이 분명히 인류를 사랑하려는 하나님의 목적을 혼란스럽게 하기 때문이다.

(2) **기독교인들의 폭력적 행위 거부** : 우리 중 일부는 기독교인들이 전쟁과 다른 형태의 폭력적 행위를 인정하지 않는다는 것을 믿는다.

(3) **다른 평화적 대안이 실패한 경우에 전쟁을 선택할 수 있다** : 우리는 또한 많은 기독교인들이 평화적 대안이 실패할 때, 유감스럽게도 무력이 아직 검증되지 않은 침략과 독재, 학살보다 더 낫다고 생각한다는 것을 인정한다.

(4) **평화주의자의 증언 존중** : 우리는 우리가 전쟁과 폭력에 대해 만족하도록 내버려 두지 않는 평화주의자의 증언을 존중한다.

(5) **극단적인 경우, 적절한 국제기구를 통한 무력 사용 지지** : 우리는 단지 극단적인 경우에 그리고 무력의 사용이 분명히 합리적으로 의심의 여지가 없을 때에만, 적절한 국제기구를 통해 무력행사를 지지하는 사람들을 또한 존중한다.

(6) **국제 외교에서 법치 실행 촉구** : 우리는 국제 외교에 있어서 전쟁과 폭력, 압제를 제거하는 수단으로서 법에 의한 통치를 실행할 것을 촉구한다.

12 양심적 병역 거부자

현재 한국 사회에서 양심적 병역 거부자의 처우 문제가 대두되고 있다. 미연합감리교회 사회원리와 가톨릭 사회교리는 모두 국가의 병역 의무 요구에 따르는 문제점을 인정하고, 모든 사람은 자신이 양심적으로 판단할 권리가 있으므로 양심적 병역 거부권을 인정한다. 특히 미연합감리교회는 양심적 병역 거부의 문제에 있어서, 각 개인이 양심적인 결정을 내릴 수 있도록 교회가 적극적으로 도움을 주어야 할 의무가 있음을 제안한다.

미연합감리교회 사회원리

군복무와 '양심적 병역 거부'에 대한 미연합감리교회의 입장은 다음과 같

다.[80)]

(1) **병역 의무 강화 반대** : 우리는 병역 의무를 강화하려는 국가 정책을 거부하는데, 이는 기독교의 복음과는 양립할 수 없는 것이기 때문이다.

(2) **병역 의무로 인한 문제 인정** : 우리는 국가 정부가 병역 의무를 요구함으로써 극단적인 긴장이 발생함을 인정한다.

(3) **병역에 대하여 양심적 결정을 내리기 위하여 교회의 상담 촉구** : 우리는 모든 젊은이들이 시민으로서 책임의 본질에 대하여 양심적인 결정을 내릴 수 있도록 교회의 상담을 구하기를 촉구한다.

(4) **병역을 앞둔 젊은이를 상담해야 할 목회자의 의무** : 목회자들은 양심적으로 병역 체계에 협력하기를 거부하는 사람들을 포함하여, 병역 의무를 앞에 두고 있는 모든 젊은이들을 상담할 수 있도록 부름 받았다.

(5) **양심적 병역 거부자를 섬기는 목회 지지** : 우리는 모든 종류의 전쟁에 반대하거나 특정 전쟁에 반대하고, 그럼으로써 군대에 봉사하거나 군대 징집 체계에 협력하기를 거부하는 사람들을 섬기는 교회의 목회를 지지한다.

(6) **양심적 병역 이행자를 섬기는 목회 지지** : 우리는 또한 양심적으로 병역 의무를 받아들이고 대안적인 복무를 받아들이도록 선택하는 사람들을 섬기는 교회 목회를 지지한다.

(7) **군사 행동은 하나님 앞에서 항상 공의로운 것은 아니다** : 기독교인으로서 우리는 군사 행동의 방식뿐만 아니라 군사적 휴전의 방식이 하나님 앞에서 항상 공의로운 것은 아님을 알고 있다.

가톨릭 사회교리

가톨릭 사회교리는 양심적 병역 거부에 대하여 다음과 같은 입장을 밝히고 있다.

(1) **양심의 의무에 위배된 경우, 공권력에 대한 거부권이 있다** : 공권력의 명령이 도덕 질서의 요구나 인간의 기본권 또는 복음의 가르침에 위배될 때, 국

민들은 양심에 비추어 그 명령에 따르지 않을 의무가 있다. 국법이 인정한다고 하더라도 하나님의 법에 위배되는 관습들에는 협력하지 않아야 할 중대한 양심의 의무가 있다. 사실 그러한 협력은, 다른 사람의 자유에 대한 존중 때문이라고 해도, 또 그것이 국법으로 상정되고 요구되고 있다는 사실에 호소한다 해도, 정당화될 수는 없다.

(2) **부당한 법에 대한 거부는 도덕적 의무며 인간의 기본권이다** : 부당한 법은 도덕적으로 올곧은 사람들을 곤란에 빠뜨리는 양심의 문제를 제기한다. 도덕적으로 사악한 행위에 협력하도록 요청받을 때 그들은 이를 거부하여야 한다. 그러한 거부는 도덕적인 의무인 동시에 인간의 기본권이기도 하다.

(3) **양심적 거부권에 호소하는 사람들은 보호되어야 한다** : 인간의 기본권은 바로 그 자체로서 국법으로 인정받고 보호받아야 한다. 양심적인 거부권에 호소하는 사람들은 법적 처벌로부터 보호되어야 할 뿐 아니라 법, 규정, 재정, 직업 차원의 어떠한 부정적인 영향으로부터도 보호되어야 한다.

(4) **자신의 행위에 대한 도덕적 책임** : 그 누구도 자신이 한 행위에 대한 도덕적 책임에서 벗어날 수 없으며, 그러한 책임을 바탕으로 하나님의 심판을 받게 될 것이다(롬 2:6, 14:12 참조).81)

(5) **모든 군인은 국제법과 보편적 원리에 위배되는 범죄에 대하여 불복할 의무가 있다** : 위와 같은 공권력에 대한 기본 이해를 바탕으로 모든 군인은 도덕적으로 국제법과 이 법의 보편적 원리에 위배되는 범죄를 행하도록 요구하는 명령에 불복할 의무가 있다.

(6) **군인은 자신의 행위에 대하여 전적인 책임이 있다** : 군인들은 개인과 민족의 권리나 국제 인도주의 법의 규범을 침해하는 행위에 대하여 전적인 책임이 있다. 그러한 행위는 상급자의 명령에 복종한 것이라고 주장한다고 해서 정당화될 수 없다.

(7) **양심적 병역 거부자는 대안적 형태의 군복무를 받아들여야 한다** : 군 복무가 의무인 경우에도 양심에 따라 모든 종류의 무력 사용을 거부하거나 특정

한 전쟁에 참가하는 것에 반대하여 원칙적으로 군 복무를 거부하는 양심적 병역 거부자들은 대안적 형태의 복무를 받아들여야 한다. 양심의 동기에서 무기 사용을 거부하는 사람들의 경우를 위한 법률을 인간답게 마련하여, 인간 공동체에 대한 다른 형태의 봉사를 인정하는 것이 마땅하다.[82]

6장. 세계 공동체

'세계 공동체'는 확장된 가족 공동체다. 그러나 현재 세계 공동체는 국가 간의 분열과 전쟁으로 몸살을 앓고 있다. 웨슬리는 전쟁의 잔인성에 대하여 언급하면서 이웃 사랑을 통한 평화와 화해의 방법을 제시한다. 기독교대한감리회 사회신경 제11조는 전쟁을 억제하며 세계 평화를 이루기 위해 협력하는 일이 교회의 사명임을 밝힌다. 미연합감리교회 사회원리는 세계 공동체의 주권이 하나님께 있으며, 진정으로 인간을 사랑하는 공동체로서 세계 공동체를 이룰 것을 당부한다. 한편 가톨릭 사회교리는 연대성의 의미를 강조하며, 국제 사회가 모든 사람의 안정과 평화를 보장할 수 있는 세계 공권력을 수립할 필요성을 언급한다.

관련성구

(1) **하나님께 부여받은 인간의 유일한 존엄성** : 인간을 당신 모습대로 만드시고자 하신 하나님의 결정은 모든 세계와 온 지상에 걸쳐 인간에게 유일한 존엄성을 부여하고 있다. (창 1:26~27, 5장, 10장)

(2) **공동체로서 창조된 인간** : 인간은 독립적으로 창조된 것이 아니라 공동체를 보장해 주는 삶의 터전들 안에서 필수적인 한 부분으로 살아가게 창조되었다. (창 2:8~24)

(3) **십자가의 사랑을 통한 화해** : 그리스도의 십자가로 드러내신 명백한 사랑의 증거 안에서 모든 불화의 장벽들이 허물어진다. (엡 2:12~18)

(4) **그리스도 안에서 인종적 문화적 차이는 분열의 원인이 아니다** : 그리스도 안에서 새 삶을 사는 사람들에게 인종적 문화적 차이는 더 이상 분열의 원

인이 되지 않는다. (롬 10:12; 갈 3:26~28; 골 3:11)

(5) **성령을 통한 하나님의 일치** : 성령을 통해, 교회는 모든 인류를 포함하는 하나님의 일치 계획을 알게 된다. (행 2:6, 17:26; 엡 1:8~10)

(6) **평화이신 주님** : 주님은 평화이시다. (사 6:24)

(7) **평화롭고 조화롭게 존재하는 피조물** : 모든 피조물은 각 부분마다 훌륭하고 조화로운 전체를 이루며 평화롭게 존재한다. (창 1:4, 10, 18, 21, 25, 31)

(8) **평화의 토대** : 평화는 모든 인간과 하나님 사이의 근본적인 관계, 즉 흠 없음을 특징으로 하는 관계에 토대를 둔다. (창 17:1)

(9) **인간의 자발적 행위와 폭력의 출현** : 하나님의 질서를 바꾼 인간의 자발적 행위에 따라 세상은 피 흘림과 분열을 겪었다. 인간관계와 사회관계에서 폭력이 출현하였다. (창 4:1~16, 11:1~9)

(10) **평화와 폭력은 공존할 수 없다** : 평화와 폭력은 공존할 수 없고, 폭력이 있는 곳에 하나님께서 현존하실 수 없다. (대상 22:8~9)

(11) **생명의 충만함으로서 평화** : 성경의 관점에서, 평화는 단순히 전쟁이 없는 상태를 넘어서, 생명의 충만함을 나타낸다. (말 2:5)

(12) **하나님의 축복의 결과인 평화** : 평화는 하나님께서 그 백성들에게 내리시는 축복의 결과다. (민 6:26)

(13) **평화와 풍요** : 평화는 풍요를 낳는다. (사 48:19)

(14) **평화와 안정** : 평화는 안정을 낳는다. (사 48:18)

(15) **평화와 번영** : 평화는 번영을 낳는다. (사 54:13)

(16) **평화와 마음의 안정** : 평화는 마음의 안정을 낳는다. (레 26:6)

(17) **평화와 충만한 기쁨** : 평화는 충만한 기쁨을 낳는다. (잠 12:20)

(18) **하나님의 나라와 평화** : 모든 민족들이 하나님 나라에 들어서면, 주님께서 그들에게 가르치신 평화의 길을 따라 걷게 될 것이다. (사 2:2~5)

(19) **평화의 새 세상인 하나님 나라** : 천지 만물을 포용하는 평화의 새 세상은 하나님 나라의 약속이며, 메시아는 "평화의 군왕"이다. (사 11:6~9, 9:5)

(20) **영원한 하나님의 평화** : 하나님의 평화가 있는 곳이면, 영원히 그 평화가 지속될 것이다. (사 60:18~22)

(21) **하나님의 정의와 평화** : 통치자가 하나님의 정의에 따라 통치할 때에 의로움이 꽃피우고, 평화가 넘쳐난다. (시 72:7)

(22) **진정한 평화** : 하나님께서는 우리에게 진정한 평화를 말씀하신다. (시 85:9, 11)

(23) **완성으로서의 평화** : 평화는 메시아의 속성이며, 구원의 다른 모든 유익한 결과를 내포한다. 히브리어 '샬롬'은 '완성'의 어원적 의미를 충만히 나타낸다. (사 9:5 이하; 미 5:1~5)

(24) **평화의 나라** : 메시아의 나라는 평화의 나라다. (욥 25:2; 시 29:11, 37:11, 72:3, 7, 85:9, 11, 119:165, 125:5, 128:6, 147:14; 아 8:10; 사 26:3, 12, 32:17 이하, 52:7, 54:10, 57:19, 60:17; 학 2:9; 슥 9:10)

(25) **평화이신 예수님** : 예수님은 우리의 평화시다. (엡 2:14)

(26) **화해케 하시는 예수님** : 예수님께서는 사람들 사이를 갈라놓은 증오의 벽을 허무셨고, 그들을 하나님과 화해시키셨다. (엡 2:14~16)

(27) **평화의 선물** : 평화의 선물을 예수 그리스도의 영적 유언에 대한 보증이다. (요 14:27)

(28) **평화를 기원하신 예수 그리스도** : 부활하신 예수 그리스도는 제자들에게 "너희에게 평화가 있기를!" 하고 인사하셨다. (눅 24:36; 요 20:19, 21, 26)

(29) **평화의 선포를 가장 먼저 가르치신 예수님** : 예수님은 제자들에게 가장 먼저 평화를 선포할 것을 가르치셨다. (눅 10:5; 롬 1:7)

(30) **하나님께 청하는 용서와 우리가 베푸는 용서** : 예수님이 가르쳐 주신 기도에서, 우리가 하나님께 청하는 용서는 우리가 우리의 형제자매들에게 베푸는 용서와 관계있다. (마 6:12)

(31) **평화와 참된 행복** : 평화를 통하여 참된 행복을 가지게 된다. (마 5:9)

(32) **평화의 복음** : 평화를 위해 일하는 것은 사실 모든 사람에게 "평화의 복

음"을 선포하는 일과 불가분의 관계다. (행 10:36; 엡 6:15)

(33) **그리스도의 희생과 평화** : 평화는 그리스도의 희생을 통해 나타난다. (사 53:5)

(34) **십자가를 통한 평화와 화해** : 십자가에 못 박히신 예수님이 바로 십자가를 통해 분열을 극복하고 평화와 화해를 회복시키심으로써 적개심을 없애시고 인류에게 부활의 구원을 가져다 주셨다. (엡 2:16)

(35) **정의의 열매인 평화** : 평화는 정의의 열매며, 넓은 의미에서 인간의 모든 차원의 균형에 대한 존중이다. (사 32:17)

기독교대한감리회 사회신경

기독교대한감리회는 사회신경 11조에 전쟁 억제와 세계 평화에 대하여 그 입장을 밝히고 있다.

(11조) **전쟁 억제와 세계 평화** : 우리는 재래적 분쟁은 물론, 인류를 파멸로 이끄는 핵무기 생산과 확산을 반대한다. 동시에 세계의 기아문제, 식량의 무기화, 민족 분규, 패권주의 등의 해결을 위해 모든 나라와 협력함으로 세계 평화에 이바지한다.[1]

미연합감리교회 사회원리

미연합감리교회는 세계의 주권은 하나님께 속한 것임을 밝히고 세계 공동체의 화합과 평화에 대하여 그 입장을 밝히고 있다.[2]

(1) **하나의 세계로서 하나님의 세계** : 하나님의 세계는 하나의 세계다. 기술 혁명으로 우리를 억지로 내몰고 있는 통합은 안정적 세계를 성취할 수 있는 우리의 도덕적 영적 능력 이상으로 앞질러갔다. 삶의 모든 국면에서 점차적으로 명백히 나타나고 있는 인간성의 강제적 통합은 교회뿐만 아니라 모든 사람들에게 부정의, 전쟁, 착취, 특권, 인구와 국제 환경 위기, 핵무기 보유국 확산, 모든 정부 구조의 효과적인 통제를 넘어서는 다국적 기업 조직체의 발달 그리

고 모든 형태의 독재 정치의 증가와 같이, 그것이 해결되도록 기다려주지 않는 문제들을 제공한다. 만약 인류가 이 지구상에 계속 존재할 것이라면, 이 세대는 이러한 문제들과 그와 연관된 문제들을 해결할 수 있는 해답을 찾아야만 한다.

(2) **세계 공동체를 이룩할 교회의 책임** : 우리는 교회로서 서로를 진심으로 사랑하는 사람들의 교제인 세계 공동체를 이룩할 책임이 있다.

(3) **세계 공동체를 위협하는 모든 문제에 대한 교회의 자세** : 우리는 인간을 분열시키고 세계 공동체의 성장을 위협하는 모든 문제들에 대하여 복음이 의미하는 바를 강구할 것을 맹세한다.

가톨릭 사회교리

가톨릭 사회교리는 세계 공동체의 평화를 위하여 그 근본가치와 목적 그리고 연대의 정신에 대하여 자세히 그 입장을 밝히고 있다. 가톨릭은 '모든 사람이 인정하고 실질적인 권력으로 모든 사람의 안전과 정의 준수와 권리 존중을 보장하는 세계 공권력'을 확립할 필요성을 주장한다. 역사가 흘러오면서 시대마다 관점도 변하지만, 공동선에 대한 추구에서 비롯되는 전 세계적인 문제들에 대처하기 위한 유사한 권위의 필요성은 언제나 인식되어 왔다. 중요한 것은, 그러한 권위가 상호 합의에서 생겨나며 그 권위는 강요되어서도 또 "범세계적인 초국가"와 같은 것으로 이해되어서도 안 된다는 것이다.3)

(1) **국제 공동체의 근본 요소** : 진정한 국제 공동체를 이루기 위해서는 그 근본 요소로서 인간이 중심이 되고 개인과 민족들이 자연스럽게 서로 관계를 맺고자 하여야 한다.

(2) **국제 공동체의 목표와 공동선** : 국제 공동체의 기구는 실질적으로 보편적인 공동선의 보장을 목표로 하여야 한다. 참된 국제 공동체를 건설하려는 폭넓은 열망에도 인류 가족의 일치는 아직 실현되지 않고 있다. 그것은 인간의 모든 다양한 차원, 곧 물질적 정신적 개인적 공동체적인 차원에서 통합적

으로 보는 가치관에 위배되는 유물론적이고 민족주의적인 이념에서 비롯되는 장애들 때문이다. 특히 민족적 편견이나 인종 차별에 대한 그 어떤 이론이나 형태도 도덕적으로 용납될 수 없다.[4]

(3) **국제 공동체의 특성** : 국제 공동체는 그 구성원인 각 국가의 독립성을 부인하거나 제한하는 예속의 끈이 아니라 그 주권에 토대를 두고 있는 사법적 공동체다. 국제 공동체에 대한 이러한 이해는 결코 각 민족의 다양하고 독특한 특성들에 상대화하거나 파괴하는 것이 아니라 그러한 특성들을 표출하도록 고무한다. 이러한 서로 다른 정체성을 존중한다면, 민족들을 갈라놓고 자기중심적인 사고로 팽배하여 불안을 조성하는 갖가지 형태의 분열을 극복하는 데에 도움이 된다.[5]

(4) **국가와 국제 공동체** : 국가의 주권은 국제 공동체 안에서도 정치적 경제적 사회적 나아가 문화적 의미에서 한 국가의 주체성을 나타낸다. 문화적 차원은 한 나라의 자유에 영향을 미치는 지배 형태나 침략 행위에 저항하는 힘의 원천으로서 특별히 중요성을 지닌다. 문화는 한 민족의 정체성을 보존하는 보증이 되고, 그 민족의 정신적 주권을 표현하고 증진한다. 그러나 국가의 주권은 절대적인 것이 아니다. 국가들은 자신들이 상호 신뢰와 지지, 존중을 우선으로 하는 '국가 가족'이라는 것을 인식하여, 공동선을 위하여 자신들의 일부 권리의 행사를 기꺼이 포기할 수 있어야 한다.[6]

(5) **국제 공동체의 도덕률** : 민족들 간의 평화로운 상호관계를 실제적으로 보장해 주는 국제 질서를 이루고 이를 견고히 하려면, 인간생활을 지배하는 것과 같은 도덕률이 국가들 간의 관계에서도 적용되어야 한다. 인간 마음에 새겨져 있는 보편적 도덕률은 미래 세계를 건설하기 위한 '원리'인 인류의 공통된 양심의 생생한 표현으로서 실질적이고 지울 수 없는 것으로 여겨야 한다.[7]

(6) **국제연합헌장** : 국제연합헌장은 무력 사용을 금지할 뿐만 아니라 무력 사용의 위협조차도 거부한다. 이러한 규정은 제2차 세계대전의 비극적 경험에

서 생겨났다. 그 기간 동안 가톨릭은 새로운 국제 질서를 수립하기 위한 필수적인 요인들을 확인하였다. 곧 각국의 자유와 영토 보전, 소수민의 권리 수호, 지구 자원의 공평한 분배, 전쟁 거부, 실질적인 군비 축소 계획, 협약에 대한 충실성 그리고 종교 박해의 중지다.[8]

(7) **국제 공동체의 역할**: 국제 공동체의 역할은 인간 가족의 일치된 기원과 공동 운명, 인간의 존엄성에 근거한 만민 평등과 전 공동체의 평등, 지상 개화의 보편적 목적, 완전한 발전의 개념, 인간 중심성과 연대성 등이 바로 그것이다. 특히 가톨릭 사회교리는 빈곤과 저개발로 고통 받고 있는 나라들이 국제 시장에 진입하도록 도와줄 수 있는 협력 형태들을 권장한다. 국제 협력 정신에 요구되는 것은 순전한 시장 지향적 사고를 넘어선 연대와 정의, 보편적 사랑의 의무에 대한 인식이다. 그와 같은 연대 속에서 저개발 국가의 빈곤 퇴치를 돕고 부채 상환과 같은 것은 그 원칙은 재천명하되, '민족들의 존속과 발전을 위한 기본 권리'를 침해하지 않는 방법을 찾아야 한다.[9]

1 국가와 문화

모든 국가와 문화는 하나님께서 다양성을 확증해 주신 것이다. 따라서 각 나라의 문화와 정치철학에 있어서의 다양성은 당연히 인정받을 수 있지만, 그 다양성 또한 모든 국가의 정의와 평화라는 원리에 입각해 있어야 한다고 미연합감리교회 사회원리는 말한다.

(미연합감리교회 사회원리)

미연합감리교회는 모든 개인이 그러하듯이, 모든 국가와 문화도 하나님께서 그 다양성을 확증해 주심을 강조하고 있다.[10]

(1) **국가와 문화의 한계**: 우리는 어떠한 국가나 문화도 그 국가와 문화에 속

한 사람들을 대우하는 데 있어서 절대적으로 공정하고 정당할 수는 없을 뿐만 아니라, 어떤 국가도 그 시민들의 복지에 대하여 완전히 무관심할 수는 없다는 점을 인정한다.

(2) **국가 내의 불공정한 대우에 있어서 교회의 책임** : 교회는 국가가 그 시민들과 그 국경 내에 거주하는 다른 사람들을 불공정하게 대우할 때는, 그에 대한 책임을 져야 한다는 생각을 가져야 한다.

(3) **다양성의 인정과 정의, 평화** : 문화와 정치 철학에 있어서 다양성이 존재하는 것이 당연하다고 인정하면서도, 우리는 모든 국가에 정의와 평화가 있어야 된다는 점을 지지한다.

2 국력과 책임

미연합감리교회는 모든 국가의 자결권을 인정하면서, 모든 국가가 지구권의 문제에 대해 협력하고, 보다 정의로운 경제상호를 이루는 데 있어서 강대국의 역할에 대하여 제시한다. 특히 강대국이 국제 사회에서 그 부와 영향력을 행사하는 데 있어서 보다 큰 책임이 있음을 제시한다. 웨슬리는 전제정치의 위험성에 대하여 말하면서, 곧 잘못된 권력의 행사가 분열과 전쟁을 야기할 수 있음을 강조한다. 기독교대한감리회의 사회신경 또한 식량의 무기화와 패권주의 등의 해결을 위하여 모든 나라와 협력할 것을 천명하고 있다.

웨슬리 사회원리

(1) **전쟁의 잔인함** : 거기엔 법도 없고 범죄를 심리할 법적 치안판사도 없기 때문입니다. 거기엔 전제정치의 심연, 곧 한 손에는 전횡만을 일삼는 권력의 심연이 있고 다른 손에는 무정부의 심연이 있습니다. 그런데 이것만으로 불행이 충분하지 않은 것 같습니다. 저 잔인한 괴물, 전쟁을 보십시오! 그러나 누가

과연 그 속에 내포된 복잡하게 얽힌 불행을 설명할 수 있을까요? ……11)

(2) **분열된 국가의 상태** : 부한 자, 가난한 자, 높은 자, 낮은 자여,

그대들은 그의 관대한 명령으로부터 벗어나 방황하였다네.

악의 홍수는 흘러 넘쳐흘렀고,

모든 죄악의 땅에 범람했다네.

백성과 제사장은 죄악에 깊이 빠져들었고,

도벳은 그 속에 있는 그들을 삼키려고 입을 벌린다네.12)

기독교대한감리회 사회신경

(11조) **전쟁 억제와 세계 평화** : 우리는 재래적 분쟁은 물론, 인류를 파멸로 이끄는 핵무기 생산과 확산을 반대한다. 동시에 세계의 기아문제, 식량의 무기화, 민족 분규, 패권주의 등의 해결을 위해 모든 나라와 협력함으로 세계 평화에 이바지한다.13)

미연합감리교회 사회원리

미연합감리교회는 국가의 책임에 대하여 다음과 같이 그 입장을 밝히고 있다.14)

(1) **강대국의 책임** : 어떤 국가는 다른 국가보다 더 많은 군사력과 경제력을 소유한다. 강대국들은 자신의 부와 영향력을 행사하는 데 있어서 신중해야 할 책임이 있다.

(2) **모든 국가의 자결능력을 최대화할 비폭력적 권력 사용 촉구** : 우리는 모든 국가의 국민들이 자신의 운명을 스스로 결정할 권리와 의무가 있음을 확증한다. 정치적 강대국들은 자신만의 특별한 이익을 더욱 축적하기 위해서가 아니라, 다른 국가의 정치적 사회적 경제적 자결 능력을 최대화할 수 있도록 자신의 비폭력적 권력을 사용하기를 촉구한다.

(3) **지구의 제한된 자원을 공정하게 사용할 국제적 노력 지지** : 우리는 지구

의 제한된 자원이 모든 국가와 모든 사람들에게 최대한의 이익을 줄 수 있는 더욱 공정한 국제 경제 질서를 신장시키기 위해 시행되는 국제적인 노력에 찬사를 보낸다.

(4) 더 정의로운 경제 질서를 위한 노력 장려 : 우리는 모든 사회의 기독교 인들이 자신들이 속한 정부와 그 사회 내에 있는 경제 조직체가 더 정의로운 경제 질서를 발전시킬 수 있도록 돕고 일하도록 격려해야 한다.

3 전쟁과 평화

웨슬리는 진정한 이웃 사랑과 형제 사랑을 통하여 그리스도의 평화를 이룰 것을 당부한다. 기독교대한감리회 사회신경 또한 '전쟁 억제와 세계 평화'를 제시하며, 미연합감리교회는 전쟁은 부당하며, 전쟁의 문제에 있어서 분명한 평화주의 원칙을 제시한다. 가톨릭 사회교리는 전쟁에 있어서 국제기구의 역할을 강조하며, 전쟁을 수행할 수밖에 없는 경우에도 인도주의 원칙을 고수할 것을 주장한다. 특히 기독교대한감리회는 사회신경 10조를 통하여 전쟁이 없는 남북한의 평화통일을 강조하고 있다.

웨슬리 사회원리

(1) 이웃 사랑의 필요성 : "네 마음을 다하고 목숨을 다하고 힘을 다하고 생각을 다하여 주 너의 하나님을 사랑하라."(눅 10:27) 이것은 우리에게 하나님을 사랑할 뿐 아니라 다른 사람도 사랑할 것을 요구합니다. 그것은 우리가 우리 형제를 사랑하는 것도 포함합니다.[15]

(2) 세상 사람들은 모두 하나님의 자녀 : "네 이웃을 네 몸과 같이 사랑하라." "누가 나의 이웃입니까?" 하고 묻는 자가 있다면 우리는 이렇게 대답합니다. 그것은 세상에 사는 모든 사람이요 모든 육체를 가진 자의 영혼의 아버지

이신 하나님의 모든 자녀들입니다.16)

(3) **이웃 사랑의 본질** : 이웃에 대한 사랑을 가진 사람은 이웃에 대해 악한 생각을 갖지 않습니다(고전 13:5).17)

(4) **진정한 하나님 사랑과 이웃 사랑** : 이처럼 하나님을 사랑한 자는 그의 형제도 사랑하지 않을 수 없습니다(요일 4:2). 그것도 말로만의 사랑이 아니요 행함과 진실함으로 사랑하는(요일 3:18) 것입니다. 그는 "하나님이 이같이 우리를 사랑하셨으니 우리도 서로 사랑하는 것이 마땅하도다."(요일 4:11)라고 말하는 것입니다.18)

(5) **전쟁이 그치는 때가 곧 모든 예언이 성취된 때** : 이제 때가 차서 이러한 예언이 성취되었다고 가정해 봅시다. 얼마나 멋진 전망입니까! 모든 것은 평화, '영원한 평안과 확신'입니다(사 32:17). 여기에는 무기의 시끄러운 소리나 '어지러운 소음'이나 '피 묻은 복장'(사 9:5)이 없습니다. 멸망은 끝나고 전쟁은 땅 위에서 그칩니다. 또 나라 안에서의 충돌도 없어지고 형제가 형제를 반대하여 맞서는 일도 없습니다.19)

(6) **모든 영혼에 대한 보편적 사랑의 의무** : 인간은 하나님께서 지으신 모든 영혼을 하나님께서 자기를 사랑해 주신 것처럼 사랑해야 합니다. 이 보편적인 자비를 통하여 인간은 (사랑이신) 하나님 안에 거하고 하나님께서도 그의 안에 사실 것입니다.20)

(7) **하나님께서 만드신 모든 영혼을 자기 자신과 같이 사랑하라** : 하나님을 사랑하는 것에 따라오는 첫째 열매는 이웃 사랑입니다. 하나님께서 만드신 모든 영혼, 곧 우리의 원수와 우리를 능욕하고 핍박하는 자들을 포함한 모든 사람들을 우리 자신처럼 사랑하는 것입니다.21)

(8) **하나님과 이웃을 사랑하는 사람들의 참 자세** : 하나님과 이웃을 사랑하는 사람이라면 이러한 병폐를 고치고, 하나님의 자녀들 간의 분쟁을 종식시키고 그들 가운데 평화를 회복하기 위하여 무엇인들 못하며, 무슨 수고인들 사양할 것이며, 이러한 높은 목적의 달성을 위하는 것이라면 양심적인 인간으로

서 무슨 희생인들 개의할 것입니까?[22]

(9) **사랑의 진정한 의미** : 사랑이란 하나님의 자비에 대해 하나님께 감사드리는 것이며, 전 인류에게 선의를 베푸는 것입니다.[23]

(10) **일치의 사랑과 관용의 정신** : 그의 마음은 모든 인류와 그가 알지 못하는 모든 사람들을 향해 넓게 열려 있습니다. 그는 뜨겁고 친절한 사랑으로 이웃과 낯선 자와 친구들과 원수들을 감싸 안을 것입니다. …… 일치의 사랑은 관용의 정신과 통합니다.[24]

(11) **정의의 이름으로 자행되는 잔인한 폭력들** : 우리 사이에서 정의의 이름으로 행하는 폭행들이 얼마나 많은지요! …… 어디서 자비를 찾을 수 있습니까? 만약 그것이 이익에 배치된다면 말립니다. 값비싼 보상이 주어진다면 과부와 고아를 압제하는 데 누가 주저하겠습니까? 그리고 어디서 우리는 진리를 발견할 것입니까? 속임과 사기는 우리의 곁을 떠나지 않습니다.[25]

(12) **모든 죄와 평화** : 왜냐하면 모든 죄는 하나님을 공공연히 무시함으로써 우리가 지닌 하나님과의 평화를 파괴하는 동시에 우리의 가슴에서 평화를 추방하고 각 사람의 검을 그 이웃을 향하게 하기 때문입니다. 또 죄를 막는다거나 제거한다거나 하는 것은 그것이 무엇이든 간에 같은 정도로 평화 – 우리의 영혼 속의 평화, 하나님과의 평화 그리고 우리 상호 간의 평화 – 를 촉진하기 때문입니다.[26]

(13) **무정부 상태에서 나타나는 문제** : 거기엔 법도 없고 범죄를 심리할 법적 치안판사도 없기 때문입니다. 거기엔 전제정치의 심연, 곧 한 손에는 전횡만을 일삼는 권력의 심연이 있고 다른 손에는 무정부의 심연이 있습니다. 그런데 이것만으로 불행이 충분하지 않은 것 같습니다. 저 잔인한 괴물, 전쟁을 보십시오! 그러나 누가 과연 그 속에 내포된 복잡하게 얽힌 불행을 설명할 수 있을까요? ……[27]

기독교대한감리회 사회신경

(10조) **평화적 통일** : 우리는 반만년의 역사를 가진 하나의 민족이 여러 가지 국내외적 문제로 분단되어 온 비극을 뼈아프게 느끼며 이를 극복하기 위해 민족의 동질성 회복과 화해를 통한 민족, 민주, 자주, 평화의 원칙 아래 조속히 통일되도록 총력을 기울인다.[28]

미연합감리교회 사회원리

미연합감리교회는 전쟁에 대하여 분명한 평화주의 원칙을 제시하고 있다.[29]

(1) **전쟁의 부당성** : 우리는 전쟁이 그리스도의 가르침과 그리스도께서 보여 주신 본보기와 전혀 양립할 수 없음을 믿는다.

(2) **오직 최후의 수단으로서의 전쟁** : 그러므로 우리는 국가의 대외 정책적 수단으로서의 전쟁을 거부하고, 전쟁은 오직 대량 학살과 인권에 대한 혹독한 탄압 그리고 이유 없는 침략과 같은 악을 억제하기 위한 최후의 수단으로서 채택되어야 한다.

(3) **모든 국가가 지켜야 할 도덕적 의무** : 우리는 모든 국가가 가장 먼저 지켜야 할 도덕적 의무는 두 국가들 간에, 또는 여러 국가들 사이에서 일어나는 모든 분쟁을 평화적인 수단으로 해결해야 하는 것과, 정부가 정부 정책의 우선순위를 결정할 때에 인간의 가치가 군사적 제재보다 우위에 있어야 된다는 것, 사회를 무장하는 것에 이의를 제기하고 그것을 그만두어야 한다는 것을 주장하고, 무기류의 제조와 판매, 유통을 억제하고 통제하며, 핵무기 생산과 보유 그리고 핵무기를 사용하는 것은 비난받아 마땅하다는 것을 주장한다.

(4) **세계 전반적으로 완전한 무장 해제 지지** : 결과적으로 우리는 엄격하고 효과적인 국제적 통제를 통하여 세계 전반적으로 완전히 무장을 해제할 것 (disarmament)을 지지한다.

II. 기독교 사회원리 | **273**

가톨릭 사회교리는 전쟁에 대한 국제기구의 중요성에 대하여 강조하고 있다.

(1) **국제기구의 전쟁 예방** : 국가들이 자기 방어를 위한 적절한 수단을 항상 가지고 있는 것은 아니다. 따라서 분쟁 해결과 평화 증진을 위하여 협력하고, 전쟁에 대한 의존은 생각할 수도 없게 하는 상호 신뢰를 재확립할 위치에 있어야 하는 국제기구와 지역기구가 필요하고 중요하다.[30]

(2) **정당한 전쟁** : 침략 전쟁은 본질적으로 비도덕적이지만 불가피하게 전쟁이 발발하는 비극적인 경우에, 침략을 받은 국가 지도자들은 무력을 사용해서라도 방어를 할 권리와 의무가 있다. 이때 필요한 조건은 다음과 같다.[31]

· 공격자가 국가나 국제 공동체에 가한 피해가 계속적이고 심각하며 확실해야 한다.

· 이를 제지할 다른 모든 방법들이 실행 불가능하거나 효력이 없다는 것이 드러나야 한다.

· 성공의 조건들이 수립되어야 한다.

· 제거되어야 할 악보다 더 큰 악과 폐해가 무력 사용으로 초래되지 않아야 한다.

· 이러한 상황 판단에서 현대 무기의 파괴력을 신중하게 고려하여야 한다. 이 같은 정당한 전쟁에 대한 도덕적 정당성의 조건들에 대한 평가는 공동선의 책임을 지고 있는 사람들의 신중한 판단에 달렸다.

(3) **전쟁과 인도주의** : 모든 사람과 민족의 양심에 새겨진 박애의 원칙에는 민간인을 전쟁의 영향에서 보호할 의무가 포함되어 있다. 정당방위의 목적으로 무력을 사용할 권리는 침략 행위에서 자신을 방어할 능력이 없는 무고한 사람들을 보호하고 도와줄 의무와 연관되어 있다. 흔히 한 국가 내에서 발생하는 현대적 전쟁에서는 국제 인도주의 법의 규범이 온전히 존중되어야 한다.

특히 민간인이 피해를 입어서는 안 되며 경우가 '인종 청소' 의 구실로 희생되어서도 안 된다.32)

(4) **난민에 대한 목회** : 무수한 전쟁의 희생자는 난민들이다. 이들은 전쟁 때문에 자기들이 살던 곳에서 도망쳐 외국에서 피난처를 찾지 않으면 안 되는 사람들이다. 교회는 물질적 지원만이 아니라 그들의 인간 존엄을 수호하려는 노력을 통하여 그들과 가까이 있어야 한다. 난민들에게 관심을 갖고 보편적으로 인정된 인권들을 재천명하고 강조하여야 하며, 인권 존중이 난민들에게도 실제적으로 보장되도록 하여야 할 것이다.33)

(5) **인종 학살의 중지** : 민족, 인종, 종교 또는 언어 집단 전체를 말살하려는 시도는 하나님과 인류 전체에 대한 범죄며, 그러한 범죄의 책임자들은 정의 앞에서 그에 대한 벌을 받아야 한다. 아르메니아인들에 대한 대학살에서 우크라이나인들에 대한 대학살에 이르기까지, 캄보디아인들에 대한 대학살에서 아프리카와 발칸 반도에서 자행된 대학살에 이르기까지 20세기는 갖가지 대학살의 비극적 흔적을 지니고 있다. 이 가운데, 유다인 대학살과 같은 것은 하나님과 인류에 대한 상상조차 할 수 없는 범죄로 얼룩진 참으로 어두운 역사의 밤이었다.34)

(6) **평화를 위협하는 사람들에 대한 제재 조치** : 이러한 조치들의 참된 목적은 협상과 대화의 길을 열어 주는 것이다. 제재가 결코 국민 전체에 대한 직접적 처벌의 수단으로 사용되어서는 안 된다. 국민 전체, 특히 그 가장 취약한 구성원들이 그러한 제재로 고통 받게 되는 것은 정당한 일이 아니다. 특히 경제적 제재는 지극히 신중하게 사용되어야 하는 수단이며, 엄격한 합법적 윤리적 기준을 따라야 한다. 경제 봉쇄는 기간이 한정적이어야 하며, 그에 따른 효과가 뚜렷하지 않을 때는 정당화될 수 없다.35)

4 테러

불특정 다수를 대상으로 하는 테러리즘은 어떠한 이유로도 용납될 수 없는 전쟁이다. 특히 가톨릭 사회교리는 테러리즘을 '잔인하며 정당화될 수 없는 범죄'로 정의하며 특히 종교가 테러를 조장하지 않도록 촉구하는 등 테러의 문제에 대하여 단호한 입장을 표명하고 있다.

가톨릭 사회교리

가톨릭 사회교리는 테러에 대하여 단호한 입장을 표명하고 있다.

(1) **테러리즘** : 테러리즘은 오늘날의 국제 공동체에 깊은 충격을 주는 가장 잔인한 형태의 폭력 가운데 하나다. 테러리즘은 증오와 죽음의 씨를 뿌리고, 복수와 보복을 부른다. 재산의 파괴나 살인을 목표라 하는 일부 극단주의 조직들의 전형적인 파괴 전략인 테러리즘은 이제 정치적 공모의 검은 고리가 되었다.36)

(2) **테러리즘의 단죄** : 테러리즘은 단호히 단죄되어야 한다. 그것은 철저한 인명 무시를 보여 주므로 결코 정당화될 수 없다. 인간은 언제나 목적이지 결코 수단이 아니기 때문이다. 테러리즘은 인간 존엄을 철저히 파괴하는 전 인류에 대한 범죄다.37)

(3) **테러리즘의 비정당성** : 하나님의 이름으로 자신을 테러범이라고 주장하는 것은 하나님께 대한 모독이며 불경이다. 그러한 경우에는, 진리가 자신을 소유하기를 원하는 사람이 아니라 하나님의 진리를 전부 소유하고 있다고 주장하는 사람에게 하나님의 이름이 악용되고 있는 것이다. 테러 공격을 자행하다가 죽는 사람들을 "순교자"라고 정의하는 것은, 하나님과 하나님의 사랑을 부인하기보다는 죽음을 택하는 사람들의 증언인 순교의 개념을 왜곡하는 것이다. 순교는 하나님의 이름으로 살인을 하는 사람의 행위가 될 수 없다. 어떤 종교도 테러리즘을 용인하지 않으며, 그것을 전파하는 일은 더더욱 없다. 오

히려 종교들은 테러리즘의 원인을 제거하고 민족들 간에 우애를 증진시키고
자 협력하여야 한다.38)

5 국제 공동체의 정의와 법

국제 사회에서의 정의와 법의 문제는 진정한 세계 평화와 협력적 공동체로
서의 세계 공동체를 이루는 데 있어서 매우 중요한 사안이다. 특히 미연합감
리교회는 법을 통한 세계 평화를 지지하며, 보다 높은 도덕적 차원의 연대를
촉구하며, 그러한 의미에서 국제연합의 적극적 자세를 촉구한다. 마찬가지로
가톨릭사회교리 또한 세계 공동체를 위협하는 행위로서 군비 확장, 대량살상
무기 제조와 미성년자 징병에 대한 반대 입장을 표명한다.

(미연합감리교회 사회원리)

미연합감리교회는 국제 공동체의 정의의 법에 대하여 높은 도덕적 차원의
연대를 촉구하고 있다.39)

(1) **법 안에서의 질서와 권리 보장** : 사람들과 집단은 법에 의하여 질서가 수
립되고 유지될 때에 그들의 생활을 보장받고 사회 내에서 살아갈 수 있는 권
리를 누릴 수 있어야 한다.

(2) **부정의를 일으키는 생활 질서는 부도덕적인 것이다** : 우리는 계속하여
부정의를 일으키는 생활 질서는 부도덕적인 것이라고 규탄한다. 또한 국가는
세계 공동체가 현실화된다면 세계 속에서도 안전하다고 느끼게 될 것이다.

(3) **국제 정의를 위한 국제연합과 그 하부 기구, 국제 사법 재판소 지지** : 국
제 정의는 모든 사람들의 참여를 요구한다는 것을 믿기 때문에, 우리는 현재
세계의 정의와 법을 성취하기 위하여, 현재 존재하는 최선의 방편으로서 국제
연합(United Nations)과 그 하부 기구 그리고 국제 사법 재판소(the International

Court of Justice)를 지지한다.

(4) **법을 통한 세계 평화 추구 노력 지지** : 우리는 법을 통하여 세계의 평화를 추구하는 모든 국가의 모든 국민들이 보여 주는 노력을 높이 평가한다.

(5) **국제적 원조와 협조 장려** : 우리는 국제적인 욕구와 갈등의 모든 문제에 대하여 국제적으로 원조하고 협력할 것을 권한다.

(6) **모든 국가의 국제연합 회원 가입 촉구** : 우리는 국제연합의 회원국이 되고자 하고, 국제연합의 의무 이행 능력을 인정하는 모든 국가들을 국제연합이 받아들이기를 촉구한다.

(7) **국제연합의 적극적 자세 촉구** : 우리는 구속력이 있는 제3자의 중재를 증진시킴으로써 국가들 간의 분쟁과 실제적 갈등에 대한 국제적 중재를 증진시키는 데 있어 국제연합이 더욱 적극적인 자세를 취할 것을 촉구한다.

(8) **국가 간 노력은 국제연합의 목적과 일치되어야 한다** : 국제연합 이외의 양자 간 또는 다자간의 노력은 그 목적과 반대되는 것이 아니라 그 목적에 일치하여 작용해야 한다.

(9) **감리교의 전(全) 교구로서 세계에 대한 관심 재확인** : 우리가 우리의 교구로서 세계를 역사적으로 중요한 것으로 보는 관심을 가졌다는 것을 재확인하고, 모든 개인과 모든 국민들이 진정한 세계 공동체의 정식의, 평등한 일원이 될 것을 추구한다.

가톨릭 사회교리

가톨릭 사회교리는 군비 축소와 대량살상무기 사용의 금지 그리고 미성년자의 징병을여 반대하고 있다.

(1) **군비 축소** : 가톨릭 사회교리는 균형 있고 절도 있는 전반적인 군비 축소를 목표로 제시한다. 엄청난 양의 무기 증가는 안전과 평화에 심각한 위협이 되고 있다. 각국이 정당방위에 필요한 수단만을 소유할 수 있게 하는 필요 충족의 원칙은 무기 구매국들뿐만 아니라 무기 생산국들과 판매국들에도 동등

하게 적용되어야 한다. 군비 경쟁은 평화를 보장하지 못하며, 전쟁의 원인을 제거하기보다는 오히려 증대시킬 위험이 있다.[40] 또한 지나치게 심각한 외상을 입히는 무기나 무차별적인 공격 무기들에 대한 금지가 포함되어야 한다. 여기에 포함되는 것은 대인 지뢰와 전쟁이 끝난 오랜 뒤에도 잠복성 질병을 유발하는 비인간적인 소형 무기 등이다.[41] 아울러 폭력의 빈번한 발생을 조장하는 소형 무기와 경무기, 중무기들의 생산과 판매, 수입과 수출을 통제할 적절한 대책이 필요하다. 그러한 무기들의 판매와 거래는 평화에 심각한 위협이 되고 있다.[42]

(2) **대량살상무기 금지** : 생화학 무기나 핵무기는 특히 심각한 위협이 된다. 그러한 무기들을 소유하고 있는 이들은 하나님과 온 인류에게 엄청난 책임이 있다. 핵무기 확산 방지 원칙과 핵 군축, 핵 실험 금지 조치의 목적은 서로 긴밀히 연관되어 있으며, 국제적 차원의 효율적인 통제가 되도록 신속히 이러한 목적이 달성되어야 한다.[43]

(3) **미성년자의 징병 금지** : 미성년자의 징병을 금지하고 있음에도 무력 전쟁에 어린이와 청소년들을 군인으로 이용하는 일은 비난받아 마땅하다. 강제로 전투에 참가하는 어린이든 아니면 결과에 대한 충분한 인식 없이 자진하여 전투에 참가하는 어린이든, 이들 어린이들은 교육의 기회뿐만 아니라 정상적인 어린 시절을 보낼 기회도 빼앗긴 채, 단지 죽이는 훈련만 받는다. 이것은 용납할 수 없는 범죄다.[44]

나가는 말

전통적으로 교회의 신조와 신경과 같은 원리들은 예수 그리스도의 삶과 죽음, 그리고 부활의 의미를 분명하게 전하는 것을 목적으로 하였으며, 때때로 사회 속에서 일어나는 다양한 문제들을 신앙적으로 이해하고 실천적인 대안을 마련하는 데에도 중요한 역할을 하였다.

그러나 현대의 많은 신앙인들은 이러한 기독교의 원리가 교리에만 배타적으로 집중되어 있으며, 예수 그리스도가 삶을 살았던 방식을 실제적으로 묘사하는 데에 실패했기 때문에 비판하는 성향을 보이기도 한다. 신조나 신경이 딱딱한 언어나 추상적인 선포로 느껴지는 이유는 그 속에 있는 본질이 희석되었기 때문이다.

따라서 이 책에서 소개된 다양한 기독교의 사회원리를 이해하는 데 있어서 중요한 것은 어떠한 이론적인 '원리'가 아니라 바로 그 원리를 형성하는 본질이 바로 '사랑'이라는 점이다.

하나님은 우리에게 예수 그리스도를 통하여 당신의 사랑을 드러내셨다. 우리는 하나님을 사랑하고 그 사랑을 통하여 서로 사랑하여야 한다. 여기에서 '사랑'은 원리가 아니라 하나님과 당신의 백성 사이의 '참된 관계'를 드러내는 '우주적인 진리'다.

이러한 기독교의 '진리'를 이야기할 때 우리는 어떠한 형식이나 관습에 묶이지 않는 '자발성'이 필요하다. 사랑은 적극적인 것이며 항상 자신 외의 것을 먼저 소중하게 여기는 구체적인 '행동'과 연관되기 때문이다.

이 책에서 살펴본 기독교의 각 사회원리는 '사랑'이라는 관점에서 형성된 '자발성'과 이웃을 향한 '진실한 행동'을 바탕으로 구성되어 있다. 각 사회 주제에 대하여 어떤 원리는 다른 원리에 비하여 다소 진보적이거나 반대로 보수적인 인상을 준다. 그 이유는 각 사회 원리의 논리적 차이에 있기 보다는 사랑을 통하여 이웃을 이해하는 '배려의 차이'에 있다고 보는 것이 더 설득력이 있다고 본다.

'사랑'이 하나님을 통하여 시작되었으며 하나님을 통하여 완성된다는 것을 우리가 이해할 수 있다면 기독교의 신조나 신경, 그리고 사회원리들은 그 사랑을 전하는 단순한 도구일 뿐이다. 그러므로 이 책에서 소개된 원리들은 하나님의 사랑에 응답하는 '인간애의 봉사'일 뿐이며 하나님에 대한 겸손한 '경배의 행위'라고 할 수 있다.

우리의 영혼과 이웃을 하나로 묶어 주는 이 '사랑의 울림'은 스스로 정당화할 수 없다. 이웃에게는 자신의 목소리를 주장하지 않고 하나님의 무한하신 사랑만이 드러나야 할 것이다. 이 공명(共鳴)이 우리 자신을 넘어 교회, 교단, 가정, 사회, 경제, 정치, 국가, 세계 그리고 자연을 하나로 아우르는 희망찬 '미래 공동체'를 만들기를 간절히 소망한다.

· 미주

· 참고도서

· 부록
기독교대한감리회 목회자 윤리강령
기독교대한감리회 교인생활수칙
기독교대한감리회 사회규약

· 색인

머리말

1) 기독교대한감리회 사회신경의 역사적 배경에 대하여 김경환의 논문을 참조하였다. "미감리회와 남감리회의 한국 선교는 각각 1885년과 1896년 서로 다른 시기에 이루어졌다. 이 두 감리교회는 선교 초기부터 전도 활동뿐만 아니라 의료사업, 교육사업, 기타 사회선교사업을 실시하며 사회선교의식에 앞장섰으며, 우호적인 관계를 유지하였다. 특이한 것은 한국의 감리교 합동이 미국 교회의 합동보다 먼저 이루어진 것이다. 미국 교회 내에서 합동운동은 1925년 미국 내의 감리회 총회에서 합동에 대한 안건이 부결됨으로 그 논의가 중단되었으나, 한국 감리교회 안에서는 조선 남·북감리교 단독으로라도 통합해야 되겠다는 취지 아래 두 교회에서 정식으로 연구위원을 선임할 것을 결정하였다. 그리하여 1926년 각 연회에서 선출된 조선 남·북감리교 통합 연구위원들은 1927년까지 6차의 모임을 거치며 합동에 관한 여러 가지 방향과 방침을 논의하였고 1927년에는 각 총회에 통합을 위한 청원서가 제출되었는데, 이 청원서의 서문에는 통일된 모습으로 조선을 선교 복음화하기 위해 정치적으로 '자치'를 추구하면서도 '경제적인 측면'과 미국 모교회와의 관계적인 면에서는 지속적인 지원과 보호가 필요함을 드러냈다. 이 청원서는 1928년과 1930년 각각 미 남감리교회의 총회에서 승인되었고, 미국 양 교회에서 파송된 전권위원과 조선 남·북감리교회의 전권위원, 그리고 양 교회의 주재감독들 등으로 구성된 합동전권위원들에 의해 명칭과 장정 초안, 교리적 선언 등이 제정되었고, 급기야 1930년 11월 29일에 이르러 '감리교의 합동과 조직에 대한 성명서'를 발표하게 되었다. 그 이후 1930년 12월 2일 서울의 협성신학교에서 제1회 기독교조선감리회 총회가 조직, 개최되면서 기독교조선감리회가 탄생하게 되었다. 이와 같은 일련의 과정을 통해 자치교단을 이룬 감리교는 선교 초기부터 품고 있었던 사회의식을 교리와 신경으로 체계화했는데, 바로 그것이 교리적 선언 제7조요, 사회신경이다." 김경환, 「한국감리교 사회신경에 관한 연구」(감리교신학대학교, 1995).

2) Jaslov Pelican, "The Need for Creeds" (Speaking of Faith, American Public Media), http://speakingoffaith.publicradio.org/programs/pelikan/index.shtml

3) 한국 천주교에서 번역하여 출판한 「간추린 사회교리」에서 '간추린'이란 말이 독자에게 오해의 소지가 있어 부언 설명한

다. 일반적으로 '간추린' 이란 말은 원래 '원문이 길어 내용을 요약한 경우' 에 사용하는데 가톨릭의 'Compendium of The Social Doctrine of the Church' 는 그 동안 역사 속에서 다양한 사회문제에 관하여 발표한 문서 형식의 사회교리를 오랜 시간에 걸쳐 개정하면서 책으로 출판한 것이다. 본 책에서는 2006년 한국의 천주교에서 "간추린 사회교리"라는 이름으로 한글 번역한 내용을 참고하였다.

4) 미연합감리교회의 '사회원리 서문' 은 다음과 같다. "사회원리 서문: 우리는 연합감리교인이라 불리는 사람들로서, 창조자이신 성부 하나님과 우리의 구세주이신 예수 그리스도 그리고 우리의 안내자와 보호자 되시는 성령에 대한 우리의 믿음을 확증합니다. 우리는 우리가 태어나고, 삶을 살며, 죽는 것 그리고 영원한 생명을 누리는 데 있어서 온전히(completely) 하나님께 의존하고 있음을 인정합니다. 하나님의 사랑 안에 온전히(secure) 거함으로써, 그리고 예수 그리스도 안에서 우리가 그 사랑을 온전히 깨달음으로써, 우리는 생명의 선함을 확증하며, 우리를 위한 하나님의 의지에 반(反)하여 우리가 많은 죄를 지었음을 고백합니다. 우리는 창조주 하나님께서 우리에게 맡기신 모든 것들에 대한 청지기로서의 사명을 항상 성실하게 감당했던 것은 아닙니다. 우리는 모든 사람들을 사랑의 공동체로 인도하려는 소명(mission)을 가지고 계셨던 예수 그리스도를 마지못해 따르는 자들이었습니다. 비록 우리가 성령으로 그리스도 안에서 새로운 피조물로 부르심을 받았음에도 불구하고, 우리 인간이 서로를 대하는 데 있어서, 그리고 우리가 살고 있는 이 지구에 대하여 하나님의 백성이 되어야 할 그 이상의 사명(the further call)을 거부해 왔습니다. [우리의 죄를] 용서해 주시는 하나님의 사랑—그 사랑 안에서 우리가 살고, 그 사랑에 의해 우리가 심판을 받습니다—에 감사함으로써, 그리고 모든 [인간] 개인마다 측량할 수 없는 가치를 지니고 있음을 확증함으로써, 땅 끝까지, 뿐만 아니라 우리의 일상생활과 일상의 업무의 가장 깊은 곳까지, 복음의 신실한 증인이 되어야 할 우리의 책임을 다시 회복(renew)합니다. 미연합감리교회는 역사적으로 오랫동안 사회 정의에 대하여 관심을 기울여 왔습니다. 연합 감리교인들은 기독교의 원칙들을 포함하여, 논란의 여지가 있는 문제들에 대해 분명한 입장을 취해 왔습니다. 초대 감리교인들은 노예 매매, 밀수(密輸), 그리고 수감자(收監者)에 대한 잔학한 처우의 문제에 대하여 반대 입장을 표명했습니다. 사회신경은 1908년 (북)감리감독교회에서 채택되었습니다. 그 이후 10년간 그와 유사한 성명서(statements)가 남감리감독교회와 개혁감리교회(Methodist Protestant Church)에서도 채택되었습니다. 복음주의 연합형제단교회(Evangelical United Brethren Church)는 연합형제단교회(United Brethren)와 복음주의교회(Evangelical Church)의 통합이 이루어지던 때인 1946년에 사회원리 성명을 채택했습니다. 1968년, 감리교회와 복음주의 연합형제단교회가 통합되었고, 4년 후인 1972년 연합감리교회 총회는 새로운 사회적 원리 성명서를 채택했고, 이 성명서는 1976년 개정되었습니다. (그리고 이후 매년 총회에서 개정되었습니다.)" http://www.umc.org (이하 '미연합감리교회 사회원리' 로 함)

285

I. 존 웨슬리와 감리교 사회원리

1) 위의 글은 필자의 저서 「한국사회와 기독
  교정치윤리」(한국기독교연구소, 2005년
  개정판)의 9장 "기독교 지성과 책임"의 글
  을 편집하여 실었다.
2) '지성의 추방'이라는 말은 지식의 보편성
  을 가진 사람이 당파성을 띤 기층 권력의
  이데올로기를 수호하는 지식인들과 마찰
  을 겪게 되는 과정에서 불가피하게 생기
  는 '사회로부터의 추방'을 의미한다.
3) 1926년부터 1937년까지 무솔리니에 의하
  여 투옥되었던 이탈리아의 마르크스주의
  자 안토니오 그람시(Antonio Gramsci)는
  '옥중수기'(Prison Notebook)에서 지성인
  의 역할에 대하여 강조하였다. 그람시는
  지성인의 기능을 대대로 같은 일을 하는
  교사, 성직자, 행정가와 같은 전통적 지성
  인들과 더 많은 권력과 계급의 이익을 창
  출하는 유기적 지성인(organic intellectuals)
  의 두 가지로 나누었다. 사이드는, 현대 사
  회에서는 새로운 문화와 법률 체계 등의
  조직가들을 산출하여 내는 유기적 기능인
  들의 역할이 더욱 더 커지게 되었다고 지
  적하면서, 특히 극단적이긴 하지만 줄리
  앙 방다(Julien Benda)의 탁월한 재능과 도
  덕적 자질을 부여 받은 사람들의 역할에
  대하여 강조하고 있다. 재인용, Edward
  Seid, 「권력과 지성인」, 32-35.
4) 위의 책, 63-65.
5) 왜냐하면 국가성이라는 것이 지성인 개개
  인을 연대성, 근원적 충성심 또는 국가적
  애국심이라는 대중적 분위기로 내몰 수
  있기 때문이며 자신이 속하여 있는 문화
  나 문명의 공통 언어와 그것이 공유하고

있는 특징이나 편견 또는 굳어진 사고습
관의 체계가 지성인으로 하여금 당시대의
국가주의가 그어놓은 경계선과 울타리를
벗어나지 못하게 하는 경우가 대부분이기
때문이다. 위의 책, 68-73.
6) 위의 책, 87.
7) 위의 책, 91-92.
8) 사이드는 추방자들의 예로서 Henry
  Kissinger, Zbigniew Brezinski, Thomas
  Mann, Theodor Wisengrund Adorno 등을
  소개하면서 특히 아도르노의 지성인의 희
  망에 대하여 언급하는데 그 희망이란 세
  상에 대하여 영향력을 갖는 것이 아니라
  누군가가 썼던 그것을 정확하게 읽어주는
  데 있다고 주장한다. 위의 책, 91-106.
9) 아울러 지성인에게 추방과 같은 쫓겨남
  은, 통상적인 삶의 여정으로부터 해방되
  는 것을 의미한다. 통상적 삶이 견지되는
  곳에서는 성공과 유서 깊은 족적을 따르
  는 것이 주요 표적이 되지만 추방은 예정
  된 길을 따를 수 없기 때문에 항상 주변인
  이 되고 행동하는 것이 결정되어야만 하
  는데 여기서 그러한 운명은 절망으로서가
  아니라 자신의 자유로운 방식에 따라 스
  스로 목적을 설정하고 결정하는 자유를
  가진 것을 의미한다. 위의 책, 109-115.
10) 위의 책, 162-163.
11) H. Richard Niebuhr, *The Kingdom of God
  in America* (New York: Harper, 1959), 40-
  41.
12) H. Richard Niebuhr, *The Social Sources of
  Denominationalism* (New York: Henry
  Holt and Company, 1929), 59-76.
13) Max Weber, *The Protestant Ethic and the
  Spirit of Capitalism* (New York: Charles
  Scribner's Sons, 1958), 89-90.
14) Theodore Runyon, *Sanctification and*

Liberation, 「웨슬리와 해방신학」(변선환 역, 전망사, 1987), 8. 웨슬리에게 있어서 종교개혁의 중심사상이었던 신앙의인 (Justification by Faith)은 중심사상이라고 할 수 있다. 의인(義認)의 역할은 하나님의 의도인 인격의 현실인 변혁을 위해서 은총 안에 기초를 제공하는 것이며 이로 말미암아 우리를 하나님의 은총에로 회복시켜 주며 아울러 성화를 통하여 하나님의 형상에로 회복시켜 주는 것이다. 한편 Jos Mguez Bonino는 전통적인 신학의 뼈대인 구원의 과정에서 벗어날 수 없었으며 일련의 영적 각성과 운동 및 종교적이고 도덕적인 유형의 행동 및 상태로 이해되었다고 보고 있다. Theodore Runyon,「웨슬리와 해방신학」, Jos Mguez Bonino 편, 52.

15) 위의 책, 54.

16) 위의 책, 54.

17) 위의 책, 13.

18) 위의 책, 13.

19) 위의 책, 15.

20) 위의 책, 15.

21) 위의 책, 16.

22) 위의 책, 19.

23) 데오도어 러년(Theodore Runyon)은 몰트만(Moltmann)의 희망의 신학이 철저한 미래를 말하고 있으나 현재로부터 미래에로 인도하는 구체적이며 명백한 단계에 대한 책임을 지려고 하지 않는다는 점에서 희망의 신학이 아니라고 비판하는 세군도의 입장을 소개하면서 올바른 정치신학의 방향은 의인(義認)을 통하여 경험되는 인간 책임으로부터의 자유와 인간 책임을 위한 자유를 결합시키는 방향으로 나가야 될 것을 강조하고 있다. 위의 책, 19-20.

24) 위의 책, 20.

25) The Bicentennial Edition of the Works of John Wesley (Nashville: Abingdon Press, 1989), Vol 2: 536, 4: 220, 1: 302-303. The Character of a Methodist, Vol 9: 33-34 (이하 BEWJW로 약한다).

26) Colin Williams, John Wesley's Theology Today,「존 웨슬리의 신학」(이계준 역, 전망사, 1983), 22-28. 위의 내용은 Colin Williams가 인용한 William Arnett의 John Wesley Man of One Book과 Wesley's Explanatory Notes Upon the Old Testament의 내용을 재인용하였다.

27) 위의 책, 29.

28) 위의 책, 30; BEWJW, The Case of Reason Impartially Considered, Vol 2: 587-600.

29) Colin Williams,「존 웨슬리의 신학」, 32.

30) 위의 책, 33.

31) BEWJW, Vol 1: 293, 297.

32) Colin Williams,「존 웨슬리의 신학」, 36.

33) Douglas Meeks, The Future of the Methodist theological traditions,「감리교신학의 미래」(변선환 편역, 기독교대한감리회 교육국, 1987), 175-176.

34) 위의 책, 142-146.

35) Colin Williams,「존 웨슬리의 신학」, 13. 러년도 이러한 점을 지적하면서 웨슬리가 교리상의 이견에 대하여 통상적으로 관용적이었던 이유는 본질을 실천 속에서 찾으려 한 것이라고 보고 있다. 참고, Theodore Runyon,「웨슬리와 해방신학」, 43.

36) BEWJW, Vol 1: 87; Colin Williams,「존 웨슬리의 신학」, 17.

37) Colin Williams,「존 웨슬리의 신학」, 18.

38) BEWJW, Vol 1: 196, 298. Vol 2: 156-157.

39) Colin Williams,「존 웨슬리의 신학」, 42-

43.

40) BEWJW, On Conscience, Vol 3: 480-490.

41) Colin Williams, 「존 웨슬리의 신학」, 44.

42) 위의 책, 45.

43) 위의 책, 45-46. 1745년 연회록에서 웨슬리는 칼뱅주의와의 공통점으로서 (1) 모든 선을 하나님의 값없이 주시는 은총에 귀속시키는 점 (2) 모든 자연적 자유의지와 은총에 선행하는 모든 세력을 부정하는 점 (3) 하나님의 은총에 의한 인간의 소유나 행위를 포함하여 인간의 모든 공적을 배제하는 점 등을 들고 있다.

44) 위의 책, 46-47. 웨슬리의 신념은 (1) 세상에서 복음을 듣지 못하는 사람들에게서도 그리스도는 역사하신다는 것과 (2) 복음을 듣지 못한 사람들은 그리스도가 그들 속에 감추어진 방법으로 역사하시는 은총에 대한 그들의 반응에 따라서 심판되며 (3) 천국이 있는데 거기서 그리스도에 대한 충분한 지식이 주어지고 의인의 영혼은 완전하여진다는 것이다.

45) 위의 책, 45-48. 웨슬리가 이해한 선행적 은총은 인간의 극히 제한된 지식 안에서 하나님의 은총을 분명하게 해석하였고 특히 하나님의 은총이 보편적이며 우주적이라는 입장을 취함으로써 하나님이 자연적 인간을 구원으로 인도하는 연속적인 계기를 강조한다. 따라서 웨슬리는 종교개혁자들과 함께 인간의 노력이 율법의 테두리 안에 있는 공적은 아니라는 입장에서는 뜻을 같이 하지만 종교개혁자들의 의인론에서 병합하여 버린 회심과 의인의 개념들을 분리하여 의인 전후에 있어서 인간의 공적을 통한 응답의 중요성을 크게 강조하여 순간마다 베푸시는 인격적 관계의 테두리 안에 있는 신앙-의존(faith-dependence)을 중요하게 여

겼다.

46) 위의 책, 62.

47) 위의 책, 64.

48) 웨슬리의 칼뱅주의나 루터주의에 대한 입장에는 학자들마다 다소 차이가 있는 듯하다. 예를 들어 셀(George Croft Cell)은 웨슬리를 일반이 인식하는 대로 반 칼뱅주의자가 아니라 동조자라고 해석하면서 영국 교회의 인본주의적 아르미니우스주의에 대하여는 반대적 태도를 가졌으나 복음적 아르미니우스주의자로 보았다. 참조, George Croft Cell, The Rediscovery of John Wesley, 「존 웨슬리의 재발견」(송홍국 역, 대한기독교출판사, 1982), 27.

49) BEWJW, On Faith, Vol 3: 497-498; Colin Williams, 「존 웨슬리의 신학」, 69.

50) Colin Williams, 「존 웨슬리의 신학」, 73.

51) 위의 책, 74.

52) BEWJW, Journal and Diaries, Vol 18: 163-164.

53) Douglas Meeks, 「감리교신학의 미래」, 323.

54) 웨슬리는 하나님이 인간에게 하나님의 요청에 응답할 수 있는 은총마저 주신다는 주장을 제기함으로써 인간 의지의 자연식 상향운동에 의한 구원의 가능성을 배제하고 구원은 도덕적 성취의 문제가 아닌 그리스도에 대한 인격적 의존의 문제라고 강조함으로써 구원을 받기 위한 도덕적 수준에 대한 질문을 보다 한 단계 높게 승화시켰다.

55) Colin Williams, 「존 웨슬리의 신학」, 77.

56) Theodore Runyon, 「웨슬리와 해방신학」, 26.

57) 위의 책, 30-31.

58) 위의 책, 31.

59) 위의 책, 32.

60) 위의 책, 32.

61) 위의 책, 34.

62) 위의 책, 34.

63) 위의 책, 42.

64) 김홍기, 「한국기독교사상 산책」(땅에쓰 신글씨, 2002), 136, 164.

65) Manfred Marquardt, *Praxis und Prinzipien der Sozialethik John Wesleys*, 「존 웨슬리의 사회윤리」(조경철 역, 보문출판사, 1992), 33-34.

66) 위의 책, 34-39, 43.

67) 위의 책, 43; Theodore Runyon, 「웨슬리 와 해방신학」, 54.

68) BEWJW, Earnest Appeal, Vol 11: 45-46.

69) BEWJW, Earnest Appeal, Vol 2: 266-280. 재화에 대한 웨슬리의 분명한 규칙은 "할 수 있는 한 많이 벌고, 할 수 있는 한 많이 저축하고, 그리고 할 수 있는 한 많 이 주라."로 요약될 수 있다. 웨슬리는 특 히 부요하고자 하는 것에 대하여 경고하 며 부를 통하여 결코 행복할 수 없다고 강조한다. BEWJW, The Danger of Riches, Vol 3: 228-246.

70) Manfred Marquardt, 「존 웨슬리의 사회 윤리」, 67-68.

71) 위의 책, 72-75.

72) Manfred Marquardt는 노예 제도에 대한 웨슬리의 반대 투쟁을 1770년 전후의 두 단계로 나누어 전기와 후기로 설명한다. 위의 책, 114-124.

73) 웨슬리는 성서에 근거한 인간의 가치평 가를 통하여 그 어느 인종이라도 하나님 의 복음에서 제외될 수 없다는 입장을 가 지고 있었다. 위의 책, 116-117.

74) 위의 책, 118-121. Manfred Marquardt는 퀘이커 교인들이 1783년 노예 제도 폐지 를 위한 최초의 건의안을 국회에 제출하 기 이전인 1780년 미국에서 열렸던 감리 교의 첫 번째 연회에서 노예 제도를 하나 님의 법과 인간의 법 그리고 자연법에 어 긋나며 사회를 해치는 것이라는 반대의 사를 선언하였음을 중요하게 여기고 있 다. 따라서 이러한 감리교의 혁신적인 개 혁사상은 1833년 영국과 1865년 미국의 노예 제도 폐지에 영향을 주었다고 높게 평가할 수 있다.

75) 위의 책, 133-134. 웨슬리는 재소자들을 위하여 청원서를 올렸으며 그들의 가족 이나 외부 세계와 연결시켜 주었으며 위 로와 용기를 주었고, 사형수들이 단두대 로 가는 길을 동행함으로써 즐기는 군중 의 함성 속에서 이들을 보호하였다. 같은 책, 135.

76) 위의 책, 136-140.

77) 위의 책, 235-236.

78) Manfred Marquardt는 역사학이 웨슬리 를 평가하는 데 유보적인 입장에 있음에 도 불구하고 웨슬리를 당시대 최고의 개 혁가라고 추천하는 데 주저하지 않는다.

79) 표준새번역 개정판, 히브리서 11:13-14. (이하 모든 성경 구절은 표준새번역 개정 판에서 인용하였음)

80) 웨슬리는 George Bull(1634-1710) 감독의 야고보서의 행함이 없는 믿음은 죽은 믿 음이라는 해석에 반박하여 아르미니우 스주의적인 배교자라고 규탄하였다. 참 조, BEWJW, Hypocrisy in Oxford, Vol 4: 395-396.

81) George Croft Cell, *The Rediscovery of John Wesley*, 「존 웨슬리의 재발견」, 26.

82) 위의 책, 44.

83) 위의 책, 34-35.

84) 위의 책, 36.

85) 위의 책, 36-39.

86) 위의 책, 62. George C. Cell의 분석에 의하면 웨슬리가 신비주의에 대한 반대 조건으로 네 가지를 들고 있는데 그것을 약술하면 1) 신비주의가 그리스도의 경험론에서의 교회의 관념을 배제하며 2) 기독교적 신비주의는 본질적으로 또는 실제적으로 패배적이며 은둔적인 종교로 변질되며 3) 역사상에 나타난 여러 가지 형태의 신비주의는 인간의 종교 의식에서 인간의 자유롭고 진실하고 활발한 지적 활동과 격리시키며 4) 역사상 여러 가지 형태의 신비주의는 불명예스러운 감상주의로 기울어지는 양상으로 나타난다고 보았다. 같은 책, 82-85.

87) 위의 책, 58-80. 신비주의와의 제소에 관한 문제는 이 책에 자세히 소개되고 있다.

88) BEWJW, The Wilderness State, Vol 2: 212-219, On Attending the Church Service, Vol 3: 465.

89) Colin Williams, 「존 웨슬리의 신학」, 246. 웨슬리는 제도 및 목회의 수평적 연속성과 당시의 긴장관계를 극복하려고 노력하였다.

90) 웨슬리의 감리교회가 영국 교회에서 분리되는 과정에 대하여는 Colloin Williams의 책 부록 부분의 222-260을 참조하라.

91) Max Stackhouse, *Public Theology and Political Economy*, 「대중신학과 정치경제학」(김수영/심정근 역, 도서출판 로고스, 1991), 10-11. 필자의 견해에 의하면 Stackhouse의 public theology의 번역이 대중신학이라기보다는 공적 영역에서의 신학이라는 말로 바꾸는 것이 의미가 더 드러나지 않을까 제안한다. 왜냐하면 공적 영역의 의미는 소위 사적 영역과 구별되며 사적 영역의 제한성을 극복하여 주는 정치적 개념으로 이해될 수 있기 때문이다.

92) 위의 책, 122.

93) Reinhold Niebuhr, *Nature and Destiny of Man* (Charles Scribner's Sons, 1964), Vol 1: 195-196.

94) Max Stackhouse, 「대중신학과 정치경제학」, 136.

Ⅱ. 기독교 사회원리

1장. 자연 공동체

1) 한국웨슬리학회 편, 「웨슬리 설교전집」 (2006) (이하 웨슬리 설교), 3:295.

2) 웨슬리 설교, 3:303.

3) 웨슬리 설교, 5:293.

4) 웨슬리 설교, 5:212.

5) 웨슬리 설교, 6:223.

6) 웨슬리 설교, 6:225.

7) 웨슬리 설교, 7:76.

8) 웨슬리 설교, 5:92-93.

9) 웨슬리 설교, 5:151.

10) 웨슬리 설교, 6:223.

11) 웨슬리 설교, 6:228.

12) 기독교대한감리회, 「교리와 장정」(기독교대한감리회 홍보출판국, 2005), 47. (이하 '교리와 장정: 사회신경' 으로 함)

13) 미연합감리교회 사회원리, 160조.

14) 미연합감리교회 사회원리, 160조.

15) Compendium of the Social Doctrine of the

Church (「간추린 사회교리」, 한국천주교 중앙협의회, 2005), 461조. (이하 '가톨릭 사회교리' 라 함)

16) 가톨릭 사회교리, 464항.
17) 가톨릭 사회교리, 487항.
18) 가톨릭 사회교리, 456항.
19) 가톨릭 사회교리, 466항.
20) 가톨릭 사회교리, 467항.
21) 가톨릭 사회교리, 468항.
22) 가톨릭 사회교리, 470항.
23) 가톨릭 사회교리, 471항.
24) 가톨릭 사회교리, 481항.
25) Theodore Runyon, *The New Creation* (「새로운 창조」, 김고광 역, 기독교대한감리회 홍보출판국, 2001), 288. 이하 '새로운 창조' 로 함.
26) 웨슬리 설교, 5:333.
27) 웨슬리 설교, 5:148.
28) 새로운 창조, 283.
29) 교리와 장정: 사회신경 1조, 47.
30) 미연합감리교회 사회원리, 160조.
31) 가톨릭 사회교리, 460항.
32) 아래의 다섯 가지 내용은 가톨릭 사회교리, 484, 485항을 정리한 것이다.
33) 교리와 장정: 사회신경 7조, 48.
34) 웨슬리 설교, 4: 96.
35) 웨슬리 설교, 4: 96.
36) 교리와 장정: 사회신경 1조, 47.
37) 미연합감리교회 사회원리, 160조.
38) 가톨릭 사회교리, 462, 463항.
39) 새로운 창조, 286-287.
40) 새로운 창조, 287.
41) 새로운 창조, 286.
42) 교리와 장정: 사회신경 1조, 47.
43) 미연합감리교회 사회원리, 160조.
44) 교리와 장정: 사회신경 7조, 48.
45) 미연합감리교회 사회원리, 160조.

46) 가톨릭교리, 457항.
47) 가톨릭교리, 459항.
48) 교리와 장정: 사회신경 7조, 48.
49) 미연합감리교회 사회원리, 160조.
50) 가톨릭 사회교리, 458항

2장. 가정 공동체

1) 웨슬리 설교, 2:100.
2) 웨슬리 설교, 2:380-381.
3) 웨슬리 설교, 2:377.
4) 웨슬리 설교, 2:96.
5) 웨슬리 설교, 3:284-285.
6) 웨슬리 설교, 4:370.
7) 웨슬리 설교, 5:327-328.
8) 웨슬리 설교, 5:296.
9) 웨슬리 설교, 6:193.
10) 웨슬리 설교, 7:16.
11) 교리와 장정: 사회신경 2조, 47.
12) 미연합감리교회 사회원리, 161조.
13) 웨슬리 설교, 6:269.
14) 웨슬리 설교, 6:269.
15) 웨슬리 설교, 6:63.
16) 교리와 장정: 사회신경, 47.
17) 미연합감리교회 사회원리, 161조.
18) 가톨릭 사회교리, 224항.
19) 가톨릭 사회교리, 209항.
20) 가톨릭 사회교리, 211항.
21) 가톨릭 사회교리, 210항.
22) 가톨릭 사회교리, 212항.
23) 가톨릭 사회교리, 213항.
24) 가톨릭 사회교리, 214항.
25) 가톨릭 사회교리, 223항.
26) 가톨릭 사회교리, 221항.
27) 가톨릭 사회교리, 246항.
28) 가톨릭 사회교리, 247항.

29) 가톨릭 사회교리, 248항.

30) 가톨릭 사회교리, 249항.

31) 가톨릭 사회교리, 250항.

32) 가톨릭 사회교리, 251항.

33) 가톨릭 사회교리, 252항.

34) 가톨릭 사회교리, 252항.

35) 교리와 장정: 사회신경 9조, 48.

36) 가톨릭 사회교리, 253-254항.

37) 웨슬리 설교, 2:134.

38) 교리와 장정: 사회신경 9조, 48.

39) 미연합감리교회 사회원리, 161조.

40) 가톨릭 사회교리, 536항.

41) 가톨릭 사회교리, 537항.

42) 웨슬리 설교, 2:112.

43) 웨슬리 설교, 5:297.

44) 웨슬리 설교, 5:126.

45) 교리와 장정: 사회신경, 47.

46) 미연합감리교회 사회원리, 161조.

47) 가톨릭 사회교리, 215항.

48) 가톨릭 사회교리, 216항.

49) 가톨릭 사회교리, 217항.

50) 가톨릭 사회교리, 218항.

51) 웨슬리 설교, 6:269.

52) 미연합감리교회 사회원리, 161조.

53) 가톨릭 사회교리, 225항.

54) 가톨릭 사회교리, 225항.

55) 가톨릭 사회교리, 226항. 혼인성사에 대한 존중, 부부들과 그 가정, 신앙 공동체에 대한 존중 때문에 목자들은 어떤 동기나 이유로도 ? 비록 사목적인 것이라 해도 ? 이혼한 뒤 재혼하기를 바라는 이들을 위하여 어떠한 예식을 만들 수 없다고 가톨릭은 정하고 있다. "가정 공동체", 20항, AAS 74(1982), 104면 참조.

56) 가톨릭 사회교리, 227항.

57) 가톨릭 사회교리, 229항.

58) 가톨릭 사회교리, 229항.

59) 가톨릭 사회교리, 230항.

60) 미연합감리교회 사회원리, 161조.

61) 웨슬리 설교, 6:289.

62) 교리와 장정: 사회신경 42조, 47.

63) 미연합감리교회 사회원리, 161조.

64) 가톨릭 사회교리, 146항.

65) 가톨릭 사회교리, 147항.

66) 웨슬리 설교, 6:289-290.

67) 교리와 장정: 사회신경 42조, 47.

68) 미연합감리교회 사회원리, 161조.

69) 가톨릭 사회교리, 109항.

70) 가톨릭 사회교리, 110항.

71) 가톨릭 사회교리, 111항.

72) 웨슬리 설교, 5:297.

73) 교리와 장정: 사회신경 2조, 47.

74) 미연합감리교회 사회원리, 161조.

75) 웨슬리 설교, 3:267.

76) 교리와 장정: 사회신경 2조, 47.

77) 미연합감리교회 사회원리, 161조.

78) 가톨릭 사회교리, 223항.

79) 미연합감리교회 사회원리, 161조.

80) 가톨릭 사회교리, 231항.

81) 가톨릭 사회교리, 232항.

82) 가톨릭 사회교리, 233항.

83) 가톨릭 사회교리, 234항.

84) 가톨릭 사회교리, 235항.

85) 가톨릭 사회교리, 237항.

86) 미연합감리교회 사회원리, 161조.

87) 미연합감리교회 사회원리, 161조.

88) 가톨릭 사회교리, 212항.

89) 가톨릭 사회교리, 247항.

90) 웨슬리 설교, 6:283.

91) 웨슬리 설교, 7:358.

92) 웨슬리 설교, 3:74.

93) 웨슬리 설교, 3:120.

94) 웨슬리 설교, 3:347.

95) 웨슬리 설교, 6:276.

96) 웨슬리 설교, 6:285.

97) 웨슬리 설교, 6:289.

98) 미연합감리교회 사회원리, 161조.

99) 가톨릭 사회교리, 5항.

100) 가톨릭 사회교리, 182항.

101) 가톨릭 사회교리, 154항.

102) 웨슬리 설교, 3:120.

103) 미연합감리교회 사회원리, 161조.

104) 가톨릭 사회교리, 112항.

105) 웨슬리 설교, 4:234.

106) 미연합감리교회 사회원리, 161조.

107) 가톨릭 사회교리, 155항.

3장. 사회 공동체

1) 웨슬리 설교, 4:340.

2) 웨슬리 설교, 4:370.

3) 웨슬리 설교, 5:327-328.

4) 웨슬리 설교, 5:126.

5) 웨슬리 설교, 7:16.

6) 웨슬리 설교, 7:24.

7) 새로운 창조, 241-242.

8) 미연합감리교회 사회원리, 162조.

9) '세계인권선언'은 제2차 세계대전 전야에 국제연합헌장의 취지에 따라 보호해야 할 인권을 구체적으로 규정할 것을 목적으로 하여 채택되었다. '세계인권선언'은 전문(前文)과 본문 30개조로 되어 있는데, 그중 제21조까지는 시민적 정치적 성질의 자유, 자유권적 기본권, 생존권적 기본권에 대하여 설명하고 있으며, 사회보장에 대한 권리(22조), 노동권과 공정한 보수를 받을 권리 및 노동자의 단결권(23조) 등에 관해서도 상세한 규정을 소개하고 있다.

10) 가톨릭 사회교리, 144항.

11) 가톨릭 사회교리, 145항.

12) 가톨릭 사회교리, 153항.

13) 가톨릭 사회교리, 155항.

14) 새로운 창조, 242.

15) 새로운 창조, 318.

16) 미연합감리교회 사회원리, 162조.

17) 가톨릭 사회교리, 5항.

18) 가톨릭 사회교리, 6항.

19) 가톨릭 사회교리, 557항.

20) 웨슬리 설교, 3:54.

21) 웨슬리 설교, 3:55.

22) 웨슬리 설교, 3:61.

23) 웨슬리 설교, 2:134.

24) 교리와 장정: 사회신경 9조, 48.

25) 미연합감리교회 사회원리, 162조.

26) 가톨릭 사회교리, 536항.

27) 가톨릭 사회교리, 537항.

28) 웨슬리 설교, 5:296.

29) 웨슬리 설교, 6:193.

30) 웨슬리 설교, 6:269.

31) 웨슬리 설교, 3:71.

32) 웨슬리 설교, 5:298.

33) 웨슬리 설교, 6:193.

34) 미연합감리교회 사회원리, 162조.

35) 가톨릭 사회교리, 230항.

36) 가톨릭 사회교리, 238항, 242항.

37) 가톨릭 사회교리, 239항.

38) 가톨릭 사회교리, 243항.

39) 가톨릭 사회교리, 240항.

40) 가톨릭 사회교리, 241항.

41) 가톨릭 사회교리, 244항.

42) 가톨릭 사회교리, 245항.

43) 미연합감리교회 사회원리, 162조.

44) 웨슬리 설교, 6:288.

45) 미연합감리교회 사회원리, 162조.

46) 가톨릭 사회교리, 222항.

47) 새로운 창조, 276.

48) 새로운 창조, 277.

49) 새로운 창조, 279-280.

50) 미연합감리교회 사회원리, 162조.

51) 가톨릭 사회교리, 145항.

52) 미연합감리교회 사회원리, 162조.

53) 가톨릭 사회교리, 148항.

54) 미연합감리교회 사회원리, 162조.

55) 미연합감리교회 사회원리, 162조.

56) 가톨릭 사회교리, 483항.

57) 웨슬리 설교, 4:141.

58) 웨슬리 설교, 3:288.

59) 웨슬리 설교. 4:342.

60) 교리와 장정: 사회신경 7조, 48.

61) 미연합감리교회 사회원리, 162조.

62) 미연합감리교회 사회원리, 162조.

63) 웨슬리 설교, 3:289.

64) 미연합감리교회 사회원리, 162조.

65) 가톨릭 사회교리, 473항.

66) 미연합감리교회 사회원리, 162조.

67) 가톨릭 사회교리, 472항.

68) 가톨릭 사회교리, 473항.

69) 가톨릭 사회교리, 474항.

70) 가톨릭 사회교리, 476항.

71) 가톨릭 사회교리, 477항.

72) 가톨릭 사회교리, 478항.

73) 가톨릭 사회교리, 479항.

74) 가톨릭 사회교리, 236항.

75) 미연합감리교회 사회원리, 162조.

76) 새로운 창조, 264.

77) 미연합감리교회 사회원리, 162조.

78) 가톨릭 사회교리, 299항.

79) 가톨릭 사회교리, 299항.

80) 가톨릭 사회교리, 300항.

81) 미연합감리교회 사회원리, 162조.

82) 웨슬리 설교, 4:336.

83) 미연합감리교회 사회원리, 162조.

84) 가톨릭 사회교리, 569항.

85) 미연합감리교회 사회원리, 162조.

86) 가톨릭 사회교리, 415항.

87) 가톨릭 사회교리, 415항.

88) 가톨릭 사회교리, 414항.

89) 가톨릭 사회교리, 416항.

90) 가톨릭 사회교리, 416항.

91) 웨슬리 설교, 3:120.

92) 미연합감리교회 사회원리, 162조.

93) 웨슬리 설교, 7:358.

94) 웨슬리 설교, 3:289.

95) 웨슬리 설교, 3:305.

96) 웨슬리 설교, 3:347.

97) 미연합감리교회 사회원리, 162조.

4장. 경제 공동체

1) 웨슬리 설교, 3:284-285.

2) 교리와 장정: 사회신경, 47.

3) 미연합감리교회 사회원리, 163조.

4) 가톨릭 사회교리, 326항.

5) 웨슬리 설교, 2:247.

6) 웨슬리 설교, 2:248.

7) 웨슬리 설교, 2:252.

8) 웨슬리 설교, 2:228.

9) 웨슬리 설교, 3:285.

10) 웨슬리 설교, 3:341.

11) 웨슬리 설교, 4:72.

12) 웨슬리 설교, 5:321.

13) 웨슬리 설교, 5:94.

14) 웨슬리 설교, 6:284-285.

15) 웨슬리 설교, 6:30.

16) 웨슬리 설교, 7:379.

17) 웨슬리 설교, 7:370.

18) 웨슬리 설교, 7:282.

19) 웨슬리 설교, 3:283.

20) 웨슬리 설교, 3:284.

21) 웨슬리 설교, 3:286.

22) 웨슬리 설교, 5:92-93.
23) 미연합감리교회 사회원리, 163조.
24) 가톨릭 사회교리, 182항.
25) 가톨릭 사회교리, 328항.
26) 가톨릭 사회교리, 329항.
27) 가톨릭 사회교리, 359항.
28) 가톨릭 사회교리, 360항.
29) 미연합감리교회 사회원리, 163조.
30) 가톨릭 사회교리, 302항.
31) 가톨릭 사회교리, 303항.
32) 가톨릭 사회교리, 284항.
33) 가톨릭 사회교리, 310항.
34) 가톨릭 사회교리, 288항.
35) 가톨릭 사회교리, 309항.
36) 가톨릭 사회교리, 288, 289항.
37) 가톨릭 사회교리, 314항.
38) 가톨릭 사회교리, 315, 316항.
39) 가톨릭 사회교리, 295항.
40) 가톨릭사회교리, 251항.
41) 가톨릭 사회교리, 304항.
42) 가톨릭 사회교리, 306항.
43) 가톨릭 사회교리, 307항.
44) 웨슬리 설교, 3:341.
45) 웨슬리 설교, 4:390.
46) 웨슬리 설교, 4:141.
47) 웨슬리 설교, 6:36.
48) 미연합감리교회 사회원리, 163조.
49) 가톨릭 사회교리, 270항.
50) 가톨릭 사회교리, 263항.
51) 가톨릭 사회교리, 294항.
52) 가톨릭 사회교리, 295항.
53) 가톨릭 사회교리, 296항.
54) 가톨릭 사회교리, 266항.
55) 가톨릭 사회교리, 273항.
56) 가톨릭 사회교리, 264항.
57) 가톨릭 사회교리, 265항.
58) 가톨릭 사회교리, 268항.
59) 가톨릭 사회교리, 284항.
60) 가톨릭 사회교리, 284-285항.
61) 가톨릭 사회교리, 286항.
62) 웨슬리 설교, 3:285.
63) 웨슬리 설교, 6:284-285.
64) 웨슬리 설교, 3:283.
65) 웨슬리 설교, 3:284.
66) 미연합감리교회 사회원리, 163조.
67) 새로운 창조, 263.
68) 웨슬리 설교, 2:174.
69) 웨슬리 설교, 6:36.
70) 웨슬리 설교, 4:336.
71) 웨슬리 설교, 6:193.
72) 웨슬리 설교, 6:202.
73) 웨슬리 설교, 6:287.
74) 새로운 창조, 268.
75) 새로운 창조, 266.
76) 새로운 창조, 267.
77) 새로운 창조, 267-268.
78) 미연합감리교회 사회원리, 163조.
79) 가톨릭 사회교리, 184항.
80) 가톨릭 사회교리, 323항.
81) 가톨릭 사회교리, 324항.
82) 가톨릭 사회교리, 325항.
83) 가톨릭 사회교리, 183항.
84) 미연합감리교회 사회원리, 163조.
85) 가톨릭 사회교리, 297항.
86) 가톨릭 사회교리, 298항.
87) 가톨릭 사회교리, 316항.
88) 가톨릭 사회교리, 314항.
89) 웨슬리 설교, 3:329.
90) 웨슬리 설교, 4:141.
91) 웨슬리 설교, 4:141.
92) 미연합감리교회 사회원리, 163조.
93) 미연합감리교회 사회원리, 163조.
94) 웨슬리 설교, 3:286.
95) 웨슬리 설교, 3:288.

96) 웨슬리 설교, 3:288.

97) 미연합감리교회 사회원리, 163조.

98) 가톨릭 사회교리, 336, 343항.

99) 가톨릭 사회교리, 336, 337항.

100) 가톨릭 사회교리, 338-342항.

101) 웨슬리 설교, 3:286.

102) 미연합감리교회 사회원리, 163조.

103) 가톨릭 사회교리, 362항.

104) 가톨릭 사회교리, 363, 364항.

105) 가톨릭 사회교리, 365, 366항.

106) 가톨릭 사회교리, 373항.

107) 가톨릭 사회교리, 367항.

108) 가톨릭 사회교리, 371항.

5장. 정치 공동체

1) 교리와 장정: 사회신경, 48.

2) 미연합감리교회 사회원리, 164조.

3) 가톨릭 사회교리, 168항.

4) 가톨릭 사회교리, 169항.

5) 가톨릭 사회교리, 170항.

6) 가톨릭 사회교리, 384항.

7) 가톨릭 사회교리, 385, 386항.

8) 가톨릭 사회교리, 392항.

9) 웨슬리 설교, 6:246.

10) 교리와 장정: 사회신경, 48.

11) 웨슬리 설교, 4:109.

12) 웨슬리 설교, 4:116.

13) 웨슬리 설교, 5:150.

14) 웨슬리 설교, 6:225.

15) 웨슬리 설교, 6:228.

16) 새로운 창조, 240.

17) 새로운 창조, 249.

18) 새로운 창조, 249-250.

19) 새로운 창조, 251.

20) 새로운 창조, 252-253.

21) 새로운 창조, 253-254.

22) 새로운 창조, 254.

23) 새로운 창조, 254-255.

24) 새로운 창조, 255.

25) 미연합감리교회 사회원리, 164조.

26) 가톨릭 사회교리, 199, 200항.

27) 가톨릭 사회교리, 421-422항.

28) 미연합감리교회 사회원리, 164조.

29) 가톨릭 사회교리, 393항.

30) 가톨릭 사회교리, 397항.

31) 가톨릭 사회교리, 394항.

32) 가톨릭 사회교리, 398항.

33) 가톨릭 사회교리, 395항.

34) 가톨릭 사회교리, 396항.

35) 가톨릭 사회교리, 398항.

36) 가톨릭 사회교리, 407항.

37) 가톨릭 사회교리, 406항.

38) 가톨릭 사회교리, 407항.

39) 가톨릭 사회교리, 408항.

40) 가톨릭 사회교리, 409항.

41) 가톨릭 사회교리, 410항.

42) 가톨릭 사회교리, 411항.

43) 가톨릭 사회교리, 412-413항.

44) 가톨릭 사회교리, 413항.

45) 웨슬리 설교, 6:155.

46) 웨슬리 설교, 6:156.

47) 웨슬리 설교, 6:161.

48) 미연합감리교회 사회원리, 164조.

49) 가톨릭 사회교리, 351항.

50) 가톨릭 사회교리, 352항.

51) 가톨릭 사회교리, 353항.

52) 가톨릭 사회교리, 354항.

53) 가톨릭 사회교리, 380항.

54) 가톨릭 사회교리, 382항.

55) 가톨릭 사회교리, 383항.

56) 웨슬리 설교, 4:338.

57) 미연합감리교회 사회원리, 164조.

58) 웨슬리 설교, 5:298.

59) 웨슬리 설교, 5:327.

60) 웨슬리 설교, 5:328.

61) 미연합감리교회 사회원리, 164조.

62) 미연합감리교회 사회원리, 164조.

63) 가톨릭 사회교리, 400-401항.

64) 가톨릭 사회교리, 419항.

65) 가톨릭 사회교리, 417항.

66) 가톨릭 사회교리, 418항.

67) 가톨릭 사회교리, 357항.

68) 가톨릭 사회교리, 420항.

69) 가톨릭 사회교리, 356항.

70) 미연합감리교회 사회원리, 164조.

71) 가톨릭 사회교리, 405항.

72) 웨슬리 설교, 3:158-159.

73) 웨슬리 설교, 5:126.

74) 미연합감리교회 사회원리, 164조.

75) 가톨릭 사회교리, 402항.

76) 가톨릭 사회교리, 403항.

77) 가톨릭 사회교리, 404항.

78) 가톨릭 사회교리, 404항.

79) 미연합감리교회 사회원리, 164조.

80) 미연합감리교회 사회원리, 164조.

81) 가톨릭 사회교리, 399항.

82) 가톨릭 사회교리, 503항.

6장. 세계 공동체

1) 교리와 장정: 사회신경, 11조.

2) 미연합감리교회 사회원리, 165조.

3) 가톨릭 사회교리, 441항.

4) 가톨릭 사회교리, 433항.

5) 가톨릭 사회교리, 434항.

6) 가톨릭 사회교리, 435항.

7) 가톨릭 사회교리, 436항. '윤리 질서와 조화를 이루는 법적 기구'의 근본 원리에 대한 보편적 존중은 국제생활의 안정을 위한 필요조건이다. 그러한 안정에 대한 추구가 '국제법의 원조'라 볼 수 있는 '만민법(ius gentium)'을 점진적으로 형성하기에 이르렀다. 자연법에 확고히 토대를 둔 법률적 신학적 고찰은 '각국의 국내법에 우선하고 국내법보다 우위에 있는 보편 원리들'을 체계화하였다. 그것은 곧 인류의 일치, 만인의 동등한 존엄, 분쟁 해결 수단으로서 전쟁을 거부하고, 공동선을 이루고자 협력할 의무, 협약 준수의 의무(pacta sunt servanda)와 같은 원리다. '법의 힘보다는 힘의 법에 호소하려는 유혹'을 피하기 위해서는 이 마지막 원리를 특히 강조하여야 한다. 가톨릭 사회교리, 437항 참조.

8) 가톨릭 사회교리, 438항.

9) 가톨릭 사회교리, 447-450항.

10) 미연합감리교회 사회원리, 165조.

11) 웨슬리 설교, 4:338.

12) 웨슬리 설교, 4:340.

13) 교리와 장정: 사회신경, 11조.

14) 미연합감리교회 사회원리, 165조.

15) 웨슬리 설교, 1:353.

16) 웨슬리 설교, 1:41.

17) 웨슬리 설교, 1:279.

18) 웨슬리 설교, 1:72.

19) 웨슬리 설교, 1:81~82.

20) 웨슬리 설교, 1:116.

21) 웨슬리 설교, 2:27.

22) 웨슬리 설교, 2:52

23) 웨슬리 설교, 3:241.

24) 웨슬리 설교, 3:77.

25) 웨슬리 설교, 4:340.

26) 웨슬리 설교, 3:332.

27) 웨슬리 설교, 4:338.

28) 교리와 장정: 사회신경, 10조.

29) 미연합감리교회 사회원리, 165조.

30) 가톨릭 사회교리, 499항.
31) 가톨릭 사회교리, 500항.
32) 가톨릭 사회교리, 504항.
33) 가톨릭 사회교리, 505항.
34) 가톨릭 사회교리, 506항.
35) 가톨릭 사회교리, 507항.
36) 가톨릭 사회교리, 513항.
37) 가톨릭 사회교리, 514항.
38) 가톨릭 사회교리, 515항.
39) 미연합감리교회 사회원리, 165조.
40) 가톨릭 사회교리, 508항.
41) 가톨릭 사회교리, 510항.
42) 가톨릭 사회교리, 511항.
43) 가톨릭 사회교리, 509항.
44) 가톨릭 사회교리, 512항.

기독교 대한감리회,「교리와 장정」(기독교대한감리회 홍보출판국, 2005)

유경동,「한국사회와 기독교정치윤리」(한국기독교연구소, 2005년 개정판)

_____ ,「한국 기독교 사회윤리의 쟁점과 과제」(감리교신학대학교, 2006)

Cell, George Croft, *The Rediscovery of John Wesley,*「존 웨슬리의 재발견」(송홍국 역,
    대한기독교출판사, 1982)

Douglas Meeks, *The Future of the Methodist theological traditions,*「감리교신학의 미래」
    (변선환 편역, 기독교대한감리회교육국, 1987)

Manfred Marquardt, *Praxis und Prinzipien der Sozialethik John Wesleys,*「존 웨슬리의
    사회윤리」(조경철 역, 보문출판사, 1992)

Stack House, Max, *Public Theology and Political Economy,*「대중신학과 정치경제학」
    (김수영/심정근 역, 도서출판 로고스, 1991)

Niebuhr, H. Richard, *The Social Sources of Denominationalism,* (New York: Henry Holt
    and Company, 1929)

_____ , *The Kingdom of God in America,* (New York: Harper, 1959)

Niebuhr, Reinhold, *Nature and Destiny of Man,* (Charles Scribner's Sons, 1964)

Pelican, Jaslov, "The Need for Creeds" (Speaking of Faith, American Public Media),
    http://speakingoffaith.publicradio.org

Runyon, Theodore, *The New Creation,* (「새로운 창조」, 김고광 역, 기독교대한감리회
    홍보출판국, 2001),

_____ , *Sanctification and Liberation,* (「웨슬리와 해방신학」, 변선환 역, 전망사,
    1987)

The Holy Sea, *COMPENDIUM OF THE SOCIAL DOCTRINE OF THE CHURCH,* (「간
    추린 사회교리」, 한국천주교중앙협의회, 2005)

United Methodist Church, "General Rules and Social Principles" (미 연합감리교회 사회원리), http://www.umc.org

Weber, Max, *The Protestant Ethic and the Spirit of Capitalism,* (New York: Charles Scribner' s Sons, 1958)

Wesley, John, T*he Bicentennial Edition of the Works of John Wesley,* Vol 1-26 (Nashville: Abingdon Press, 1989)

_____ ,「웨슬리 설교전집 1-7권」(한국웨슬리학회 편, 2006)

Williams, Colin, *John Wesley's Theology Today,*「존 웨슬리의 신학」(이계준 역, 전망사, 1983)

기독교대한감리회 **목회자 윤리강령**

기독교대한감리회 목회자들은 세속화와 물질주의가 만연한 이때에 우리 자신의 사역과 생활을 성찰하면서 주님의 성품을 닮아 겸손히 섬김의 삶을 실천하고, 모든 성도 앞에 신실한 본이 되기 위해 다음과 같이 목회자 윤리강령을 선언한다.

1. 우리는 목회자로서 참된 믿음과 깊은 영성 그리고 신실한 모습으로 경건하게 살아간다.

2. 우리는 목회자로서 하나님 앞에 충성을 다하고, 위임받은 사역을 위해 성실하게 헌신한다.

3. 우리는 목회자 가정이 먼저 신앙생활의 모범이 되고, 행복한 가정을 이루도록 최선을 다한다.

4. 우리는 자랑스런 감리교회의 목회자로서 감리교회를 바르게 세우고 신실하게 섬긴다.

5. 우리는 같은 소명을 받은 동역자로서 일체감과 유대감을 가지고 동료 목회자들을 돕고 격려한다.

6. 우리는 하나님의 거룩한 청지기로서 청렴하고 검약한 삶을 살아 교회의 덕이 되도록 노력한다.

7. 우리는 성숙한 시민이요 사회의 책임 있는 일원으로서 국가와 사회가 하나님의 진리와 정의 위에 바로 서도록 기도하며 헌신한다.

우리는 목회자 윤리강령을 마음속에 새겨 최선을 다해 이를 실천할 것이며 만약 이에 저촉되는 행위를 할 경우에는 감리교회의 장정에 따라 어떠한 규제나 견책도 감수할 것을 엄숙히 다짐한다.

기독교대한감리회 교인 생활수칙

    기독교대한감리회 150만 감리교인들은 신실한 사람으로 거듭나 감리교회를 새롭게 하고, 이 땅에 희망을 주며, 더 나아가 하나님의 뜻을 이루어 가기 위해 다음과 같이 감리교인 생활수칙을 제정하여 하나님과 교회 앞에서 엄숙히 약속한다.

1. 우리는 날마다 하나님의 말씀을 읽고 기도함으로 경건생활에 힘쓰고, 서로 사랑하고 섬김으로써 주님을 닮아가는 일에 최선을 다한다.

2. 우리는 주님의 몸인 교회에서 지체의 하나로서 서로 받들고 협력하며, 직분에 따라 사명과 사역을 감당하기 위해 충성한다.

3. 우리는 가정을 하나님이 주신 신성한 공동체로 여겨 가정예배에 힘쓰고 자녀들을 경건하게 양육하며 검소하고 청빈한 생활을 통해 성숙한 그리스도인 가정이 되도록 힘쓴다.

4. 우리는 정의롭고 진실한 사회를 만들어 나가기 위해 소외된 이웃을 돕고, 그늘진 곳에 사랑의 빛을 비추며, 소금처럼 맛을 내고 부패를 방지하기 위해 노력한다.

5. 우리는 자연과 생명체를 사랑하고 조화로운 삶을 위해 자원을 절약하고, 무분별한 개발을 방지하며, 환경보호에 헌신한다.

6. 우리는 그리스도인으로서 항상 정직하게 행하여 사회에서 존경받고 칭찬들으며 하나님께 영광을 돌리는 일에 앞장선다.

7. 우리는 모든 사람이 하나님의 자녀로서 존엄과 자유를 회복하기 위해 힘쓰고, 화해와 평화가 넘치는 인류사회를 위해 봉사한다.

기독교대한감리회 **사회규약**

기독교대한감리회는 1930년 제1회 총회 출범과 함께 사회신경을 제정하여 사회를 향한 기독교적 원리와 신앙 윤리를 제시하였다. 이것은 웨슬리의 사회적 성화 신학에 기초한 감리교회의 실천 규범으로서 시대적 흐름에 따라 발전해 왔다. 이제 우리는 이 세상을 구원하시는 하나님의 계획과 섭리에 따라 우리 사회를 거룩하게 만들어 가기 위해 다음과 같이 사회규약을 결의한다.

1. 우리는 하나님의 창조를 보전하는 '자연공동체'를 위해 헌신한다.

2. 우리는 하나님의 은혜가 회복되는 '가정공동체'를 위해 헌신한다.

3. 우리는 하나님의 선물을 나누고 섬기는 '복지공동체'를 위해 헌신한다.

4. 우리는 하나님의 법을 실천하는 '정의와 평화 공동체'를 위해 헌신한다.

5. 우리는 이 민족을 향한 하나님의 약속인 '화해와 통일공동체'를 위해 헌신한다.

6. 우리는 하나님의 질서에 순종하는 '미래공동체'를 위해 헌신한다.

7. 우리는 하나님의 희망을 따라 이 사회에서 '성화공동체'를 이루는 데 헌신한다.

기독교대한감리회 **목회자 윤리강령**

●

　사회, 경제, 정치적인 불안 속에서 내일에 대한 희망과 기대를 상실한 채 물질주의와 도덕적 퇴폐가 만연한 이때에, 이를 영적이며 도덕적으로 이끌어가야 할 우리 목회자들의 사명은 실로 중대한 일이다. 그러나 과연 우리는 얼마나 우리의 삶과 목회 사역에 있어서 온전하며 세상의 빛과 소금의 역할을 감당하고 있는지 깊이 자문하게 된다. 예수님은 "너희 전대에 금이나 은이나 동을 가지지 말라."(마 10:9)고 하셨는데 오늘 우리는 얼마나 청빈하고 검소한 생활을 하고 있으며, 주님은 세상의 집권자들과 달리 "섬기는 자"(막 10: 43)가 되라고 강조하셨는데 우리는 과연 얼마나 섬기는 자세로 살아가고 있는지 깊이 반성한다.

　오늘 우리는 우리 자신부터 주의 종으로서 바르고 신실하게 살며, 하나님의 사랑과 정의가 강물처럼 흘러넘치는 사회가 실현되도록 최선을 다해야 하는 거룩한 요청 앞에 서 있다. 그리고 제자들의 발을 씻으신 주님의 본을 따라 겸손히 섬기는 삶을 실천함으로 "양 무리의 본이 될 것"(벧전 5:3)을 엄숙히 다짐하여야 할 때가 바로 지금이라고 확신한다. 존 웨슬리는 "하나님은 마지막 날에 우리를 심판하실 때에 우리가 어떤 교리를 믿었는가에 의해서가 아니라 우리가 어떻게 살았는가에 따라 심판하신다."고 말씀하였다. 이는 우리 감리회 목회자들에게 무엇보다도 높은 윤리적 삶이 요구됨을 강조하고 있다.

이제 이러한 요청을 우리의 삶과 목회에 겸허히 받아들이면서, 우리 감리회 목회자들은 아래와 같이 "기독교대한감리회 목회자 윤리 강령"을 선언한다.

1. 우리는 목회자로서 참된 믿음과 깊은 영성 그리고 신실한 모습으로 경건하게 살아간다.
1) 우리는 영적으로 늘 각성하여 말씀과 기도에 전심한다.
2) 우리는 하나님 앞에서 항상 자신을 살펴 나태와 세속적인 유혹을 극복하며 결코 경건을 이익의 수단으로 삼지 않는다. (딤전 6:5)
3) 우리는 매사에 절제하는 삶을 살며, 섬기고 나누는 일에 최선을 다한다.

2. 우리는 목회자로서 하나님 앞에 충성을 다하고, 위임받은 사역을 위해 성실하게 헌신한다.
1) 우리는 교인들을 사랑과 신뢰로 대하고 인격적인 관계를 유지한다.
2) 우리는 늘 기도하고 연구하는 자세로 설교를 준비하고, 성령의 도우심으로 이를 선포하며, 다른 사람의 설교를 표절하지 않는다.
3) 우리는 교인들과의 상담에서 얻은 정보나 비밀을 누설하지 않으며, 교인들과의 관계에서 성 윤리와 경제적 규범을 철저히 준수한다.

3. 우리는 목회자 가정이 먼저 신앙생활의 모범이 되고, 행복한 가정을 이루도록 최선을 다한다.
1) 우리는 양가 부모들에게 효도하고, 배우자를 사랑하고 격려하며, 자녀들을 주님의 교훈과 훈계대로 양육한다.
2) 우리는 목회에 충성하면서 동시에 가정의 행복과 가정의 사생활의 보호를 위해서 힘쓴다.
3) 우리는 결혼제도가 하나님의 창조 질서에 따라 이루어진 신성하고 순결한 것임을 믿으며 이를 가르치는 데 최선을 다한다.

4. 우리는 자랑스런 감리교회의 목회자로서 감리교회를 바르게 세우고 신실하게 섬긴다.

1) 우리는 [교리와 장정]의 법과 규칙을 준수하고, 권리와 의무를 성실히 이행한다.

2) 우리는 감리교회의 각종 선거에 있어서 학연, 지연, 파벌을 초월하고 금권 선거를 일체 배격한다.

3) 우리는 통계표를 정확하게 작성 보고하고 부담금을 정직하게 납부한다.

4) 우리는 감리교회 안에서의 성직매매, 비윤리적 후임자 선정 등을 단호히 배격하며 우리 감리교회가 법과 질서가 살아있는 교회가 되도록 노력한다.

5. 우리는 같은 소명을 받은 동역자로서 일체감과 유대감을 가지고 동료 목회자들을 돕고 격려한다.

1) 우리는 남녀노소, 인종, 학력, 교회규모 등에 따라 동료들을 차별하지 않는다.

2) 우리는 선후배간에 서로 존중하고 아끼며 어려움에 처한 동료들을 적극 돕는다.

3) 우리는 동료의 사생활과 개인적 권익을 존중하며 동료에 관한 정보를 가지고 그들의 이익에 반하는 언행을 일삼지 않는다.

6. 우리는 하나님의 거룩한 청지기로서 청렴하고 검약한 삶을 살아 교회의 덕이 되도록 노력한다.

1) 우리는 교회재정이 투명하고 적법하게 운용되도록 지도 감독한다.

2) 우리는 금전거래에 있어서 신중하고 개인적으로는 채무를 지지 않으며 공적인 채무는 신속하게 변제한다.

3) 우리는 금주, 금연 등 절제운동에 앞장서며 인터넷 악용, 투기적 오락과 불건전한 운동 등을 배척한다.

4) 우리는 분수에 넘치는 의복, 식사, 주택, 자동차, 사례비 등을 자제하고 근검절약하는 생활에 앞장선다.

7. 우리는 성숙한 시민이요 사회의 책임 있는 일원으로서 국가와 사회가 하나님의 진리와 정의 위에 바로 서도록 기도하며 헌신한다.

1) 우리는 국가의 올바른 법질서 확립을 위해 노력하며 부정부패를 퇴치하는 일에 앞장선다.

2) 우리는 정직한 언행을 생활화하여 사회에 만연되어 있는 불신풍조를 추방하는 일에 앞장선다.

3) 우리는 음란, 퇴폐, 사치풍조 등을 추방하는 모든 건전한 시민운동에 적극 동참한다.

4) 우리는 오늘의 극도로 양극화된 현실을 마음 아프게 생각하며 서로 화해하고 협력하도록 노력한다.

5) 우리는 자연과 생태환경이 파괴되거나 오염되지 않도록 힘쓴다.

우리 감리교회 목회자 일동은 위와 같은 목회자 윤리강령을 마음속에 새기며 최선을 다해 이를 실천할 것이며 만약 이에 저촉되는 행위를 할 경우에는 감리교회의 장정에 따라 어떠한 규제나 견책도 감수할 것을 엄숙히 다짐한다.

참고자료 : 1. 교리와장정 2005 수정판

       2. 미국 연합감리교회장정 2004

       3. 서울교구 성직자 실천강령(대한성공회)

       4. United Methodist Clergy and Professional Ethics(BOM)

※ 이 목회자 윤리강령은 제26회 총회 성직위원회에서 기초하여
   제27회 총회 제2차 총회실행부위원회의 결의를 거쳐 최종 확정되었다.

기독교대한감리회 교인생활수칙

●

1. 취지

기독교대한감리회는 감리교회의 위상을 높이고, 전도의 열매를 거두기 위해서 바르고 신실한 믿음생활을 사회생활 속에 적용할 수 있는 능력을 함양해야 한다. 이에 사회평신도국은 감리교인의 생활규칙을 제정하고, 그 실천운동을 전개하기 위해 감리교회의 생활 수칙을 만들어 공포하는 바이다.

2. 주제성구

"너희는 이 세대를 본받지 말고 오직 마음을 새롭게 함으로 변화를 받아 하나님의 선하시고 기뻐하시고 온전하신 뜻이 무엇인지 분별하도록 하라"(롬 12:2)

3. 목표

1) 웨슬리의 성화론적인 신학과 신앙의 원리를 규칙으로 삼아 지켜온 신앙전통을 이어받아 실천함으로 하나님을 영화롭게 한다.

2) 기독교인의 삶의 표준으로 사회생활 수칙을 선포하고 지키게 함으로 감리교인의 도덕적 수준을 드높인다.

3) 하나님의 복을 불우한 이웃과 나누고, 예수 그리스도의 사랑을 실천함으로 전도의 열매를 맺어 교회를 부흥시킨다.

4. 생활 수칙

우리는 날마다 하나님의 말씀을 읽고 기도함으로 경건생활에 힘쓰고, 서로 사랑하고 섬김으로써 주님을 닮아가는 일에 최선을 다한다.

1) 교회생활 수칙

우리는 주님의 몸인 교회에서 지체의 하나로서 서로 받들고 협력하며, 직분에 따라 사명과 사역을 감당하기 위해 충성한다.

① 교우들을 대할 때 누구에게나 형제와 자매처럼 친절하고, 나보다 남을 낮게 여기는 마음으로 존경과 예우를 한다.

② 교회 내에서 교우 간의 호칭은 직분(집사, 권사, 장로)에 따라 부르고, 직분에 벗어나지 않도록 예의를 갖추어 쓰도록 한다.

③ 교회의 모든 물품은 성도들의 헌금으로 구입한 것으로 종이 한 장이라도 아껴 쓰고, 교회의 각종 시설을 깨끗이 사용하고 훼손되지 않도록 한다.

④ 우선적으로 어려운 교우들을 돕고, 환난 당한 교우들을 최선을 다하여 돌보아 주되, 보증을 서는 일이나 금전거래는 피한다.

⑤ 예배나 각종 모임의 시간약속을 잘 지켜서 신실성을 보여주고, 공동체에 해가 되지 않도록 한다.

⑥ 다른 교우들의 약점을 들추거나 험담하는 말은 입 밖에도 내지 말자. 부정적인 말 한 마디가 한 영혼을 죽이고, 본인의 마음을 부패하게 만든다.

⑦ 교회의 모든 일은 나누어서 협력하여 선을 이루는 데 힘쓰고, 주관하는 사역보다 뒤에서 협력하고 보좌하는 습관을 갖는다.

⑧ 성도의 사생활이나 허물은 비밀이 보장되어야 한다. 속회에서나 선교회에서 상담하고 일어난 일을 다른 교우들에게 말하지 않는다. 불확실한 말을 전하는 것이 사단이 틈타는 통로이다.

⑨ 교회의 일은 교회 밖에서 거론하지 말고, 교회의 부정적인 일을 가정에서 자녀들에게 말하지 않는다.

⑩ 모든 일을 하나님의 영광을 위하여 하고, 나의 이익을 구하거나 자리를 탐하지 말자. 상급은 하나님의 나라에 있다는 것을 명심하자.

2) 가정생활 수칙

우리는 가정을 하나님이 주신 신성한 공동체로 여겨 가정예배에 힘쓰고 자녀들을 경건하게 양육하며 검소하고 청빈한 생활을 통해 성숙한 그리스도인 가정이 되도록 힘쓴다.

① 평등한 가정을 이루기 위하여 가정의 대소사는 부부가 함께 상의하고, 가족 회의를 열어 결정한다.

② 하늘양식으로 주간마다(혹은 매일 매일) 가정예배를 드려 경건한 가정이 되게 하고, 마침기도는 부모님이 함으로 부모님의 기도의 제목이 무엇인지 숙지시킨다.

③ 가족들이 함께 공유할 수 있는 가훈을 만들어 가족의 정체성을 확립한다.

④ 가정의 규칙을 만들어 지키게 함으로 공익을 우선하고, 규칙을 잘 지키는 시민정신을 갖게 한다.(귀가시간, TV시청시간, 식사시간 등)

⑤ 매주 한 번씩 모든 가족이 모여서 함께 식사를 함으로 가족 간의 친목을 도모하고, 품위 있는 식탁 예절을 배우게 한다.

⑥ 모범가정 상을 제정하여 해마다 시상함으로 이웃을 위하여 봉사하고 섬기는 생활을 드높인다.

⑦ 가족이 함께 즐길 수 있는 놀이, 음악, 연극 등을 개발하여 기독교문화를 창달하는 데 힘쓴다.

⑧ 자녀들의 의식주 및 환경을 개선하고, 교육하는 데는 최선을 다하여 투자하되, 유산은 물려 주지 않는다.

⑨ 관혼상제를 간소화하여 허례허식을 지양하고, 부지런히 일하고 청빈한 생활 습관을 갖도록 한다.

⑩ 술, 담배, 도박, 마약 등 사회악을 추방하는 데 앞장서고 생활 실천 계몽 활동에 적극 참여하게 한다.

3) 일반생활 수칙

우리는 정의롭고 진실한 사회를 만들어 나가기 위해 소외된 이웃을 돕고, 그늘진 곳에 사랑의 빛을 비추며, 소금처럼 맛을 내고 부패를 방지하기 위해 노력한다.

① 동회, 반상회, 부녀회, 노인회 등 지역사회를 위한 일에 관심을 갖고 적극적으로 협력한다.

② 아파트 및 공동주택에 거주할 경우 이웃에게 소음피해가 가지 않도록 조심하고, 이웃에게 피해가 가지 않도록 작은 소리로 대화한다.

③ 환경공해를 일으키는 물건은 되도록 적게 쓰도록 한다.

④ 공적인 일과 사적인 일을 엄격히 구분하여 행동하고, 공공건물이나 물품 및 공동화장실을 깨끗이 사용하는 시민정신을 함양한다.

⑤ 차량을 운전할 때 양보운전을 습관화하여 다른 사람을 배려하고, 교통법규를 준수하여 남에게 피해를 주는 일이 없도록 한다.

⑥ 이웃에게 바르고 정직한 삶을 보여 줌으로 기독교인의 품위를 고양한다.

⑦ 직장의 동료들에게 항상 솔선수범 하고, 허드레한 일을 내가 도맡아 하며, 책임은 내가 지고, 칭찬은 동료에게 돌리는 리더의 자질을 키운다.

⑧ 마을회관, 파출소, 동사무소, 노인회관 등 지역사회의 공익기관에 관심을 갖고, 방문하여 격려하고 봉사함으로 애향심을 기른다.

⑨ 시간을 잘 지키고 약속을 엄수함으로 신용을 얻는 그리스도인이 된다.

⑩ 어른을 잘 공경하고, 어린이, 부녀자 등 약한 자를 우선적으로 배려하고, 장애인을 보호하고 도와준다.

4) 창조질서 보전을 위한 수칙

우리는 자연과 생명체를 사랑하고 조화로운 삶을 위해 자원을 절약하고, 무분별한 개발을 방지하며, 환경보호에 헌신한다.

① 창조질서 보전운동은 자원절약을 생활화하는 것이 최선의 방책이다. 아껴 쓰고, 덜 쓰고, 바로 쓰고, 다시 쓰고, 나눠 쓰자.

② 재활용은 자원절약의 가장 좋은 방법이다. 일회용품을 사용하지 않도록 하고, 필요한 중고품을 서로 교환하여 이용한다.

③ 샴푸, 린스, 세제, 스프레이 등 공해물질을 덜 쓰거나 쓰지 않는다.

④ 오염물질이 하천에 배출되지 않도록 폐수는 반드시 정화시설을 통하여 배출하도록 한다.

⑤ 비닐을 적게 쓰고 특별히 농산물 포장에 유해물질이 들어가지 않도록 한다.

⑥ 재활용이 가능한 쓰레기를 분리수거하여 분량을 줄이고, 내가 남긴 쓰레기는 내가 처리하고, 버려진 휴지를 줍는 습관을 기른다.

⑦ 청결한 환경을 조성하기 위하여 담배꽁초나 껌, 침 등을 함부로 뱉지 않는다.

⑧ 공원과 공공장소의 시설물을 아껴서 사용하자. 문화생활의 척도는 공공화장실 사용에 있다. 다음에 이용하는 사람에게 불쾌감을 주지 않도록 깨끗하게 사용한다.

⑨ 탐욕을 버리고 일용할 양식으로 자족한다.

⑩ 교회 및 NGO 시민단체에서 벌이는 환경보전을 위한 캠페인에 적극 참여하여 활동한다.

5) 정직운동 실천을 위한 수칙

우리는 그리스도인으로서 항상 정직하게 행하여 사회에서 존경받고 칭찬 들으며 하나님께 영광을 돌리는 일에 앞장선다.

① 날마다 정직한 마음을 갖도록 기도한다.

② 정직선언서를 만들어 서명하여 마음에 새기고, 가장 많이 사용하는 장소에 부착하여 날마다 보도록하게 한다.

③ "예"와 "아니오"를 분명히 한다.

④ 약속을 꼭 지킨다.

⑤ 정직이 최선의 삶의 모범임을 자녀들에게 가르친다.

⑥ 공공질서를 잘 지킨다.

⑦ 부정한 뇌물을 주지도 않고 받지도 않는다.

⑧ 검약생활에 본보기가 된다.

⑨ 국가에 세금을 정직하게 내고, 교회의 통계표를 정직하게 보고한다.

⑩ 지방이나 연회의 각 선교회 단체에서 주관하는 크고 작은 행사 때마다 정직 캠페인을 벌여 감리교인 전체가 정직한 사람이 되게 한다.

우리는 모든 사람이 하나님의 자녀로서 존엄과 자유를 회복하기 위해 힘쓰고, 화해와 평화가 넘치는 인류사회를 위해 봉사한다.

기독교대한감리회 **사회규약**

●

기독교대한감리회는 1930년 제1회 총회에서 사회신경을 제정하였다. 웨슬리의 사회적 성화에 기초하여, 교회가 지키고 실천해야 할 사회를 향한 기독교적 원리와 신앙 윤리를 제시한 것이다. 이것은 1995년 입법의회에서 사회신경으로 개정되었다. 여기 제시하는 사회규약은 21세기를 맞아 이념과 윤리가 다양하고 복잡해지는 사회현실 속에서 신실하게 살고자 하는 감리교인들의 대 사회적 약속이다.

우리는 이 세상을 구원하시는 하나님의 계획과 섭리에 따라 신앙고백에 기초한 사회적 약속을 실천하고, 사회적 성화를 이루어 가기 위해 다음과 같이 결의한다.

1. 우리는 하나님의 창조를 보전하는 '자연공동체'를 위해 헌신한다.

우리는 하나님의 창조질서를 따라 지음 받은 우주만물이 각자 개별적인 것이 아니라 하나님의 품 안에서 서로 유기적으로 연결되어 있는 '자연공동체'임을 고백한다. 따라서 자연세계에 대한 신앙인의 청지기적 소명을 회복하고, 지구 온난화와 같은 생태계의 위기를 극복하기 위해 '지구 살리기 운동'을 전개한다. 우리는 '자연의 남용'에 대하여 경고하며 환경적으로 합당하고 지속적으로 발전이 가능한 세계를 이어가도록 경제, 정치, 사회, 기술적인 생활 방식을 변화시키는 데 노력한다.

2. 우리는 하나님의 은혜가 회복되는 '가정공동체'를 위해 헌신한다.

우리는 가정이야말로 생명과 사랑의 요람으로서 하나님이 주신 거룩한 제도임을 고백하며, 가정 안에서 모든 개인이 인격적인 '가정 공동체'를 만들어 나갈 수 있도록 적극 후원한다. 가정의 권리를 보호하고 사랑으로 이루어진 부부간의 책임과 자녀 교육을 장려하며 더 나아가 사회의 선한 이익을 촉진시킬 수 있도록 한다. 우리는 현대 사회의 다문화 및 다양한 형태의 가정환경을 注目(주목)하며 가정의 참된 정체성이 보장되도록 앞장선다.

3. 우리는 하나님의 선물을 나누고 섬기는 '복지공동체'를 위해 헌신한다.

우리는 노동의 존엄과 필요성을 강조하며 노동으로부터 얻어지는 재산과 부를 나누는 '복지공동체'를 만드는데 앞장선다. 인간이 소유하는 財貨(재화)는 하나님께서 주신 선물이며, 우리 사회는 하나님의 정의로운 질서에 속해야 한다. 따라서 우리는 사회 양극화의 해소에 앞장서며, 이를 위한 정부와 기업, 교회의 사회적 책임을 강조한다. 무엇보다 사회의 소외자와 빈곤층을 돕고, 장애인의 권리, 외국인 이주노동자에 대한 배려, 고령화에 따른 노인 문제해결을 위한 경제정의가 이루어지도록 적극적으로 앞장선다.

4. 우리는 하나님의 법을 실천하는 '정의와 평화 공동체'를 위해 헌신한다.

우리는 하나님의 형상대로 지음 받은 모든 인간에게 자유와 인권이 보장되는 '정의와 평화 공동체'를 만드는 데 앞장선다. 우리는 성, 연령, 신분, 지역, 인종 등의 이유로 차별받는 것을 배격하며, 폭력과 테러, 그리고 전쟁이 없는 평화로운 사회를 건설하기 위하여 앞장선다.

5. 우리는 이 민족을 향한 하나님의 약속인 '화해와 통일공동체'를 위해 헌신한다.

우리는 남북한이 화해와 협력을 통해 분단을 종식하고, 한반도에 항구적인 평화정착과 함께 통일을 이루도록 노력한다. 이를 통해 아시아는 물론 세계 인류의 평화를 도모한다.

6. 우리는 하나님의 질서에 순종하는 '미래공동체'를 위해 헌신한다.

우리는 인간의 편의와 행복, 보다 밝은 미래사회를 위하여 기술과 과학의 발전을 지지한다. 인간의 생명을 다루는 생명공학과 과학기술은 엄격한 윤리적 기준이 적용되어야 한다. 우리는 정보통신이 革新(혁신)적으로 발전하는 시대에 인간이 기술의 도구로 전락되지 않고, 공동선과 책임을 나누는 이상적인 '사이버' 공동체를 만드는 일에 앞장선다.

7. 우리는 하나님의 희망을 따라 이 사회에서 '성화공동체'를 이루는 데 헌신한다.

우리는 개인의 구원과 함께 사회를 거룩하게 변화시키는 '성화공동체'를 만드는 일에 앞장선다. 우리는 정직하며, 사회적 행복을 만드는 일에 적극 참여하며, 과도한 소유와 무절제한 소비, 그리고 성의 남용이 없는 건강한 사회를 만드는 일에 앞장선다. 우리는 교회의 사회적 책임을 중시하며, 국가와 사회에서 성숙한 시민이 되는 일에 앞장선다.

가정, 가정공동체	73~74, 78~79, 80, 87~88, 106, 111, 135, 195	동성애	146=147
		무역과 투자	217~218
		문화	267~268
가정폭력	101~102	물, 식수	56, 59~60
건강	170~173	미디어사명	166~168
결혼	87~90	미디어폭력	163~164
고문	255	민주주의	235~237
고해성사	93	범죄자에 대한 목회	252~256
과학, 과학자의 사명	59, 62, 66~68, 71	보편주의	29
교육	75, 133, 135, 244	부부의 사랑	78
국가와 정부	238~242	부의 죄악	186
국력	268~270	불임과 낙태	104~109, 246
군복무	256~257	비정규직 노동자	210~211
기업의 책임	214~216	빈곤	200~208
남녀평등	79, 96~98, 140~143	사랑	75, 76, 80
노년	139~140	사형제도	250~252
노동	82~84	생명공학	153~157
노예제도	38, 128, 226~227	선행은총	30~33
농업	159~162	성화론	36
농업보호	213~214	성희롱	102~104
다문화가족	77~78	세계화	218~220
단체교섭	188	세례	134
도박	211~213	소비	198~199
도시근교생활	158~159, 162~163	소비의 절제	187
독신자	94	소수종교	131
동물보호	63~65	술, 마약	148~151

시민사회	248	정치	233~237
시민의 불복종	245~248	종파	85~86
식품안전	69~71	죽음	111~113
신비주의	42	지성	22~24
신인협력설	34	차별	124~125
안락사	116~119	청년	138
양심의 자유	227	청지기	50
양심적 병역 거부	257~260	테러	276
에너지 사용	61~62	평화통일	225
여가생활	192~198	호스피스	118
여성의 노동	84	화학물질	58
연금	190	환경	51, 53~55
유기농업	70	후천성면역결핍증과 에이즈	169~170
유전공학	70		
의학실험	152~153	휴식	177, 189
이민	209~210	흡연	151~152
이주노동자	208~210		
이혼	90~94		
인간복제	157		
인간의 성(性)	98~100		
인구정책	147~148		
인구정책	76		
인권	226~233		
인종주의	129~131		
입양	110		
자살	114~116		
자연	49, 52, 53, 58~59		
자연법	234		
자유	40		
장기기증	173		
장기이식	173		
장애인	143~145		
재산의 사용	181~187		
전쟁	256~257, 270~276		
정보통신	165~168, 243		

기독교,
사회와 소통하기

초판 1쇄   2007년 4월 9일

유경동 지음

발 행 인 | 신경하
편 집 인 | 김광덕
편   집 | 박영신 성민혜

펴 낸 곳 | 도서출판 kmc
등록번호 | 제2-1607호
등록일자 | 1993년 9월 4일

(100-101) 서울특별시 중구 태평로1가 64-8 감리회관 16층
(재)기독교대한감리회 홍보출판국

대표전화 | 02-399-2008 팩스 | 02-399-2085
홈페이지 | http://www.kmcmall.co.kr
          http://www.kmc.or.kr

디자인 · 인쇄 | 리더스 커뮤니케이션 02)2123-9996

값 10,000원
ISBN 978-89-8430-342-3 03230